Kommunales E-Government

Ralf-Rainer Piesold

Kommunales E-Government

Grundlagen und Bausteine zur
Digitalisierung von Verwaltungen

 Springer Gabler

Ralf-Rainer Piesold
Frankfurt University of Applied Sciences
Frankfurt am Main, Hessen, Deutschland

ISBN 978-3-662-63093-8   ISBN 978-3-662-63094-5   (eBook)
https://doi.org/10.1007/978-3-662-63094-5

Die Deutsche Nationalbibliothek verzeichnet diese Publikation in der Deutschen Nationalbibliografie; detaillierte bibliografische Daten sind im Internet über http://dnb.d-nb.de abrufbar.

Planung/Lektorat: Susanne Kramer
Springer Gabler ist ein Imprint der eingetragenen Gesellschaft Springer-Verlag GmbH, DE und ist ein Teil von Springer Nature.
Die Anschrift der Gesellschaft ist: Heidelberger Platz 3, 14197 Berlin, Germany

Vorwort

Technische Innovationen verändern nicht nur unser Leben, indem sie es vereinfachen und uns von umständlichen und mühseligen Tätigkeiten befreien, sondern regen auch immer wieder an, über unsere Lebensumstände und unser Menschenbild zu reflektieren. Deswegen ist E-Government auch ein wichtiger und interessanter Teil in meinen Lehrveranstaltungen an der Frankfurt University of Applied Sciences. Es ist aber auch mein primärer Forschungsbereich und spezielles Arbeitsgebiet. Aufgrund meines kommunalpolitischen Engagements und der Ausbildung als Wirtschaftsinformatiker liegt diese Kombination nahe. Deshalb beschäftige ich mich mit dem Thema schon seit über 20 Jahren.

E-Government hat eine lange Tradition und ist mehr als nur eine technische Ergänzung in der Verwaltung. Sie ist eine von den Möglichkeiten der Internettechnologie getriebene Reformbewegung, die vor allem die Ausweitung des Angebots elektronischer Verwaltungsdienstleistungen für eine Stadtgesellschaft zum Ziel hatte [WEIS2019, S. 69] und hat. Mit „Electronic Government" eröffnet sich für Lucke und Reinemann „ein bisher unbekanntes Potenzial für Dienstleistungsorientierung, Bürgerbeteiligung, Produktivität und Wirtschaftlichkeit im öffentlichen Sektor" [LUCK2000, S. 1]. Hill unterstreicht dies, indem er darauf hinweist, dass der Hauptausschuss des Deutschen Städtetages schon in einem Beschluss vom 5. Juni 2002 E-Government als Schlüssel zur modernen Verwaltung bezeichnet hat [HILL2002, S. 24]. Fast 20 Jahre später stimmt das immer noch.

Im Jahr 2019 betrug die Staatsquote ca. 45 %. Daraus ergeben sich bei einem BIP von ca. 3,4 Billionen € Staatsausgaben von ca. 1,5 Billionen €. Die Bundesrepublik Deutschland könnte man deshalb durchaus auch als einen Verwaltungsstaat bezeichnen. Trotz der Größe des Sektors Staat wurden die Impulse für eine digitale Transformation meist nur halbherzig umgesetzt. Das ist umso bedauerlicher, da sich die digitale Transformation in anderen Bereichen, wie Industrie 4.0, E-Commerce oder auch Online Banking, rasant entwickelte, hatte. So hat die Entwicklung zur Industrie 4.0 zu einer erheblichen Effizienzsteigerung geführt, während ähnliche Bestrebungen bei den Verwaltungen weitgehend im Sande verliefen und das Einsparungspotenzial nie richtig ausgeschöpft wurde. Auffällig ist sogar, dass insbesondere bei den Kommunen, die meistens unterfinanziert sind, dieser Effekt eintrat. Es stellt sich deshalb auch die Frage, warum die Entwicklung von E-Government-Systemen und die digitale Transformation der Verwaltung nicht annähernd das gleiche Tempo hatten. Dabei ist die finanzielle Situation sicherlich nicht unmaßgeblich, aber sie ist nicht der einzige Grund. Die Finanzierungslücken lassen sich wesentlich leichter durch Schulden kompensieren, als durch technische Innovationen. Ein Stadtplaner sagte mir einmal, dass der Aufwand für ein paar „Nerds" einfach zu hoch sei und man mit anderen Bereichen, wie Wohnungsbau oder Kultur mehr „Wähler-stimmen" erreichen könne. Hier erkennt man einen wesentlichen Grund, der sich mit der Theorie des Public Choice leicht erklären lässt. Außerdem sind die deutschen Ver-waltungen leistungsstark und die Bürger haben eher selten Kontakt mit der Verwaltung. Dadurch ist der politische Druck, die teure Verwaltung effizienter und kostengünstiger zu gestalten, nicht sonderlich hoch. Ein weiterer Grund liegt darin, dass die deutschen Ver-waltungen einen starren Aufbau haben, der Veränderungen eher erschwert als begünstigt. Dies beruht auf dem Bürokratiemodell von Max Weber, das gerade eine hohe Robustheit zum Ziel hat. Als Leiter einer Stabsstelle für E-Government und Digitalisierung habe ich erfahren müssen, wie dick die Bretter sind, die man bohren muss, um eine digitale Trans-formation zu beginnen bzw. durchzuführen.

Durch die Bildung von Netzwerken konnte ich aber auch feststellen, dass es in fast allen Kommunen Bürger und Mitarbeiter gibt, die diesen Wandel anstreben. Ins-besondere aus den innovationsaffinen Teilen der Stadtgesellschaft ist der Ruf nach Ver-änderung spürbar. So wurde mir als hauptamtlicher Stadtrat (Beigeordneter) bewusst, wie wichtig eine schnelle und effiziente Verwaltung gerade für den Bereich Wirtschafts-förderung ist. In den letzten Jahren durfte ich als ehrenamtlicher Kreisbeigeordneter die Entwicklung auf einer anderen Kommunalebene begleiten. Aber insbesondere meine Tätigkeit als Professor an einer großen Hochschule half mir, Theorie und Praxis zu verzahnen und damit zu verstehen, wie sich der Veränderungsprozess vollziehen wird. Deshalb bin ich davon überzeugt, dass sich die Digitalisierung der Verwaltung nicht auf-halten lässt; zumal der internationale Druck steigt und die nachwachsende Bevölkerung die derzeitigen starren Strukturen nicht mehr akzeptieren wird. Es wird am Ende eine disruptive Veränderung geben, die die grundlegenden Gedanken einer Smart City umsetzt. Die Richtung zu Smart City, Smart Country oder Smart Regions ist deshalb vor-programmiert.

Ein Buch zu schreiben ist wie die Besteigung eines Berges. Das Ziel ist verlockend und der Anstieg mühsam und auch teilweise quälend. Man verbringt eine Menge Zeit damit, die man für andere Dinge dann eben nicht hat. Einen Berg sollte man besser auch mit einer Seilschaft besteigen, da dadurch der Weg leichter und sicherer ist. Des-wegen gilt der erste Dank meiner Familie, die mir nicht nur geholfen, sondern auch die Zeit gegeben hat. Meiner Frau gebührt der Dank, das Manuskript mehrfach Korrektur gelesen zu haben. Für ein Buch sind die zahlreichen Diskussionen und Anregungen über die Thematik, die man mit vielen Menschen führt, von besonderer Bedeutung. Hier danke ich den Kolleginnen und Kollegen an meiner Hochschule, meinen Studierenden,

die immer wieder kritische Fragen stellten, und meinen Kollegen aus dem Landes-
bzw. Bundesfachausschuss Digitale Agenda. Insbesondere Thorsten Sinnig hat das
Thema immer wieder aus mehreren Facetten beleuchtet und diskutiert. Meine Kollegin
Nicola Beer hat mir wertvolle Informationen aus der Europäischen Kommission, dem
Europäischen Parlament und dem Deutschen Bundestag gegeben, die wichtige Hin-
weise auf die Entwicklung und Umsetzung von politischen Initiativen geliefert haben.
Für die freundliche Abdruckgenehmigung der zahlreichen Grafiken bedanke ich mich
bei allen Autoren, Verlagen und Behörden. Meinem Freund Lutz Wilfert und seiner Frau
Hiltrud (†) danke ich für die Hilfe bei der Korrektur dem Lektorat und den wichtigen
Hinweisen. Zum Schluss möchte ich dem Springer-Verlag dafür danken, der das
Erscheinen dieses Buches ermöglicht hat.

Prof. Dr. Ralf-Rainer Piesold

Inhaltsverzeichnis

Abkürzungsverzeichnis

AG	Aktiengesellschaft
AI	Artificial Intelligence
ARIS	Architektur integrierter Informationssysteme
ARPA	Advanced Research Projects Agency
BayEGovG	Bayerisches E-Government Gesetz
BbgEGovG	Brandenburgisches E-Government Gesetz
BCG	Boston Consulting Group
BIP	Bruttoinlandsprodukt
Bit	Binary Digit
BMI	Bundesministerium des Inneren, für Bau und Heimat
BPEL	Business Process Execution Language
BPMN	Business Process Model and Notation
BSC	Balanced Scorecard
B2G	Business to Government
C2G	Citizen to Government
CDO	Chief Digital Officer
CEO	Chief Executive Officer
CFO	Chief Financial Officer
CIO	Chief Information Officer
CISO	Chief Information Security Officer
CMMI	Capability Maturity Model Integration
DDL	Data Definition Language
DDR	Deutsche Demokratische Republik
DESI	Digital Economy and Society Index
DIN	Deutsches Institut für Normung
DIVSI	Deutsches Institut für Vertrauen und Sicherheit im Internet
DLT	Deutscher Landkreistag
DML	Data Manipulation Language
DMS	Dokumenten-Management-System
DSDL	Data Storage Definition Language

DST	Deutscher Städtetag
DStGB	Deutscher Städte und Gemeindebund
DV	Datenverarbeitung
EG	Europäische Gemeinschaft
EGovG	E-Government-Gesetz
EGovG Bln	Berliner E-Government-Gesetz
EGovG M-V	E-Government-Gesetz Mecklenburg – Vorpommern
EGovG NRW	E-Government-Gesetz Nordrhein Westfalen
EGovG RP	E-Government-Gesetz Rheinland-Pfalz
EGovG SL	E-Government-Gesetz Saarland
eIDAS	elektronische Identifizierung
ENIAC	Electronic Numerical Integrator and Computer
eEPK	Erweiterte Ereignisgesteuerte Prozesskette
EPK	Ereignisgesteuerte Prozesskette
ERechV	E-Rechnungsverordnung
ERP	Enterprise-Resource-Planning
EU	Europäische Union
EU-DSGVO	Europäische Datenschutz-Grundverordnung
EVA	Eingabe-Verarbeitung-Ausgabe
FITKO	Föderale IT-Kooperation
FIM	Föderales Informationsmanagement
FOKUS	Fraunhofer-Institut für Offene Kommunikationssysteme
FTTD	File to the Desk
GDP	Gross Domestic Product
GemHVO	Gemeindehaushaltsverordnung
GG	Grundgesetz
GIS	Geoinformationssystem
GmbH	Gesellschaft mit beschränkter Haftung
GoBD	Grundsätze zur ordnungsmäßigen Führung und Aufbewahrung von Büchern, Aufzeichnungen und Unterlagen in elektronischer Form sowie zum Datenzugriff
GoBS	Grundsätze ordnungsmäßiger DV-gestützter Buchführungssysteme
G2G	Government to Government
HANA	High Performance Analytic Appliance
HBDI	Hessischer Beauftragter für Datenschutz und Informationsfreiheit
HEGovG	Hessisches E-Government-Gesetz
HGO	Hessische Gemeindeordnung
HKR	Haushalts-, Kassen- und Rechnungswesensoftware
HMdIS	Hessisches Ministerium des Inneren und für Sport
HGrG	Haushaltsgrundsätzegesetz
HTTP	Hypertext Transfer Protocol
IDA	Interchange of data between administrations

IKT	Informations- und Kommunikationstechnologien
IoT	Internet oft Things
IP	Internet Protocol
ISO/IEC	Information technology – Security techniques – Information security management systems – Requirements
IT	Informationstechnologie
IT-PLR	IT-Planungsrat
Kfz	Kraftfahrzeug
KGSt	Kommunale Gemeinschaftsstelle für Verwaltungsmanagement
KI	Künstliche Intelligenz
KKD	Kommunales Kompetenzzentrum Digitalisierung
KNA	Kosten-Nutzen-Analyse
KNN	Künstliche neuronale Netze
KomHKV	Kommunale Haushalts- und Kassenverordnung
KSM	Kommunales Steuerungsmodell
KSpV	Kommunale Spitzenverbände
KVP	Kontinuierlicher Verbesserungsprozess
KWA	Kosten-Wirksamkeits-Analyse
iKfz	Internetbasierte Kraftfahrzeugzulassung
LeiKa	Leistungskatalog
lmi	leistungsmengeninduziert
lmn	leistungsmengenneutral
Mio.	Million
Mrd.	Milliarden
NDIG	Niedersächsisches Gesetz über digitale Verwaltung und Informationssicherheit
NGO	Non-Government-Organisation
NPM	New Public Management
NPO	Non-Profit-Organisation
NSM	Neues Steuerungsmodell
NWA	Nutzwertanalyse
N2G	Non-Profit to Government
OLAP	Online Analytical Processing
OLCF	Oak Ridge Leadership Computing Facility
ÖPNV	Öffentlicher Personennahverkehr
OSCI	Online Services Computer Interface
OWI	Ordnungswidrigkeit
OZG	Onlinezugangsgesetz
PAP	Programmablaufplan
PaaS	Platform as a Service
PDCA	Plan-Do-Check-Act
PEPPOL	Pan-European Public Procurement OnLine

PDF	Portable Document Format
PIN	Persönliche Identifikationsnummer
Pkw	Personenkraftwagen
PLV	Preis-Leistungs-Verhältnis
RegMoG	Registermodernisierungsgesetz
ROCE	Return on Capital Employed
ROI	Return on Investment
SächsEGovG	Sächsisches E-Government-Gesetz
SaaS	Software as a Service
SAGA	Standards und Architekturen für E-Government-Anwendungen
SDG	Single Digital Gateway
SeilbG	Seilbahngesetz
SHA	Sicherer Hash-Algorithmus
SOA	Serviceorientierte Architektur
SQL	Structured Query Language
SPICE	Software Process Improvement and Capability Determination
SWOT	Strengths, Weaknesses, Opportunities, Threats
TAN	Transaktionsnummer
TCP	Transport Control Protocol
ThürEGovG	Thüringer E-Government-Gesetz
TKG	Telekommunikationsgesetz
VDG	Vertrauensdienstegesetz
VO	Verordnung
VPN	Virtual Private Network
VPS	Virtual Private Server
VwVfG	Verwaltungsverfahrensgesetz
USB	Universal Serial Bus
XML	Extensible Markup Language
Z3	Zuse 3

Abbildungsverzeichnis

Tabellenverzeichnis

Einleitung

1

Die digitale Transformation weiter Bereiche unserer Gesellschaft ist nicht mehr auf-zuhalten. Natürlich leben wir auch weiterhin vorwiegend in einer analogen Welt, aber der Anteil der Abläufe, die digital gestaltet und bestimmt sind, wird weiterhin sprung-artig zunehmen. Kaum ein Bereich unserer Gesellschaft wird sich dieser Transformation entziehen können. Außerdem handelt es sich um eine globale Entwicklung, die zum Motor der Prosperität der einzelnen Staaten und seiner Regionen geworden ist. Ins-besondere durch die wirtschaftlichen Verflechtungen und Kommunikationsmöglichkeiten lassen sich „Insellösungen" einzelner Staaten nur mit erheblichen Wohlstandsverlusten realisieren. Solche Insellösungen, die immer einen technologischen Rückschritt dar-stellen, sind generell mit Wettbewerbsnachteilen verbunden. Für hoch entwickelte, demokratische Staaten, wie die Bundesrepublik Deutschland, ist es deswegen nicht möglich, an alten Strukturen fest zu halten und zu hoffen, dass der „Kelch der Digitalisierung" an einem vorbeigeht. Vielmehr ist es wichtig, dass der Transformations-prozess aktiv angegangen wird. Das gilt auch für die Verwaltungen des Staates auf allen seinen Ebenen. Der Begriff Industrie 4.0 steht für ein Zukunftsprojekt zur umfassenden Digitalisierung der industriellen Produktion. Verwaltung 4.0. überträgt diese Gedanken auf den Bereich der Leistungen, die der Staat, die Länder und Kommunen erbringen.

Die digitale Transformation ist irreversibel. Wirtschaftliche Entwicklungen ver-laufen in Zyklen, wobei zwischen kurz-, mittel- und langfristigen Zyklen unterschieden wird. Die langfristigen Zyklen beruhen auf technischen Innovationen, die von hoher Bedeutung sind. Hier werden neue Technologien eingeführt, die zu weitgehenden gesellschaftlichen Umbrüchen führen. Der bekannteste langfristige Zyklus ist die erste industrielle Revolution, die nicht nur die Produktionsstrukturen in Europa verändert hat, sondern zu einem gesamtgesellschaftlichen Wandel führte. Weitere technische Innovationen lösten ebenfalls vergleichbare Zyklen aus. Erstmalig wurde die Abfolge der Zyklen, die auch als Wellen bezeichnet werden, 1926 vom russischen Ökonomen

© Springer-Verlag GmbH Deutschland, ein Teil von Springer Nature 2021
R.-R. Piesold, *Kommunales E-Government,*
https://doi.org/10.1007/978-3-662-63094-5_1

Kondratjeff beschrieben. Seine Theorie der langfristigen technischen und ökonomischen Zyklen oder Wellen wurden seitdem weiterentwickelt. Ein weiteres Merkmal ist, dass jeder Zyklus disruptive Veränderungen schafft, d. h. die bisherigen Strukturen werden vollständig durch die neuen Technologien ersetzt. Mit der Entwicklung der Computer in den 50er Jahren des letzten Jahrhunderts wurde der Grundstein für einen weiteren Zyklus gelegt. Schon in den ersten zwei Jahrzehnten führte diese Innovation zu weitreichenden Veränderungen, die unter anderem mit der ersten bemannten Mondlandung 1969 ihren Höhepunkt fanden. Durch die Weiterentwicklung dieser Technologie entstanden in den nächsten fünf Jahrzehnten ungeahnte Möglichkeiten. Es ist deshalb unstrittig, dass wir uns in einem Zyklus befinden, der durch die Computertechnologie ausgelöst wurde und dessen Ende noch nicht bekannt ist. Wir befinden uns im Zyklus der Digitalisierung.

Digitalisierung beruht auf der Umwandlung, Darstellung und Verarbeitung von Daten, Informationen und Prozessen in ein System, das auf dualen Zahlen basiert. Wer jedoch immer noch glaubt, dass sich Digitalisierung lediglich auf eine endlich lange Zahlenkette von 0 und 1 reduzieren lässt, täuscht sich. Vielmehr umfasst die Digitalisierung, wie die Innovationen der vorherigen Zyklen, eine tiefgreifende Veränderung der Gesellschaft. Sie verändert Verfahren der Produktion, Formen der Arbeit, Bildungsstrukturen genauso wie Dienstleistungsangebote, politische Systeme und wahrscheinlich auch unser gesamtes Menschenbild. Natürlich werden sich deshalb auch kommunale Verwaltungen anpassen müssen. Dabei gilt auch hier, dass eine einfache Transformation der bestehenden Verwaltungsabläufe auf die neuen Technologien nicht ausreichen wird. Das Bild eines Dorfes, einer Stadt oder eines Kreises wird sich einem grundlegenden Wandel unterziehen, da die Mehrzahl der Bürgerinnen und Bürger digitalisierte Lebensformen immer stärker verinnerlicht. Eine digitale Stadt oder Smart City wird andere Verwaltungs- und Kommunikationsstrukturen haben als wir sie bisher kennen. Dabei stehen wir erst am Anfang der Digitalisierung. Neuere Entwicklungen, insbesondere im Bereich der künstlichen Intelligenz, werden die Anforderungen an die Transformation noch stärker beeinflussen.

Kommunales E-Government ist lediglich ein Teil des Transformationsprozesses zur vernetzten digitalen Gesellschaft. Aber es umfasst die Leistungen von über 14.000 Städten und Gemeinden und tangiert damit jeden einzelnen Bürger. Aus dieser extrem hohen Spannweite resultiert die Bedeutung des kommunalen E-Government. Kein Bürger kann sich diesem Transformationsprozess letztendlich entziehen und keine Kommune kann ihn vernachlässigen. Daraus resultieren auch temporäre Probleme. Leider ist auch festzustellen, dass die Transformation der Verwaltungen nicht die gleiche Dynamik hat, wie die in der Wirtschaft. Während Industrie 4.0 heute eine Selbstverständlichkeit ist, werden wir noch einen langen Weg bis zur Realisierung zur Verwaltung 4.0 beschreiten müssen. Man sollte aber nicht vergessen, dass Kommunen, die sich dem Transformationsprozess schneller stellen, einen Standortvorteil erhalten. Eine Smart City ist der herkömmlichen Stadt überlegen.

Das Buch ist in zwei Abschnitte unterteilt, wobei im ersten die Ursachen und Gründe für die digitale Transformation behandelt werden. Der als digitale Revolution bekannte

Prozess ist die Hauptursache für die hier behandelte Problematik. Die Veränderungsprozesse vollziehen sich langfristig und in Wellen. Neben der Definition des Begriffs der Digitalisierung werden spezielle Bereiche, die für das Verständnis notwendig sind, kurz angerissen. Außer diesen technischen und volkswirtschaftlichen Rahmenbedingungen gilt es die bisherigen Reformansätze innerhalb der Verwaltung zu beleuchten. Dabei ist der Wandlungsprozess von der Ordnungskommune zur digitalen Kommune von besonderer Relevanz. Die deutschen Kommunalverwaltungen haben sich in den letzten Jahrzehnten einem stetigen Wandlungsprozess unterzogen, dennoch basieren sie auf Ordnungsprinzipien, die eine digitale Transformation beeinflussen. Im Gegensatz zu anderen Ländern, wie beispielsweise Estland, verfügt die Bundesrepublik zudem über Verwaltungsstrukturen, die einerseits eine lange Tradition haben und andererseits weitgehend effektiv sind. Es findet somit kein Aufbauprozess auf der „grünen Wiese" statt, sondern es wird eine kompakte Organisation umgebaut oder besser angepasst. Das Verständnis für die daraus resultierenden Aufgaben und Schwierigkeiten ist eine weitere Zielsetzung dieses ersten Abschnittes. Eine digitale Transformation basiert immer auf gesetzlichen Grundlagen, die in groben Zügen beschrieben werden sollen. Dabei ist das Onlinezugangsgesetz von besonderer Bedeutung. Das Bewusstmachen, dass die Entwicklung eines E-Government immer nur ein Teil einer umfassenderen digitalen Transformation einer Kommune ist, stellt eine weitere Zielsetzung des Buches dar. Die Begriffe Smart City, Smart County oder Smart Region beschreiben das Gesamtziel der digitalen Transformation wesentlich besser. Hier wird der gesamte Umfang des Wandlungsprozesses deutlich.

Im zweiten Teil des Buches werden die technischen Bestandteile und organisatorischen Veränderungen des E-Government näher behandelt, wobei zuerst eine Definition des E-Government gegeben wird und danach die Darstellung der verschiedenen Handlungsfelder erfolgt. Zum besseren Verständnis wird anschließend das Beziehungsgeflecht der agierenden Personen beschrieben. Neben den technischen Veränderungen führt eine digitale Transformation zu organisatorischen Veränderungen. Diese betreffen auch die politischen Gremien. Deshalb muss ein Verständnis für die organisatorischen Veränderungen vorhanden sein. Letztlich geht es bei dem Veränderungsprozess um eine Umstellung einer primären Aufbauorganisation zu einer prozessorientierten Organisation. Deswegen ist die Bildung eines prozessorientierten Denkens eine notwendige Voraussetzung für die digitale Transformation. Sowohl der Entwickler als auch der Anwender sollten über ein Denken in Prozessen verfügen und auch systemorientiertes Vorgehen beherrschen. Dazu dient das nächste Kapitel, in dem die einzelnen Bausteine des E-Government-Systems beschrieben werden. Eine weitere Zielsetzung des Buches ist die Vermittlung eines perspektivischen Denkens, da technische Innovationen unbedingt antizipiert werden müssen. Daraus wird auch ersichtlich, dass neben operativen Entscheidungen auch eine strategische Planung vorhanden sein muss. Abschließend soll im Kap. 2 die Frage nach den Entwicklungstendenzen in diesem Bereich noch einmal aufgegriffen werden.

Teil I
Digitale Revolution der Verwaltung?

Ursachen und Gründe für die digitale Transformation

2

2.1 Trends, Zyklen und lange Wellen

Die Theorie der Wellen und Zyklen sind untrennbar mit dem Begriff der Innovation verbunden. Innovation ist vom lateinischen Wort „inovare" abgeleitet und bedeutet weitgehend Erneuerung. Die Innovation kann sich dabei lediglich auf ein Teilgebiet beziehen oder ein gesamtgesellschaftliches Phänomen sein, das dann alle Bereiche des Lebens nachhaltig verändert. Bei der Digitalisierung handelt es sich um eine Innovation, die gesamtgesellschaftliche Relevanz hat. Sie umfasst fast alle Lebensbereiche.

In der Ökonomie tauchte der Gedanke der Innnovationszyklen zuerst bei Joseph Schumpeter auf [SCHU1912]. Aufbauend auf den Grundgedanken von Karl Marx unterstellte Schumpeter der Ökonomie eine Tendenz zu Ungleichgewichten und einem stetigen Veränderungsprozess. Da sich die Ökonomie nicht in einem stabilen Gleichgewicht befindet, justiert sie sich durch die Entwicklung neuer Produkte und Verfahren immer wieder neu. Diese Tendenz führt auch zu einem Prozess der „schöpferischen Zerstörung", wie ihn Schumpeter bezeichnet [SCHU1942]. Man findet diesen Gedanken schon 100 Jahre vorher bei Karl Marx [MARX1848]. Danach verdrängen neue Produktionsverfahren und Produkte die bisherigen, was teilweise zu einer vollkommenen Veränderung der gesellschaftlichen Strukturen führt. Der amerikanische Ökonom Christensen unterscheidet zwischen evolutionären und disruptiven Innovationen [CHRI2013, S. 6 ff.]. Während die evolutionären Innovationen die Produkte und Verfahren verbessern, ersetzen die disruptiven Innovationen diese komplett. Danach erfolgen grundlegende Veränderungen innerhalb der Wirtschaft oder Gesellschaft, die nicht reversibel sind. Ein Beispiel hierfür sind u. a. Film- und Digitalkameras [CHRI2013, S. 18].

Alvin Toffler [TOFF1980] verwendet in diesem Zusammenhang den Begriff der Welle. In seinem Buch „The Third Wave" geht er ausführlich auf grundlegende Veränderungen ein. Die erste Welle führte vor ca. 10.000 Jahren zur Agrargesellschaft mit

© Springer-Verlag GmbH Deutschland, ein Teil von Springer Nature 2021
R.-R. Piesold, *Kommunales E-Government*,
https://doi.org/10.1007/978-3-662-63094-5_2

der Entwicklung von Dörfern. Die zweite Welle ist unter dem Terminus „Industrielle Revolution" bekannt, die wiederum zu den hinreichend bekannten Veränderungen im 19. und 20. Jahrhundert geführt hat. Die dritte Welle führt nun zur Informationsgesellschaft. Diese ist durch eine Individualisierung, eine zunehmende Globalisierung und einen Rückgang der Beschäftigtenzahl im Produktionsbereich gekennzeichnet. Diese Welle wird auch als Digitale Revolution bezeichnet [KROE2011a; KROE2011b].

Die Reduktion auf drei Wellen über einen Zeitraum von ca. 10.000 Jahren ist für eine genauere Analyse der Auswirkungen von Innovationszyklen zu ungenau. Der russische Ökonom Kondratjeff hat in den 30er Jahren des 20. Jahrhunderts eine Theorie von langen Konjunkturwellen, die von technischen Innovationen verursacht wird, vorgelegt [KOND1926; HAEN2013]. Nach seiner Theorie verlaufen Innovationszyklen in 40 bis 60 Jahre dauernden langen Wellen, die aus einer länger andauernden Aufstiegsphase und einer etwas kürzeren Abstiegsphase bestehen. Der erste Zyklus ist die erste industrielle Revolution und dauerte von 1780 bis 1840. Hier standen insbesondere die Entwicklung und der Einsatz der Dampfmaschine im Zentrum. Als zweiter Zyklus, der von 1840 bis 1890 dauerte, wird die zweite industrielle Revolution angesehen, die auch als Gründerzeit bezeichnet wird. In dieser Zeit wurde die Stahlindustrie aufgebaut und die Eisenbahn-Infrastruktur geschaffen. Die Periode von 1890 bis 1940 stellt den dritten Zyklus dar, in der die Elektro- und Chemieindustrie ausgebaut wurde. Eine wesentliche Erneuerung stellten die Erfindung des Automobils und des Flugzeuges sowie der Übergang zur Massenfertigung dar. Kondratjeff fand 1938 in einem sowjetrussischen Gulag seinen Tod, aber seine Theorie wurde durch neue Entwicklungen ergänzt [Moha2015]. Die Zeit von 1940 bis 1990 wird als Einzweck-Automatisierungs-Kondratjeff bezeichnet, in dem der Transistor, der integrierte Schaltkreis und nicht zuletzt der Computer entwickelt wurde. Ab 1990 beginnt der 5. Zyklus, der als Informations- und Kommunikations-Technik-Kondratjeff bekannt ist. Mit der Entwicklung und Verbreitung des Personalcomputers sowie der Schaffung des Internets wird auch diese Periode durch die Informations- und Kommunikationstechnologie geprägt. Aktuell findet eine Diskussion über einen weiteren Kondratjeff-Zyklus statt [NEFI2010]. Als möglicher Innovationstreiber wird die Entwicklung neuerer Gesundheitstechniken genannt, aber auch die des Internet of Things, KI-Techniken, Cloud Computing oder mobiles Netz werden als Basisinnovationen in Betracht gezogen.

Alle Basisinnovationen hatten Auswirkungen auf die gesamte Volkswirtschaft. So kann man einen Zusammenhang zwischen den Kondratjeff-Zyklen und Wachstumsraten nachweisen (siehe Abb. 2.1). Schon hinsichtlich der wirtschaftlichen Prosperität einer Gesellschaft lassen sich leicht Bezüge zur kommunalen Daseinsvorsorge aufzeigen. Darüber hinaus haben alle Zyklen auch die Strukturen der kommunalen Verwaltung verändert.

Nach Solow basiert das Wachstum einer Volkswirtschaft auf dem technologischen Fortschritt [SOLO1956]. Das entspricht natürlich auch den bisherigen Betrachtungen der Kondratjeff-Zyklen und der Theorie der schöpferischen Zerstörung. Acemoglu unterscheidet verschiedene Typen von technologischem Fortschritt [ACEM2009,

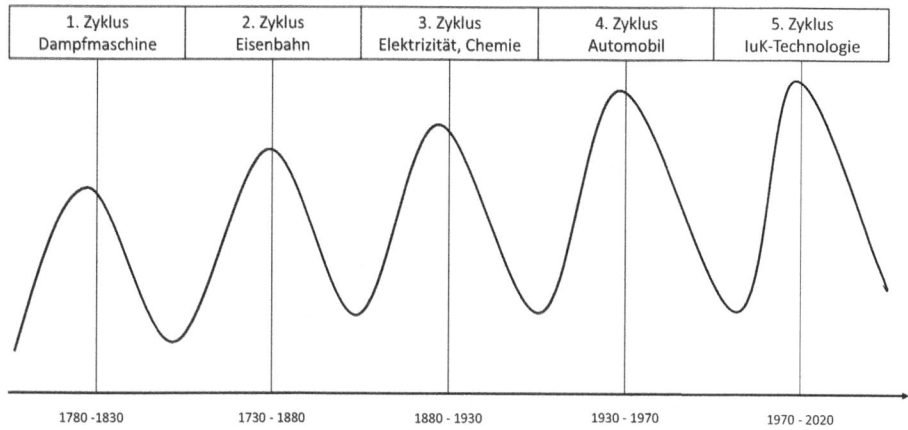

| 1. Zyklus Dampfmaschine | 2. Zyklus Eisenbahn | 3. Zyklus Elektrizität, Chemie | 4. Zyklus Automobil | 5. Zyklus IuK-Technologie |

1780 -1830   1730 - 1880   1880 - 1930   1930 - 1970   1970 - 2020

Abb. 2.1   Der erste von fünf Kondratjeff-Zyklen

S. 411 ff.]. Eine sehr bekannte Unterscheidung trennt Produktinnovationen von Prozess-innovationen. Beide Typen von Innovation haben einen positiven Einfluss auf das volkswirtschaftliche Wachstum und sind für den Einsatz in Verwaltungen relevant. Der Gedanke soll im Hinblick auf die Steigerung der Effizienz der Verwaltung später weiterverfolgt werden. Acemoglu weist jedoch auch daraufhin, dass nicht nur die Basis-innovationen entscheidend sind, vielmehr unterscheidet er zwischen Makro- und Mikro-innovationen. Makroinnovationen sind die Basisinnovationen, die die langen Wellen erzeugen, während Mikroinnovationen dagegen Verbesserungen von bestehenden Produkten oder Prozessen sind [ACEM2009, S. 412]. Diese sind meistens für die Kostenreduktion verantwortlich. In diesem Sinne handelt es sich bei der digitalen Trans-formation der kommunalen Verwaltungen um eine Mikroinnovation, die jedoch die Kosten senkt und die Effizienz in einem Teilbereich steigert.

2.2   Der Begriff Digitalisierung

Der Begriff Digitalisierung ist nicht eindeutig definiert und wird in unterschiedlichen Zusammenhängen verwendet. Ursprünglich wurde darunter lediglich die Umwandlung von analogen Werten und Daten in digitale Formate verstanden. Der Begriff Digitalisierung basiert auf dem englischen Wort „Digit", das man mit Ziffer oder Stelle übersetzen kann. Korrekt betrachtet, handelt es sich um ein „Binary Digit" oder eine binäre Zahl, die lediglich aus zwei Zuständen besteht, beispielsweise 0 oder 1. Schon hier müsste man jedoch Einschränkungen machen, da neuere Technologien, wie der Quantencomputer nicht mehr auf dieses grundlegende Prinzip zurückgreift, da dieser mit Quantenbits (Qbits) arbeitet, die andere Konstellationen zulassen [IBM2018]. Zur ein-facheren Darstellung soll aber weiterhin auf das bisherige 0–1-Prinzip des BITs zurück-gegriffen werden.

Da mit einem Bit nur zwei Zustände dargestellt werden können, fasst man 7,8 oder 9 binäre Zeichen zusammen, mit denen man dann einen binären Code darstellen kann. Typisch für diese Vorgehensweise ist der 8 Bit Block, der als Byte bezeichnet wird. Dieses Kunstwort findet sich im Zusammenhang mit der Digitalisierung beispielsweise als Maßeinheit der Speichergröße, Verarbeitungsgeschwindigkeit usw. Heute kann man davon ausgehen, dass sich in dieser recht einfachen Basis fast alle Arten von Informationen darstellen lassen. Digitalisierung als bloße Darstellung von Werten und Daten zu sehen, wäre aber verkürzt. Ein weiterer wesentlicher Bestandteil der Digitalisierung besteht in der Speicherung der Daten in binärer Form. Hierbei kommt der ökonomischen Speicherung von Massendaten eine besondere Bedeutung zu. Die Verarbeitung der digitalisierten Daten ist jedoch das eigentliche Ziel der Datenverarbeitung, wobei dies aber auch der komplexeste Bereich der Digitalisierung ist. Aufgrund der zunehmenden Komplexität der Daten spricht man heute von Data Science (DHAR2013). Da sich Data Science oder Datenwissenschaft mit der Extraktion von Wissen aus sehr großen heterogenen Datenbeständen beschäftigt, stellt sie auch eine Erweiterung der vorherigen Konzepte dar. Rückschlüsse auf Muster oder neue Erkenntnisse werden dabei nicht nur aus strukturierten Daten, sondern zunehmend in unstrukturierten Daten gewonnen. Über die Reichweite der Möglichkeiten der Verarbeitung gehen die Meinungen sehr weit auseinander. Am weitesten gehen die Anhänger der starken künstlichen Intelligenz, die behaupten, dass Computer alle Informationen, die in digitalisierter Form vorliegen, genauso verarbeiten können, wie es mit einem menschlichen Gehirn möglich ist [RUSS2012, S. 1176 ff.; ZWEIG2019, S. 126]. Auch wenn in einem eigenen Abschnitt der Bereich KI behandelt werden soll, teile ich grundsätzlich die Auffassung von Douglas Hofstadter, dass der Begriff „künstliche Intelligenz" ungenau und populistisch ist [HOFS1996, S. 11]. Aber selbst wenn man nicht so weit gehen mag, ist es unbestreitbar, dass die Spannweite der Datenverarbeitung sehr groß ist. Dieser Umstand führt dazu, dass der Begriff Digitalisierung sehr weit gefasst wird. Analog dem Begriff Industrialisierung wird er häufig auf den gesamten gesellschaftlichen Wandel durch den Einsatz von Computern bezogen. Er umfasst so nicht nur die technischen Komponenten, sondern auch die durch das Zusammenspiel von Technologie und Vernetzung ausgelösten organisatorischen und soziokulturellen Veränderungen. Die Betrachtung des gesamtgesellschaftlichen Prozesses führt letztlich auch zu einer philosophischen oder ethischen Debatte, die insbesondere durch die Entwicklung der künstlichen Intelligenz zusätzlich stimuliert wird. Beispielhaft sei hier der Hinweis auf einen digitalen Humanismus gegeben [RUEM2018]. Diese pseudowissenschaftlichen Debatten führen jedoch häufig zu nicht operationalisierbaren Behauptungen. Diese Vorgehensweisen sind aber für die Bildung von Strategien leider vollkommen ungeeignet, da sie sich jeglicher Überprüfbarkeit entziehen und infolgedessen für die praktische Umsetzung ungeeignet sind.

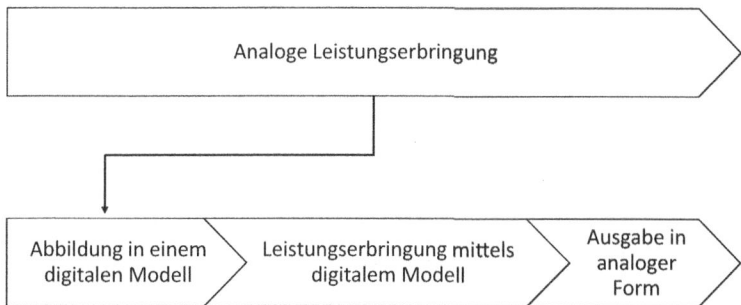

Abb. 2.2 Schematische Darstellung des Begriffs Digitalisierung. (Quelle: eigene Darstellung, angelehnt an [WOLF2018, S. 58])

Zur Planung und Bewertung, wie die digitale Transformation einer Verwaltung durchgeführt werden kann und wie erfolgreich diese ist, muss man eine brauchbare Begriffsbildung durchführen, die einigen Mindestanforderungen genügen sollte [WOLF2018, S. 58 f.]. Neben einer Operationalisierbarkeit ist auch darauf zu achten, dass man einfach entscheiden kann, ob die Vorgehensweise als Digitalisierung bezeichnet werden kann. Der Begriff sollte weiterhin so umfassend sein, sodass die mit der Digitalisierung üblicherweise verbundenen Phänomene darunter subsumiert werden können. Zur besseren Überprüfung ist eine Skalierbarkeit vorteilhaft, wenn nicht gar unumgänglich. Dabei sollte auf Methoden und Verfahren aus dem Controlling zurückgegriffen werden. Wolf et al. haben hierzu eine geeignete Begriffsbildung entwickelt (siehe Abb. 2.2).

▶ **Definition 1** Digitalisierung bedeutet, dass eine analoge durch eine digitale Leistungserbringung, die mit einem computerhandhabbaren Modell arbeitet, ganz oder teilweise ersetzt wird [WOLF2018, S. 58].

Es erfolgt somit eine Transformation von analogen Daten und deren Verarbeitung in ein digitales Format, das man mit einem Computer bearbeiten kann. Ein triviales Beispiel könnte die Transformation einer Berechnung auf eine Excel-Tabelle sein, die bisher auf einem Blatt Papier vollzogen wurde. Es könnte aber auch die Transformation des Prozesses zum Unterschreiben eines Vertrages sein. In diesem Fall wird ein handschriftlich zu unterschreibender Vertrag durch eine digital zu unterzeichnende Datei ersetzt. Der Vorteil dieser einfachen Definition ist, dass sie sich leicht überprüfen lässt und sie auch skalierbar ist.

Um eine sinnvolle algorithmenorientierte Anwendung zu entwickeln (dazu zählen E-Government-Systeme), müssen die Operationalisierung, die Modellierung und der Algorithmus zusammenpassen [ZWEI2019, S. 91].

2.3   Algorithmus, Programm und Datenstrukturen

Für fast jede Anwendung in der Computertechnologie ist der Algorithmus von entscheidender Bedeutung. So bedingt seine Form u. a. die Verarbeitungsgeschwindigkeit einer Computeranwendung und die Qualität des Programms. Eine umfangreiche Abhandlung hinsichtlich der Funktion und Typen von Algorithmen findet sich in [OTTM2012]. In der Informatik wird unterschieden zwischen Verfahren zur Lösung von Aufgaben und ihrer Umsetzung oder Implementierung. Während es sich beim ersten um den Algorithmus handelt, wird die Implementierung als Programm bezeichnet. Das Wort Algorithmus leitet sich aus dem Namen des persischen Mathematikers al-Chwarizmi ab, der als Entwickler der Algebra gilt, und ist ein reines Kunstwort ohne Bezug zu seiner Bedeutung. Während der Lösungsweg des Algorithmus eindeutig ist, arbeitet die Heuristik als eine weitere Lösungsmethode, die mit unvollständigen Informationen zu wahrscheinlichen Ergebnissen oder akzeptablen Lösungen kommt. Der Übergang ist fließend. Dieses Verfahren findet innerhalb der künstlichen Intelligenz Anwendung. Der Algorithmus besitzt jedoch Eigenschaften, die ihn eingrenzen. Er ist determiniert und deterministisch, d. h. er führt bei jeder Ausführung mit gleichen Startbedingungen zu gleichen Ergebnissen und bei seiner Ausführung ist zu jedem Zeitpunkt der nächste Handlungsschritt eindeutig definiert. Darüber hinaus ist der Algorithmus finit, d. h. der Quelltext muss also aus einer begrenzten Anzahl von Zeichen bestehen.

Auch wenn es keine eindeutige Definition des Begriffs „Algorithmus" gibt, wird auf die folgende Beschreibung zurückgegriffen.

▶ **Definition 2** Ein Algorithmus ist eine präzise, d. h. in einer festgelegten Sprache abgefasste, endliche Beschreibung eines schrittweisen Problemlösungsverfahrens zur Ermittlung gesuchter Größen aus gegebenen Größen, in dem jeder Schritt aus einer Anzahl ausführbarer eindeutiger Aktionen und einer Angabe über den nächsten Schritt besteht [RECH2006, S. 54].

Neben dem Algorithmus, dem eine entscheidende Stellung innerhalb der digitalen Transformation zukommt, sind dessen Umsetzung in ein Programm und die dazugehörigen Datenstrukturen ebenso entscheidend. Im Gegensatz zum Algorithmus ist das Programm von einer Programmiersprache abhängig [MRKN2014]. Der Algorithmus ist somit eine theoretische Beschreibung des Problems und das Programm seine praktische Umsetzung.

Zur besseren Programmierung werden Programme vorab visualisiert. Eine sehr einfache und relativ alte Form der Visualisierung sind lineare Programmablaufpläne (PAP). Dabei werden diese anhand des Systementwurfs und der Programmspezifikationen mit den Symbolen nach DIN 66001 erstellt [STAH2002, S. 269]. In Abb. 2.3 ist die Addition von Datensätzen dargestellt.

Auch wenn lineare Programmablaufpläne zahlreiche Nachteile [STAH2002, S. 269], wie beispielsweise eine Unübersichtlichkeit oder eine fehlende Zerlegbarkeit aufweisen,

Abb. 2.3 Beispiel
eines einfachen linearen
Programmablaufplans

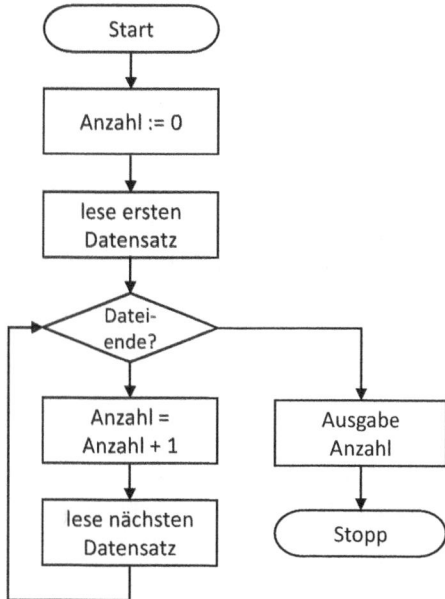

haben sie den Vorteil, dass die Prozessorientierung offensichtlich wird. Bei der späteren Darstellung von Verwaltungsprozessen wird diese Darstellung eine erhebliche Rolle spielen.

Die Unterscheidung verschiedener Datentypen und die Datenstruktur sind zur Umsetzung von Algorithmen ebenso wichtig. Datentypen sind in den Programmiersprachen in der Regel vorhandene Grundtypen, wie integer, real, boolean, character oder string und die daraus mit den jeweils vorhandenen Strukturierungsmöglichkeiten, wie record, array, set oder file. Zur näheren Beschreibung siehe [OTTM2012, S. 28 ff.]. In einer vereinfachten Betrachtung könnte man eine Datenstruktur als die Organisationsform für eine Menge von Daten bezeichnen. Nach Ottmann et al. ist die Datenstruktur eine Realisierung der Objektmenge eines abstrakten Datentyps mit den Mitteln einer Programmiersprache, d. h. auch verschiedene Datentypen können in einer Organisationsform zusammengefasst werden [OTTM2012, S. 28 ff.]. Auch wenn die Mitarbeiterinnen oder Mitarbeiter einer Verwaltung nicht unbedingt über Programmierkenntnisse verfügen müssen, sollten die Begriffe Algorithmus, Datentyp und Datenstruktur zumindest bei den Personen bekannt sein, die sich mit der Transformation von analogen in digitale Verfahren beschäftigen, da diese Grundstrukturen immer wieder die Umsetzungen determinieren, wie später noch aufgezeigt werden wird.

2.4   Die Dynamik der Computertechnologie

Zur Einschätzung der zukünftigen Möglichkeiten ist eine kurze historische Betrachtung der bisherigen Entwicklung der Computertechnologie vorteilhaft. Dabei sind sowohl die Dynamik der Leistungssteigerung als auch die Erweiterung der Anwendungsmöglichkeiten von Bedeutung. In der Entwicklung des Computers kam es immer wieder zu „Sailing-Ship-Effekten", d. h. disruptive Effekte, wie der Austausch der Elektroröhre durch Transistoren und die Erweiterung um zusätzliche Funktionen. Insofern kann man teilweise von Phasen, aber auch von Baumstrukturen sprechen. Die Idee der Verarbeitung von digitalen Daten ist nicht neu, vielmehr finden sich die Wurzeln der Computertechnologie schon vor über 200 Jahren in einem der ersten Webstühle. Der 1805 in Frankreich von Joseph-Marie Jacquard entwickelte Jacquardwebstuhl wurde mit einer Art Lochkarte gesteuert [DEUT2020] [BOHN1993]. Es brauchte aber fast 80 Jahre bis zur nächsten erfolgreichen Anwendung. Herman Hollerith entwickelte u. a. eine Tabelliermaschine, Lochkarten, Lochkartenleser, Lochkartenstanzer und Lochkartensortierer und setzte diese zur Bewältigung einer Volkszählung 1890 in den USA ein. Dadurch verringerte sich die Verarbeitungszeit auf weniger als die Hälfte und man kann davon ausgehen, dass dies die erste digitale Anwendung einer Verwaltung war. Das gesamte System wird auch als Hollerith- Maschine bezeichnet [NIXT2020] [AUST1982]. Aber schon 1837 entwickelte Charles Babbage seine „Analytical Machine", die dem heutigen Computer zwar wesentlich näherkam, aber nicht funktionsfähig war. Das als universelle Maschine konzipierte Model kam nicht über das Entwurfsstadium hinaus, sollte aber programmierbar sein. Ada Lovelace entwickelte zur Berechnung von Bernoulli-Zahlen sogar ein Programm und gilt deshalb als die erste Programmiererin der Welt. Da die „Analytical Machine", wie auch die ersten einsatzbereiten Nachfolger, primär zur Berechnung mathematischer bzw. statistischer Aufgaben entworfen worden war, etablierte sich die Bezeichnung Computer für diese Maschinen.

Die eigentlich erste Phase der Entwicklung des Computers kann auf die Mitte des letzten Jahrhunderts datiert werden. Es ist die Phase, in der primär Großrechnertechnologien entwickelt wurden. Etwas mehr als 100 Jahre nach Babbage baute Konrad Zuse 1941 mit der Z3 den ersten funktionsfähigen Digitalrechner weltweit. Dieser hatte jedoch kaum einen praktischen Einsatz und wurde 1944 vollkommen zerstört. Die Z3 besaß einen Hauptspeicher von 200 Byte und eine Leistung von zwei Flops (Gleitkommaoperationen pro Sekunde). In den USA und Großbritannien gab es parallele Entwicklungen. 1946 entstand mit dem ENIAC (Electronic Numerical Integrator and Computer) jedoch ein vollkommen einsatzfähiger Rechner in der USA. Der ENIAC hatte jedoch noch gigantische Ausmaße. Er bestand aus 17.468 Elektroröhren und wog 27 t [BURK1947]. Auch seine Bedienung war kompliziert, d. h. der Benutzer musste Kenntnisse in der Maschinensprache haben. Anhand der Leistung von ca. 500 Flops und seiner Benutzerunfreundlichkeit lässt sich recht gut ableiten, wie gering seine

Einsatzmöglichkeiten waren. Der Preis von 468.000 $ würde einem heutigen Wert von 5,47 Mio. $[1] entsprechen und ist in Relation zu heutigen Supercomputern eher gering.

Wenn man dem ENIAC mit einem der leistungsstärksten Rechner aus dem Jahr 2018, dem amerikanischen Summit OLCF-4 vergleicht, ist erkennbar, welchen gigantischen Sprung diese Technologie in den letzten 70 Jahren gemacht hat. Der Summit hat einen Arbeitsspeicher von 10 PetaByte und erbringt eine Rechenleistung von 122 PetaFLOPS [IBM2020]. Damit hat in den letzten 70 Jahren eine Steigerung der Rechenleistung um den Faktor 10^{15} bis 10^{16} stattgefunden. Der Titan von Cray Inc., der von 2012 bis 2013 der leistungsstärkste Computer war, kostete 97 Mio. $. Wenn man das in Relation zum ENIAC setzt, kann man die Effizienzsteigerung auch in Hinblick auf den Preis erkennen. Man erkennt aber auch, dass der Ast der zentralen Großrechner nicht abgestorben ist und diese weiterentwickelt werden. Im Zuge der Umsetzung und Weiterentwicklung der Großrechnertechnologien entstanden auch die ersten kommunalen Gebietsrechenzentren [FLEI2016]. Aus denen gingen die heutigen IT-Dienstleister der Länder bzw. Kommunen, wie beispielsweise die ekom21 [EKOM2020a] hervor, die sich heute mit dem Aufbau von kommunalen E-Government-Systemen beschäftigen und bei der Umsetzung des OZG's stark eingebunden sind. Ein Überblick zu den überregionale kommunale IT-Dienstleistungsbetriebe finden sich in [HEUE2018, S. 53].

Diese Entwicklung folgt dem Mooreschen Gesetz [MOOR1965], das besagt, dass sich die Hardwareleistung innerhalb von 12 bis 24 Monaten in etwa verdoppelt. Diese Steigerung veränderte aber nicht nur die Leistungsfähigkeit von Großrechnern, deren Möglichkeiten sich damit drastisch erweiterten, sondern führte dazu auch zu einer Miniaturisierung der Computertechnologie insgesamt. In der Mitte der 70er Jahre wurden die ersten Personal Computer gebaut, die den dezentralen Einsatz dieser Technologie erst ermöglichten. Heute befinden sich Prozessoren in fast allen Alltagsgeräten und Smartphones, bestimmen den Alltag und unsere Kommunikationsstrukturen.

Erst durch diese Innovationen, die insbesondere mit den Namen Steve Jobs und Steve Wozniak und dem Unternehmen von Apple Inc. verbunden werden, setzte eine Entwicklung ein, die vielleicht mit der Entwicklung des Buchdrucks vergleichbar ist. Jede Computeranwendung, die von breiten Bevölkerungsgruppen genutzt werden soll, muss diese Entwicklung berücksichtigen. Neben der Miniaturisierung kann man außerdem auch von einer Demokratisierung der Technologie sprechen, die notwendig war, damit diese Technologie für die breite Bevölkerung zugänglich wurde. Parallel zur Hardwareentwicklung änderten sich somit auch die Vorstellungen über die Anwendungsmöglichkeiten und die Benutzerfreundlichkeit von Computern erheblich. Während die ersten Computer primär zur Erledigung von numerischen Aufgaben konzipiert waren und der Benutzer über Kenntnisse von Maschinensprachen oder Assembler verfügen musste,

---

[1]Der Preis wurde 2020 mit https://www.dollartimes.com/inflation/inflation.php?amount = 5000&year = 1947 ermittelt.

wurden schon in den 60er Jahren des letzten Jahrhunderts neue Benutzerschnitt-
stellen erdacht. Douglas Engelbart erfand nicht nur die Computermaus, sondern er entwickelte auch noch weitere grundlegende Bausteine zur Mensch-Maschine-Interaktion,
wie grafische Benutzeroberflächen, Hypertext und Computernetzwerke [FRIED2000,
S. 4 ff.]. Schon bei Engelbart und Licklider, ein weiterer Computerpionier, war der
Gedanke der Symbiose von Mensch und Computer verankert, d. h. der Computer sollte
lernen mit der menschlichen Sprache umzugehen, während der Mensch die Bedienung
des Computers erlernen sollte [FRIED2000, S. 5]. Der Gedanke der Computersymbiose
spielt heute beim Einsatz von Programmen der künstlichen Intelligenz eine besondere
Rolle [PIE2019, S. 32]. Sowohl Engelbart als auch Licklider sahen den Computer als
eine Art Intelligenzverstärker an. Heute sind die meisten dieser Ideen, wie beispielsweise
die Mensch-Maschine-Kommunikation mit natürlicher Sprache Realität. Alexa (Amazon
Corp.), Siri (Apple Inc.), Watson (IBM) und weitere Anwendungen und Chatbots sind
dafür bekannte Beispiele.

In den 60er Jahren wurden aber nicht nur Vorschläge zur Verbesserung der Mensch-
Maschine-Schnittstelle diskutiert, sondern ein Ziel der IT-Entwicklung war der Aufbau
von dezentralen, vernetzten Computersystemen, Hypertext bzw. Hypermedia-Konzepten.
Ursache war der „Sputnik-Schock" und die befürchtete Anfälligkeit von zentralen
Systemen. 1958 wurde Advanced Research Projects Agency (ARPA) ins Leben gerufen,
um solche dezentralen Strukturen zu schaffen. Das Ergebnis, das erste Rechnernetz der
Welt wurde 1969 in Betrieb genommen [LUNT2020, S. 14 f.]. Das eigentlich militärisch
motivierte Projekt schaffte Grundlagen, die 1990 zur Entwicklung des World Wide Web
durch Tim Bernes-Lee zu einem weiteren Meilenstein führte. Dies veränderte die bisherigen Kommunikationsstrukturen erheblich und ermöglichte eine Globalisierung,
da nun der Datenaustausch rund um den Erdball einfach und schnell erfolgen konnte.
Sowohl der Prozess der Demokratisierung als auch der Prozess der Globalisierung
führten zu veränderten Strukturen, die ein E-Government erst ermöglichen, aber auch
bedingen.

Weitere wichtige Innovationen, die auch das E-Government beeinflussen, sind
das Mobile Computing und die Wearable Technologies. Unter Mobile Computing
subsumieren wir u. a. die Verwendung von Smartphones. Wearable Technologies
gehören auch zum Mobile Computing, bilden aber eine spezielle Art. Sie sind einfache
Computersysteme, die am Körper getragen werden können und nur begrenzte Aufgaben wahrnehmen. Damit werden die Anwendungen immer mehr standortunabhängig.
Parallel dazu entwickelte man das Cloud Computing, da damit der standortunabhängige
Zugriff auf Daten verbessert wurde. Dieser Ast der Computerentwicklung findet seine
Fortführung im Aufbau des „Internet of Things" (IoT) [BULL2007], das erst die
Realisierung eines Smart Life und die Konzeption einer Smart City ermöglicht. Eine not-
wendige Voraussetzung für diese Technologien sind gut funktionierende und leistungs-
starke Übertragungsnetzte.

Zurzeit kann man einen weiteren Innovationsast erkennen. Mit der Weiterentwicklung
von Konzeptionen aus dem Bereich der künstlichen Intelligenz eröffnen sich neue

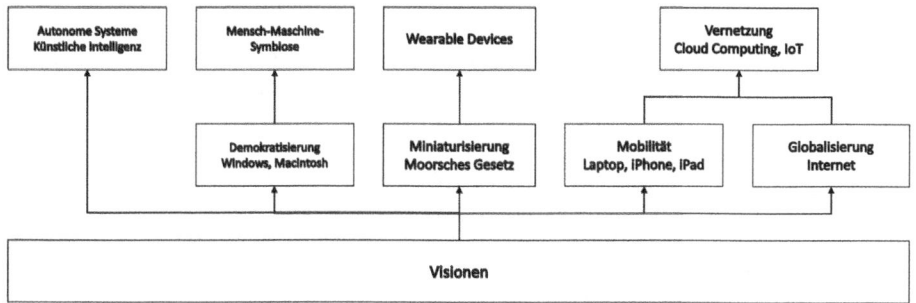

Abb. 2.4 Entwicklungslinien der Computertechnologie

Anwendungsbereiche. Dabei ist auch die Idee der künstlichen Intelligenz nicht neu, sondern der Begriff wurde schon 1956 von McCarthy geprägt. Aber erst aufgrund der vorher beschriebenen Innovationen kann dieser heute eher realisiert werden. Möglich-keiten, die sich durch diesen Zweig der Informatik hinsichtlich der E-Government-Systeme ergeben, werden aufgrund ihres hohen Potenzials in einem eigenen Abschnitt behandelt (siehe Abb. 2.4).

2.5   Trends und IT-Innovationen erkennen

Für die Weiterentwicklung von E-Government-Systemen ist jedoch die Frage, in welchem Zeithorizont sich potentielle Innovationen durchsetzen werden, bedeutend. Man kann diese Entwicklungen auch als Trends bezeichnen, wie John Naisbitt dies 1982 in seinem Buch „Megatrends" [NAIS1985] vorgenommen hatte. Man kann die Problematik anhand der Entwicklung von Quantencomputern oder der Mensch-Maschine Schnittstelle über Neurolinks leicht darstellen. Diese Technologien werden die IT-Strukturen grundlegend verändern, weil sie die Leistungsfähigkeit der Systeme potenzieren oder neue Möglichkeiten schaffen, aber sie werden das wahrscheinlich nicht in den nächsten fünf Jahren erreichen. Daraus resultiert, dass man potentielle Trends zwar erkennen kann, aber nicht abschätzen kann wann diese markt- oder anwendungs-reif sind. Wenn man nun aber die Frage nach der Trendentwicklung überhaupt nicht stellt, kann es zu Fehleinschätzungen kommen und man ist nicht auf eine Innovation vorbereitet. In diesem Fall hinkt man der Entwicklung hinterher. Auch Innovationen aus dem Bereich der künstlichen Intelligenz wurden früher als unmöglich eingestuft, werden aber nach dem Sachstand wesentlich früher marktreif sein. Um jedoch die Voraus-setzungen zum Einsatz dieser Innovationen zu schaffen, ist es notwendig, die Verwaltung auf die Veränderung vorzubereiten. Zum Beispiel müssen die Personalentwicklungs-konzepte angepasst werden, da sich sonst die Einführung der neuen Technologie ver-zögert bzw. nicht stattfinden kann.

Am Beispiel der Künstlichen Intelligenz kann man aber auch gut erkennen, wie sich die Erwartungen und die spätere Realisierung verändern. Die Analytikerin Jackie Fenn der Gartner Inc. hat 1995 diesbezüglich ein interessantes Instrumentarium, den Hype-Zyklus, entwickelt [GART2020]. Ziel ist es, übertriebene Erwartungen von realistischen Möglichkeiten zu unterscheiden. Nach dem Hype-Zyklus durchläuft eine Innovation fünf Phasen. Die erste ist der Innovationsauslöser oder Technology-trigger. Das kann eine wissenschaftliche Abhandlung oder eine Ankündigung der Technologie sein. Kai-Fu Lee beschreibt den Sieg eines KI-Programms gegen den weltweit besten Spieler im chinesischen GO-Spiel als einen Sputnik-Effekt [LEE2019, S. 15 ff.]. Dieser Begriff kommt seit dem Sputnik-Schock von 1957 immer wieder vor. Ihr folgt die eigentliche Hype-Phase, die zu übertriebenen Erwartungen führt und in der Spitze der überhöhten Erwartungen (peak of inflated expectations) seinen Höhepunkt findet. In die neue Technologie werden zu hohe Erwartungen gesetzt und deshalb fällt sie nach Gartner in einen Trog der Desillusionen (Trough of Disillusionment). In dieser Phase ebbt die Berichterstattung über die Technologie ab und die Erwartungen verringern sich erheblich. Während die vorherige Phase von Enthusiasten geprägt war, sind nun die Pessimisten in der Überzahl. In der nächsten Phase, der Pfad der Erleuchtung (Slope of Enlightenment) wird eine realistischere Einschätzung der Technologien angewendet. Schließlich endet der gesamte Zyklus auf dem Plateau der Produktivität (Plateau of Productivity). Gartner bietet für zahlreiche technologische Innnovationen seinen Hype Zyklus an. Der Gartner Hype Zyklus für Smart City Technologien gibt auch Auskunft über Innovationen, die für eine digitale Transformation einer Kommune wichtig sind [TRAT2019]. So befinden sich Chatbots auf dem Höhepunkt, während Blockchain-Technologien sich schon der nächsten Phase, also auf dem Weg in das Tal der Desillusionen befinden. Insgesamt vollzieht sich der Entwicklungsprozess nach Gartner in einem sinusähnlichen Verlauf [GART2020], wobei die Bestimmung des Zeithorizontes in 5 Kategorien eingeteilt werden.

Ob die Entwicklung jeder Innnovation überhaupt diesen idealtypischen Verlauf nimmt ist fraglich. Weiterhin besteht in der schwierigen Zeitbestimmung ein weiteres Problem. Insofern ist es wichtig, den Innovationsauslöser (Sputnik-Effekt) zur Kenntnis zu nehmen, aber sich nicht in der ersten Entwicklungsphase, durch überzogenen Enthusiasmus und anschließenden Frustrationen verunsichern lassen. Vielmehr sollte mit Verfahren der Trendanalyse eine Abschätzung der Entwicklung erfolgen, um etwaige Überreaktionen in die eine oder andere Richtung zu vermeiden, die auch zu Fehlplanungen führen könnten. Dabei ist zu beachten, dass es bei der Einschätzung zu drei verschiedenen Entwicklungsformen (optimistisch, neutral und pessimistisch) kommen kann, die man jedoch durch die Einbeziehung von Eintrittswahrscheinlichkeiten konkretisieren sollte (Abb. 2.5).

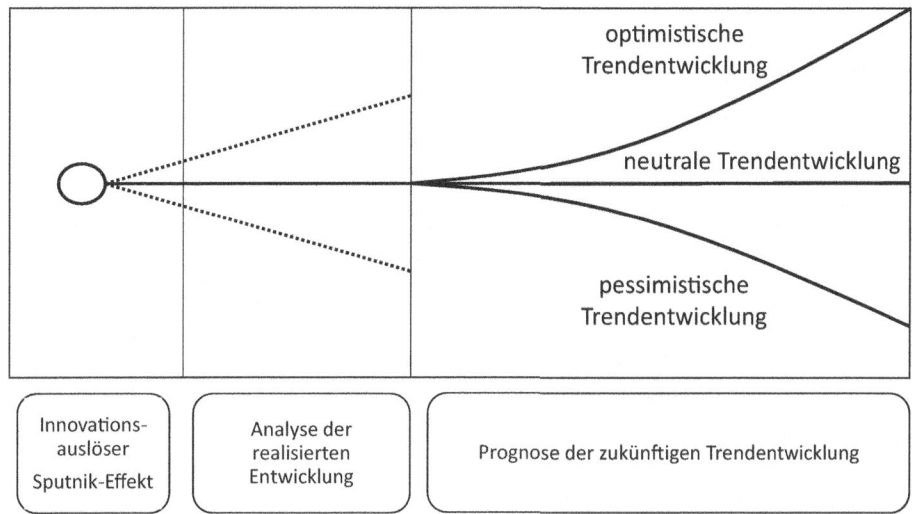

Abb. 2.5 Prognose von Trends

2.6   Die Informations- und Wissensgesellschaft

Das Jahr 1970 wird teilweise als ein historisches Umbruchsjahr bezeichnet, da es nicht nur einen Übergang vom vierten auf den fünften Kondratjeff-Zyklus darstellt, sondern den Übergang von der Industrie- auf die Informationsgesellschaft markiert [NEFI2001, S. 10]. Ob der Umbruch nun genau auf das Jahr fixiert werden kann, lässt sich wahrscheinlich nicht eindeutig belegen, aber in diesem Zeitraum um das Jahr 1970 löste der Faktor Information den Faktor Energie in seiner grundlegenden Bedeutung als Wachstumsantreiber ab. Die Basisinnovation Computertechnologie, die bis dahin schon eine ca. 20-Jährige Entwicklungszeit hinter sich hatte, ermöglichte die Informationsgewinnung bestens und übernahm nun ihre eigentliche Antriebsrolle für das Wirtschaftswachstum. Zwar sind in einer arbeitsteiligen Gesellschaft Informationen und Kommunikation schon immer von grundlegender Bedeutung gewesen, aber für das Entstehen einer Informationsgesellschaft ist eine deutliche Steigerung der Bedeutung der Informationen und Kommunikation in der Wirtschaft ausschlaggebend [MERT2000, S. 4]. Es war aber nicht nur die technische Komponente, also die Computertechnologie, die den Übergang einleitete, sondern die Informationsgesellschaft bezieht sich auf einen gesamtgesellschaftlichen Wandel, der auch die Arbeitswelt, das Freizeitverhalten und den Umgang mit der öffentlichen Verwaltung umfasst. Die Entwicklung des Computers war und ist nur eine notwendige Voraussetzung für die Veränderung.

Der Unterschied zwischen der Industriegesellschaft und der Informationsgesellschaft ist auch nicht eine einfache Erweiterung der Produktionsabläufe mit dem Einsatz von computergesteuerten Maschinen, sondern eine grundsätzliche Veränderung der

Produktionsprozesse. Während die industrielle Produktion stark hierarchisch aufgebaut und deren Arbeitsteilung sehr groß ist, zeichnet sich die Informationsgesellschaft durch eine starke Vernetzung, flache Hierarchien und geringe Arbeitsteilung aus [NEFI2001, S. 26 ff.]. Natürlich muss sich auch eine öffentliche Verwaltung dieser Veränderung anpassen.

Der fünfte Kondratjeff-Zyklus untergliederte sich wiederum in drei verschiedene Phasen [NEFI2001, S. 101 f.], wobei die dritte Phase bis ca. 2010 reichte. Danach setzt der sechste Kondratjeff-Zyklus ein, der eine immer stärkere Vernetzung, eine erhöhte Mobilität und eine Einbeziehung neuer Softwarekonzepte umfasst. Der Übergang von einer reinen stationären Internettechnologie, beispielsweise beim Einsatz des Personalcomputers, auf mobile oder Wearable-Computing-Systeme ist eine signifikante Änderung. Ebenso stellt die Entwicklung des Internet of Things, also der Datenaustausch zwischen Objekten, wie Automobilen, eine weitere wichtige Komponente dar. Der Einsatz von Programmen der künstlichen Intelligenz, wie sie in Kap. 11 beschrieben sind, wird eine weitere wichtige Komponente sein.

Interessant ist ein Blick nach China, da dort der fünfte Kondratjeff-Zyklus scheinbar übersprungen wurde. Kai-Fu Lee sieht es gar als dessen Stärke an. Das Land, das bei der Anwendung von Personalcomputern, Festnetztelefonen und Kreditkarten hinterherhinkte, führte gleich verstärkt die moderneren, mobilen Strukturen ein. Dadurch habe das Land einen Quantensprung gemacht, der ein neues Paradigma ermöglichte [LEE2019, S. 106] und China dadurch einen strategischen Vorteil brachte.

2.7   Agilität, Tiefe der Digitalisierung oder deren Reifegrad

Der Transformationsprozess läuft nicht nur, wie oben aufgezeigt, sehr dynamisch ab, sondern ist auch dadurch geprägt, dass sich die relevanten Basistechnologien fortlaufend verändern. Deshalb ist die Entwicklung im Bereich Informations- und Kommunikationstechnologie auch nicht mit einem Internetauftritt oder einer prozessorientierten Organisation beendet, sondern vielmehr müssen Verwaltungen, ähnlich wie Unternehmen, ein hohes Maß an Agilität haben. Sie müssen flexibel, proaktiv, antizipativ und initiativ handeln, um den Anforderungen der Dynamik des Transformationsprozesses gerecht zu werden [GOLD1996] [HAEU2018]. Da bei einer kommunalen Verwaltung natürlich der existenzgefährdende Wettbewerb fehlt, kann die Forderung nach einer Agilität den gleichen Stellenwert haben, wie in einem marktorientierten Unternehmen. Auch die Verwaltung wird zwar von Bürgern zur Transformation gedrängt und muss bestehenden gesetzlichen Anforderungen genügen, aber sie wird niemals vom „Markt verschwinden" können und steht deswegen nicht unter dem gleichen ökonomischen Druck. Da der Grad der Agilität trotzdem ein Kennzeichen für die Modernität und Flexibilität einer Kommune ist, prägt er aber deshalb deren Image nicht unerheblich. Kommunen, die sich schnell an die neuen Strukturen und Systeme anpassen, haben schon deswegen Standortvorteile. Für eine rasche Adjustierung der Prozesse und

Systeme ist eine hohe Transparenz und eine präzise Dokumentation der Organisations-
architektur notwendig [WOLF2018, S. 60]. Dies bedingt, dass die Fachbereiche und
IT-Abteilungen eng zusammenarbeiten und die Bürgermeister sich stärker auf diesen
Innovationsprozess fokussieren [WOLF2018, S. 60].

„You can't manage, what you can't measure" ist der berühmte Satz von Peter
Drucker, der heute noch gilt. Ebenso lässt sich natürlich feststellen, man könne nichts
verbessern, was man nicht messen kann. Deshalb ist neben der Frage nach dem Grad
der Agilität die Bestimmung des Reifegrades der Digitalisierung für eine Verwaltung von
Interesse. Eine Verwaltung hat dann ihre maximale Reife erreicht, wenn alle potenziellen
Möglichkeiten der Digitalisierung genutzt und im Zuge dessen die damit einhergehenden
Risiken vermieden werden [WOLF2018, S. 60]. Auf die Chancen und Risiken wird in
Abschn. 3.5. näher eingegangen. Es dürfte aber schon jetzt klar sein, dass eine absolute
oder 100 %-Digitalisierung nicht einem optimalen Reifegrad entspricht, da der Aufwand hinsichtlich der Umsetzung diesen nicht rechtfertigt. Reifegradmodelle findet man
schon hinsichtlich der Umsetzung der Unternehmensprozesse, die auch ansatzweise auf
die Verwaltung übertragen werden kann. Hier sind die Ansätze ISO/IEC 15.504 (SPICE)
und das Capability Maturity Model Integration (CMMI) zu nennen. In Kap. 8 zur
prozessorientierten Verwaltung wird auf diese beiden Modelle noch einmal näher eingegangen.

Wolf und Strohschen haben ein Reifegradmodell entwickelt [WOLF2018, S. 61], das
sich mit einigen Modifikationen auf die Thematik E-Government angewendet werden
kann. Hierzu kann auf das Fraunhofer-Referenzmodell für E-Government-Systeme,
wie es in Kap. 10 dargestellt wird, zurückgegriffen werden. Für die Umsetzung der
Transformation sind nicht alle Komponenten unterschiedlich wichtig. So kann man
die Relevanz von 0 „keine Bedeutung heute" bis 4 „Thema hat heute hohe Bedeutung"
skalieren. Dies hat auch den Vorteil, dass eine eigene Einschätzung der Bedeutung
zum Ausdruck gebracht werden kann. Daneben ist die Darstellung des erreichten
Umsetzungsgrades von erheblicher Bedeutung. Anhand der Fachverfahren kann dies
näher beleuchtet werden. Nicht alle Fachverfahren müssen oder können digitalisiert
werden, da einige zu selten nachgefragt werden und andere noch zu komplex sind. Deswegen ist deren Relevanz für die digitale Transformation nicht einheitlich. Durch einen
Vergleich zwischen Relevanz und Realisierung lassen sich Rückschlüsse auf den Reifegrad schließen. Dieser könnte durch ein Benchmarking sogar noch zu einem Vergleich
zwischen verschiedenen Verwaltungen führen.

Aufgrund der Skalierbarkeit lässt sich beispielsweise eine Gegenüberstellung
zwischen Relevanz und Realisierung vornehmen. Natürlich wären auch weitere Analysen
möglich, wie z. B. eine Zeitreihenbetrachtung, die Hinweise über die Agilität der Verwaltung gibt. Solche Datenanalysen lassen sich leicht visualisieren. In Abb. 2.6 ist eine
einfache Darstellung als Cobweb-Diagramm exemplarisch aufgeführt.

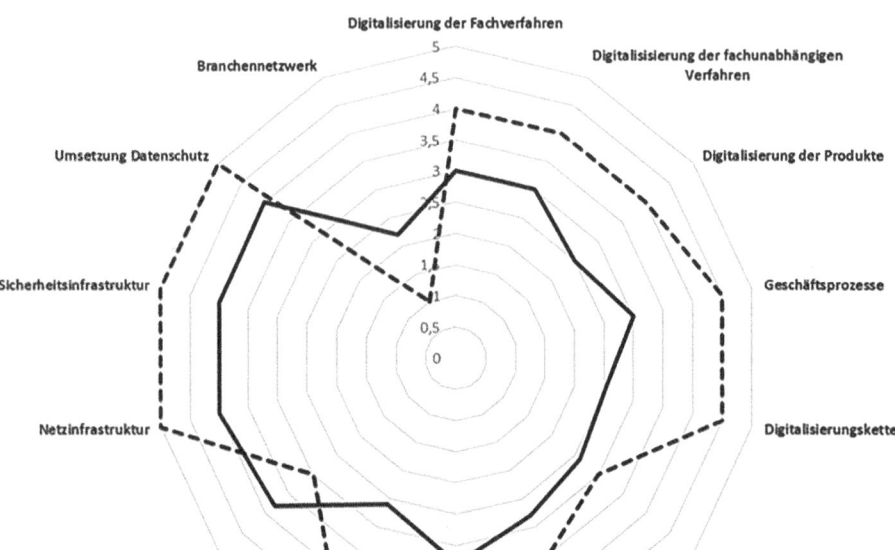

Abb. 2.6 Reifegradmodell für E-Government-Systeme. (Quelle: eigene Darstellung, angelehnt an [WOLF2018, S. 62])

2.8   Medienbruchfreie Prozesse und Disruption

Wenn eine echte digitale Transformation erfolgen soll, müssen die Prozesse medienbruchfrei aufgebaut sein. Ein Medienbruch entsteht, wenn im Laufe einer Prozesskette, die Information in ein anderes Medium übertragen werden muss. So kann natürlich ein papierbasiertes Formular mittels einer Eingabemaske digitalisiert werden. Der Medienbruch, die Übertragung eines analogen Mediums in ein digitales verursacht nicht nur einen Zeitverlust, sondern auch Kosten. Weiterhin können Fehler bei der Übertragung entstehen. Deswegen wird auch die Medienbruchfreiheit der Prozesse und deren Optimierung als Grundvoraussetzung der Automatisierung betrachtet [SIEG2016, Folie 6]. Die Verwendung von digitalisierten Fotos bei der Bearbeitung von Prozessen, wie u. a. das Ausstellen einer Ehrenamtskarte, wäre ein Beispiel. Das Foto kann sogar aus einer bestehenden Datei, wie dem Personalausweisregister, ausgelesen werden, was den

Prozess noch mehr beschleunigen würde. Auch bei der Bearbeitung von Einspruchsverfahren von Ordnungswidrigkeiten können medienbruchfreie Verfahren zu einer Kostenreduktion führen. Ein Negativbeispiel ist die Verwendung von Faxgeräten, da hier eine digitale Information in ein analoges Medium umgewandelt wird. Insofern sollten solche Technologien ersetzt werden.

Noch wichtiger wird die Medienbruchfreiheit unter der Prämisse des Gedankens von disruptiven Innovationen [CHRI2013, S. 6 ff.]. Diese Theorie wurde von Clayton M. Christensen zuerst benutzt. Dabei handelt es sich um Technologiesprünge, die die vorherige Technologie nicht nur ersetzen, sondern auch die Anwendung der bisherigen Technologie unmöglich macht, da es keine technischen Geräte oder Programme mehr gibt. Ein Beispiel sind natürlich Lochkartensysteme, Floppy-Disk-Speicher oder Datenbänder. Auch wird die Digitalkamera immer wieder angeführt. Wenn nun Daten auf veralteten Datenträgern gespeichert sind, kann es dazu kommen, dass der Zugang nicht mehr möglich ist. In diesem Fall würde sich der Prozess als nicht mehr durchführbar darstellen oder es müssten die veralteten Technologien wieder aktiviert werden, was ebenfalls zu erhöhten Kosten führt.

Preposition: Die Prozesse müssen weitgehend medienbruchfrei gestaltet sein, damit eine effiziente Verarbeitung des Prozesses gewährleistet wird. Das bedeutet u. a. auch, dass Technologien, die das nicht mehr gewährleisten, ersetzt werden sollten.

2.9 Once-Only-Prinzip

Zielsetzung des Once-Only-Prinzips ist es, dass die Bürgerinnen, Bürger und Unternehmen bestimmte Standardinformationen der Verwaltung nur einmal mitteilen müssen. Im Bedarfsfall werden die Informationen unter den Behörden ausgetauscht. Der IT-Planungsrat sieht darin eine Verringerung der Belastungen für die Bürgerinnen, Bürger und Unternehmen bei der Kommunikation mit der öffentlichen Verwaltung [HUNN2017, Folie 3]. Schematisch lässt sich das Once-Only-Prinzip wie in Abb. 2.7 darstellen.

Von einem Device oder Portal erstellt der Benutzer in einer bestimmten Lebens- bzw. Unternehmenslage einen rudimentären Antrag. In diesem Antrag fehlen einige Informationen, die automatisch hinzugefügt werden, da sie schon bei anderen Verwaltungen vorhanden sind. Für den Anwender ergibt sich der Vorteil, dass er nicht mehr die einzelnen Informationen zusammentragen muss. Das immer wieder neue Ausfüllen von Formularen oder Datenfeldern durch den Verwaltungskunden kann dadurch entfallen. Da aber auch Informationssilos überwunden werden, ergeben sich Vorteile aus der nicht redundanten Datenhaltung, wie Speicherplatzreduktion, Datenintegrität usw. Bisher wurden immer wieder Datenschutzprobleme gegen dieses Vorgehen angeführt. Der IT-Planungsrat argumentiert jedoch, dass sich vor dem Hintergrund der EU DSGVO sowie den E-Government-Gesetzen des Bundes und der Länder der Rechtsrahmen verändert hat. Danach können die Verwaltungen dann die gespeicherten Daten weiterverwenden, wenn der Nutzer sein Einverständnis erklärt, wobei die Modernisierung der

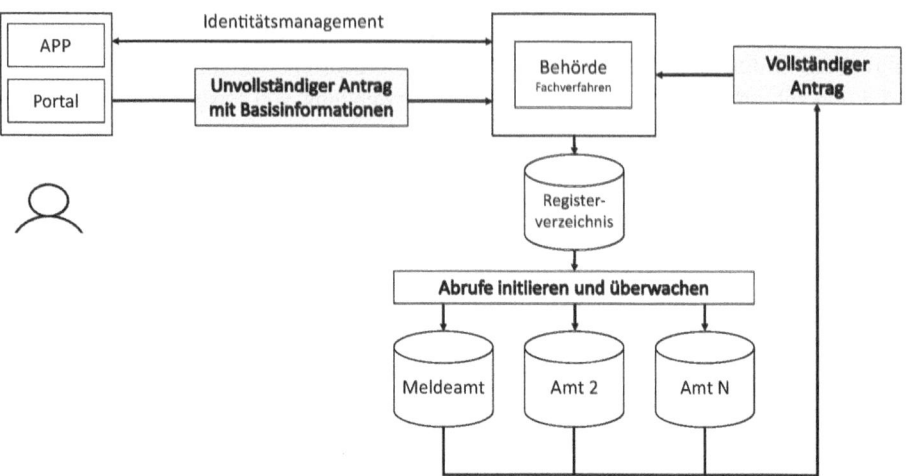

Abb. 2.7 Vereinfachtes Once-Only-Prinzip. Quelle: eigene Darstellung nach [LAHM2019, Folie 4]

disparaten deutschen Registerlandschaft eine Voraussetzung ist [HUNN2017, Folie 2]. Dieses Einverständnis kann u. a. dadurch erreicht werden, dass eine digitale Signatur erforderlich ist, wie sie in Abschn. 11.2. behandelt wird. Durch das Once-Only-Prinzip wird eine erhebliche Effizienzsteigerung erwartet. So geht die Vitako davon aus, dass die Kosten des Prozesses „Anmeldung eines erlaubnispflichtigen Gewerbes" dadurch erheblich gesenkt werden könnten. Bei Anwendung des Once-Only-Prinzips könnten die Prozesskosten von derzeit insgesamt 169 € auf rund 14 € – also um rund 90 % gesenkt werden. [SIEG2016, Folie 6]. Das Datenschutzproblem sollte auch vor dem Hintergrund der Verbreitung des Prinzips gesehen werden. In der EU wird das Prinzip schon in den meisten Staaten angewendet. Lediglich Deutschland, Schweden, Polen, Slowakei und die Schweiz wenden das Prinzip nicht an [HUNN2017, Folie 8].

2.10 Produktivitätsgesichtspunkte der Verwaltung

Im Allgemeinen geht man davon aus, dass durch die Digitalisierung Effizienzvorteile geschaffen werden und damit auch die Produktivität steigt. Falls das Produktangebot nicht steigt, können somit Kosten eingespart werden. Außerdem geht man davon aus, dass Personal freigesetzt wird, was ebenfalls zur Kostenreduktion beiträgt. Schon im vorherigen Kapitel wurden Beispiele genannt, die die Effizienzsteigerung durch die digitale Transformation belegen sollen. Der Nutzen von E-Government-Systemen wird nach Schmid vielfältig definiert, da er einerseits unterstellt, dass die Verwaltung bürgerfreundlicher wird, da durch optimierte Prozesse die Anträge schneller bearbeitet werden können [SCHM2019b, S. 8]. Anderseits unterstellt er aber auch, dass eine erhebliche

Kosteneinsparung erfolgen kann. Dabei wird teilweise eine Kosteneinsparung von 30 bis 40 % errechnet [SCHM2019b, S. 8] [MENS2019, S. 166]. Das Mitglied des Sachverständigenrates Christoph Schmidt unterstützt die These, in dem er 2020 behauptete, dass die entscheidende Quelle des Produktivitätswachstums ist, die Fähigkeit von Unternehmen, mittels Innovation erfolgreich auf nationalen wie globalen Märkten tätig zu sein [SCHM2020]. Einige volkswirtschaftliche Wachstumsmodelle verwenden die Totale Faktorproduktivität als Kennzahl zur Erklärung der Produktivität. Sie beziehen sich dabei auf das Solow-Wachstumsmodell, das die Faktoren Arbeit und Kapital untersucht. Das Modell weist aber eine Restgröße, die sogenannte Solow-Residuum, auf. Als Ursache dieses unerklärten Teils des Wachstums des Produktionsergebnisses wird der technische Fortschritt angenommen. Auch die in Abschn. 2.1. dargestellten Trends und Wellen sehen Innovationen als Wachstumsquellen an. Insofern kann man davon ausgehen, dass die digitale Transformation zu einer Erhöhung der Produktivität führt. Dies gilt auch für die Verwaltung. In Hinblick auf diese positive Auslegung sollte man aber auch kurz auf das Produktivitätsparadoxon eingehen. Der Sachverständigenrat hatte in seinem Jahresgutachten 2019/2020 u. a. festgestellt, dass der weltweite Rückgang des Produktivitätswachstums scheinbar im Widerspruch zu der Hoffnung steht, die in die produktivitätssteigernden Wirkungen der zunehmenden Computerisierung sowie die Entwicklung neuer Anwendungen der Informations- und Kommunikationstechnologien (IKT), wie Cloud Computing, Maschinelles Lernen oder Künstliche Intelligenz, gesetzt werden [SACH2019, S. 106]. Anhand der Entwicklung im Bereich Maschinenbau wurde bereits vorher festgestellt, dass es momentan keinen Zusammenhang zwischen ITK-Technologien und Produktivitätswachstum gibt. Ein Teil dieses Paradoxons wird dadurch erklärt, dass die rasche Verbreitung einer umfassenden, intensiven Digitalisierung in der Produktion des Maschinenbaus aktuell nicht zu Produktivitätsgewinnen beiträgt [IMPU2018, S. 9]. Weiterhin wird unterstellt, dass sich bei der Digitalisierung von Produktangeboten und digitalen Geschäftsmodellen viele Maschinenbauunternehmen noch in der Investitionsphase befinden. Da sie ihre IT-Abteilungen und Datenanalysekapazitäten auf- und ausbauen und innovative Konzepte entwickeln, stehen den hohen Investitionskosten erst vergleichsweise geringe Erträge gegenüber [IMPU2018, S. 9]. Bezogen auf die hier vorliegende Thematik könnte eine Übertragung durchaus zu dem Schluss kommen, dass auch die Produktivitätssteigerung in der Verwaltung vorerst ausbleibt.

2.11 Fachkräftemangel

Die demografischen Veränderungen der Bevölkerungsstruktur in Deutschland haben natürlich auch Auswirkungen auf den Transformationsprozess der öffentlichen Verwaltung [KOES2019, S. 31]. Zum einen werden die Verwaltungen auch mit dem Problem des Fachkräftemangels konfrontiert, zum anderen verändert sich die Einstellung zu digitalen Anwendungen. Insbesondere jüngere Generationen tendieren zur verstärkten Anwendung digitalisierter Verwaltungsabläufe.

Das Problem des Fachkräftemangels, bezogen auf die Verwaltungen, kann man gut an einem Beispiel demonstrieren. 2014 waren 26,5 % der Mitarbeiterinnen und Mitarbeiter in der Verwaltung älter als 55 Jahre, d. h. auch, dass diese Mitarbeiter bis 2026 aus dem Dienst ausscheiden. Jedoch waren nur 12,8 % der Beschäftigten in den Verwaltungen jünger als 30 Jahre. Unter der Berücksichtigung des Geburtenrückgangs wird das Problem noch deutlicher. 1964 wurden in der Bundesrepublik Deutschland und in der DDR 1,36 Mio. Kinder geboren. 2013 wurde im wiedervereinten Deutschland lediglich 682.069 Kinder geboren. Da die Babyboomer bis 2031 aus dem Arbeitsleben ausscheiden, wird eine erhebliche Lücke entstehen, die kaum auszugleichen ist [KOES2019, S. 32 f.]. Schon 2019 konnten kleinere Verwaltungen auf kommunaler Ebene die altersbedingt ausscheidenden Mitarbeiter kaum mehr ersetzen [KOES2019, S. 39].

2.12   Grundeinstellungen gegenüber digitalen Veränderungen

Digitale Transformationsprozesse finden nicht generell Zustimmung, vielmehr hängt diese u. a. von der Grundeinstellung hinsichtlich der Innovation ab. So gibt es Menschen, die der Technik zugeneigt und solche die dieser eher abgeneigt sind. Mitchell unterscheidet zwischen digitphilen und digitphoben Personen [MITC2000, S. 11 f.]. Wenn der Anteil der digitphoben Personen höher ist als der Anteil der digitphilen, wird sich eine digitale Transformation schwierig gestalten bzw. sogar scheitern. Insofern beeinflusst die Grundhaltung oder Affinität der Bevölkerung gegenüber IT-Technologien natürlich die Geschwindigkeit des Transformationsprozesses. Im Laufe der Zeit verändert sich aber in der Regel diese Grundhaltung. Teilweise verstärkt sich eine ablehnende Haltung oder eine positive Einstellung verwandelt sich in eine Ablehnung, wie sich beispielsweise hinsichtlich der Atomenergie feststellen lässt. Meistens erhöht sich jedoch die Akzeptanz mit der Verbreitung, sodass eine positive Korrelation zwischen dem verstärkten Einsatz und der Grundhaltung der Bevölkerung gegenüber diesen Technologien besteht. Das kann sogar dazu führen, dass mehr Anwendungen oder Produkte nachgefragt werden. Eine entsprechende Entwicklung ist charakteristisch für lange Wellen, wie beispielsweise dem Mobilitätszyklus. Hatten die ersten Eisenbahnen oder Kraftfahrzeuge als exotische Technologien eher Angst und Ablehnung erzeugt, sind sie heute sehr weitverbreitet und fester Bestandteil des gesellschaftlichen Lebens. Mit der Reduktion der ablehnenden Grundhaltung und den zunehmenden Einsatzmöglichkeiten durchdringt und verändert die Technik unser gesellschaftliches Leben und unsere Produktionsverhältnisse.

Bezüglich der Digitalisierung hat sich der nette Begriff der „Digital Natives" und der „Digital Immigrants" etabliert. Ursprünglich fand man beide Begriffe in der „Unabhängigkeitserklärung für die Cyberspace" durch John Perry Barlow, der in einer Protestnote zum Weltwirtschaftsforum 1996 diese Begriffe verwendete. Konkretisiert wurden diese dann durch Marc Pensky 2001 [PENS2001; S. 1], der diese auf die

Sozialisation von Generationen übertrug. Danach sind „Digital Natives" Personen, die in einer Gesellschaft aufgewachsen sind, die überwiegend digitale Medien, wie Computerspiele, Internet oder Smartphone, verwendet. Die DIVSI-Studie hat dies bestätigt, in dem sie feststellte, dass die Jahrgänge ab 1989 zu 98 % das Internet benutzen [DIVS2014, S. 4]. Die vorhergehende Generation wurde als „Digital Immigrants" bezeichnet, d. h. diese Personen mussten sich erst die überwiegende Nutzung digitaler Medien aneignen. Sie sind in einer Gesellschaft sozialisiert worden, die diese Medien noch nicht kannte bzw. einsetzte. Als „Non-Digital" wird die Personengruppe bezeichnet, die digitale Medien kaum einsetzt bzw. diese sogar ablehnt. Hier werden überwiegend ältere Generationen subsumiert, die in einer Zeit geboren wurden als die ersten Computer entwickelt wurden und diese weitgehend „exotische" Großrechneranlagen waren. Eine besondere Stellung nehmen die „Digital Pioneers" hierbei ein. Das sind Personen, die bei der Entwicklung der Computertechnologie mitgewirkt haben und weitgehend IT-affin sind. Sie zeigen jedoch ein anderes Verhalten, da diese Personengruppe über vielfältige Programmierkenntnisse verfügt und auch ein anderes Verhalten gegenüber Computertechnologie aufweist. Mit hoher Wahrscheinlichkeit stehen die „Non-Digitals" Verfahren des E-Government kritisch gegenüber und werden diese weder befürworten noch nutzen. Da diese Personengruppe in Deutschland bislang die Majorität stellte, verhinderte oder verzögerte sie auch den Aufbau einer digitalen Verwaltung. Dies gilt sowohl in der Rolle des Konsumenten, d. h. Bürger, als auch als Produzent, d. h. Verwaltungskraft oder Entscheider. Die „Digital Pioneers" sind eher eine Randgruppe, die der Entwicklung offen gegenüberstehen und die auch mit der Anwendung kaum Probleme haben werden. Die „Digital Immigrants" übernehmen sukzessiv die Haltung der „Digital Natives" und stärken damit die Gruppe, die zukünftig die Majorität stellt. Da für diese die Anwendung von digitalen Verfahren jedoch eine Selbstverständlichkeit ist, werden diese auch E-Government-Systeme fordern. Abschließend lässt sich festhalten, dass der Einfluss der „Non-Digitals", die primär analoge Methoden und Verfahren nutzen, rückläufig sein wird. Für diese Personengruppe sind jedoch in einer Übergangszeit Verfahren zu entwickeln, die es erlauben, dass sie auch weiterhin Leistungen der Verwaltung in Anspruch nehmen können. Diese Zweigleisigkeit verursacht jedoch Zusatzkosten und verteuert die digitale Transformation nicht unerheblich. Schon heute kann man feststellen, dass sich in Städten, in denen überwiegend „Digital Natives" wohnen, die digitale Transformation schneller vollzieht. Universitätsstädte, wie beispielsweise die „Digital- oder Wissenschaftsstadt" Darmstadt, werben teilweise mit den Erfolgen der digitalen Transformation. International kann man ebenfalls unterschiedliche Entwicklungen bei der Affinität der Bevölkerung gegenüber IT-Technologien feststellen. Insbesondere in Asien sind die Menschen erheblich IT-affiner als in Europa und speziell in Deutschland. Dieser Umstand trägt aber auch dazu bei, dass die Anforderungen an die Digitalisierung einer Verwaltung in diesen Ländern steigen. Dies gilt insbesondere für Städte, die einen hohen Anteil an Bevölkerung haben, die aus anderen Staaten kommen. Dies können Mitarbeiterinnen und Mitarbeiter global orientierter Unternehmungen, Studierende aus anderen Ländern oder Immigranten sein. Da diese Bevölkerungsgruppen E-Government-Systeme gewohnt sind, ist deren Erwartungshaltung gegenüber IT-Systemen positiv. Daraus resultiert, dass der Druck zur digitalen Transformation für die Städte, die primär international ausgerichtet sind, höher ist.

Literatur

[ACEM2009]   Acemoglu, D.: Introduction to Modern Economic Growth. Princeton University Press, Princeton (2009)

[AUST1982]   Austrian, G.D.: Herman Hollerith. Columbia University Press, New York, Forgotten Giant of Information Processing (1982)

[BOHN1993]   Bohnsack, A.: Der Jacquard-Webstuhl. Deutsches Museum, München (1993)

[BULL2007]   Bullinger, H.-J., ten Hompel, M. (Hrsg.): Internet der Dinge. Springer, Berlin (2007)

[BURK1947]   Burks, A.: Electronic computing circuits of the ENIAC. In: Proceedings of the I.R.E. 1947, S. 756–767

[CHRI2013]   Christensen, C., Matzler, K., von den Eichen, S.: The Innovator's Dilemma. Franz Vahlen, München (2013)

[DEUT2020]   Deutsches Museum: Der Musterwebstuhl von Joseph-Marie Jacquard. https://www.deutsches-museum.de/sammlungen/meisterwerke/meisterwerke-ii/web-stuhl/. Zugegriffen: 27. Okt. 2020

[DHAR2013]   Dhar, V.: Data science and prediction. Communications of the ACM 56(12), 64–73 (2013)

[DIVS2014]   DIVSI-Studie: DIVSI U25-Studie: Kinder, Jugendliche und junge Erwachsene in der digitalen Welt. https://www.divsi.de/wp-content/uploads/2014/02/DIVSI-U25-Studie.pdf. Zugegriffen: 10. Okt. 2020

[EKOM2020a]   ekom21: KGRZ Hessen. Zukunft der Verwaltung, in: https://www.ekom21.de/ (zuletzt zugegriffen 25.8.2020)

[FLEI2016]   Fleischhauer, J.: Computeranlagen und Datenmengen als gesellschaftliche Herausforderung in der Bundesrepublik Deutschland (1965–1975), Zürcher Beiträge zur Alltagskultur, Bd. 22. Chronos, Zürich (2016)

[FRIED2000]   Friedewald, M.: Konzepte der Mensch-Computer-Kommunikation in den 1960er Jahren, J. C. R. Licklider, Douglas Engelbart und der Computer als Intelligenzverstärker. Technikgeschichte 67(1), 1–24 (2000)

[GART2020]   Gardner group: Gartner Hype cycle. https://www.gartner.com/en/research/methodologies/gartner-hype-cycle. Zugegriffen: 12. Febr. 2020

[GOLD1996]   Goldmann, S. L., Nagel, R. N.: Agil im Wettbewerb: Die Strategie der virtuellen Organisation zum Nutzen des Kunden. Springer, Berlin (1996)

[HAEN2013]   Händeler, E. (Hrsg.): Kondratjew: Die langen Wellen der Konjunktur: Nikolai Kondratjews Aufsätze von 1926 und 1928. Marlon, Moers (2013)

[HEUE2018]   Heuermann, R., Tomenendal, M., Bressem, C.: Digitalisierung in Bund, Ländern und Gemeinden. Springer, Berlin (2018)

[HAEU2018]   Häusling, A. (Hrsg.): Agile Organisationen: Transformationen erfolgreich gestalten – Beispiele agiler Pioniere. Haufe, Frankfurt (2018)

[HOFS1996]   Hofstadter, D. R.: Die FARGonauten – Über Analogie und Kreativität. Klett-Cotta, Stuttgart (1996)

[HUNN2017]   Hunnius, S.: Das Once-Only Prinzip- Potenziale für Bürger, Unternehmen und Verwaltung. https://www.it-planungsrat.de/SharedDocs/Downloads/DE/-Fachkongress/5FK2017/26April_II_once-only-prinzip.pdf?__blob=publicationFile&v=3. Zugegriffen: 3. Okt. 2020

[IBM2018]   Filipp, S.: Quantencomputer: Der Beginn der kommerziellen Quanten-Ära. https://www.ibm.com/de-de/blogs/think/2018/02/23/quantencomputer/# 06.01.2020. Zugegriffen: 18. Sept. 2020

[IBM2020]   IBM: Supercomputing on power. https://www.ibm.com/it-infrastructure/power/supercomputing. Zugegriffen: 27. Okt. 2020

[IMPU2018]   Zentrum für Wirtschaftsforschung (ZEW), Fraunhofer Institut für System- und Innovationsforschung (ISI): Produktivitätsparadoxon im Maschinenbau – Abschlussbericht im Auftrag der Impuls-Stiftung. Mannheim (2018)

[KOES2019]   Kösters, W.: Das Personaldilemma im öffentlichen Dienst – Die Zukunft ist nicht mehr die Verlängerung der Vergangenheit. In: [SCHM19a], S. 31–41

[KOND1926]   Kondratjew, N.: Die langen Wellen der Konjunktur, Archiv für Sozialwissenschaft und Sozialpolitik, Bd. 56 (1926)

[KROE2011a] Krömer, J., Sen, W.: Hackerkultur und Raubkopierer. Social Media Verlag, Winnenden (2011)

[KROE2011b] Krömer, J., Sen, W.: Geschichte der Informationsgesellschaft. https://www.digitalwelt.org/hackerkultur/inhalt/geschichte-informationsgesellschaft. Zugegriffen: 5. Sept. 2020

[LAHM2019]   Lahman, K., Leder, A., Steimke, F.: Bessere Verwaltungsleistungen durch Wiederverwendung vorhandener Daten, 7. Fachkongress des IT-Planungsrats am 12./13. März 2019 in Lübeck. https://www.it-planungsrat.de/SharedDocs/Downloads/DE/Fachkongress/Fachkongress_2019/TAG1/1_OZG_I/Lahmann_Lede_Steimke_Once_Only.pdf?__blob=publicationFile&v=1. Zugegriffen: 3. Okt. 2020

[LEE2019]   Lee, K.F.: AI – Superpowers. Campus, Frankfurt (2019)

[LUNT2020]   Luntovskyy, A., Gütter, D.: Moderne Rechnernetze – Protokolle, Standards und Apps in kombinierten drahtgebundenen, mobilen und drahtlosen Netzwerken. Springer, Wiesbaden (2020)

[MARX1848]   Marx, K.; Engels, F.: Das Manifest der Kommunistische Partei. In: Marx Engels Werke, Bd. 5, S. 459–493. Dietz, Berlin (1848)

[MENS2019]   Mensching, S.; Bergner, S.; Rebs, M.; Adam, T.: Ausgangslage für die Einführung der E-Rechnung im Bundesministerium des Innern, für Bau und Heimat, in: [SCHM2019a, Seite 155 - 169

[MERT2000]   Mertens, P., Bodendorf, F., König, W., Picot, A., Schuhmann, M.: Grundzüge der Wirtschaftsinformatik. Springer, Berlin (2000)

[MITC2000]   Mitchell W.: e-topia, second edition, MIT-Press, Cambridge 2000

[MOHA2015]   Mohajan H.K.: Sustainable development policy of global economy. Am. J Environ. Prot.3(1), 12–29 (2015). https://pubs.sciepub.com/env/3/1/3/index.html. Zugegriffen: 1. Okt. 2020

[MOOR1965]   Moore, G. E.: Cramming more components onto integrated circuits. Electronics 38(8), 114–117 (1965)

[MRKN2014]   MrKnowing: Algorithmus vs. Programm (2014). https://www.mrknowing.com/2014/03/06/was-ist-ein-algorithmus/. Zugegriffen: 1. Okt. 2020

[NAIS1985]   Naisbitt, J.: Megatrends. Heyne-Verlag, München (1985)

[NEFI2001]   Nefiodow, L.: Der sechste Kondratjew: Wege zur Produktivität und Vollbeschäftigung im Zeitalter der Information. Die langen Wellen der Konjunktur und ihre Basisinnovation, 5. Aufl. Rhein-Sieg, Bonn (2001)

[NEFI2010]   Nefiodow, L., Nefiodow, S.: Der sechste Kondratjew: Die neue, lange Welle der
                Weltwirtschaft. Die langen Wellen der Konjunktur und ihre Basisinnovation, 4.
                Aufl. Nefiodow, Rhein-Sieg (2014)

[NIXT2020]   Heinz-Nixdorf-Museum: Hollerith-Maschine.   https://owl.museum-digital.de/
                index.php?t=objekt&oges=1908. Zugegriffen: 27. Okt. 2020

[OTTM2012]   Ottmann, T., Widmayer, P.: Algorithmen und Datenstrukturen, 5. Aufl. Spektrum
                Akademischer , Heidelberg (2012)

[PENS2001]   Pensky, M.: Digital Natives, Digital Immigrants. In: On The Horizon,
                ISSN 1074–8121, MCB University Press, Vol. 9 No. 6, Dezember (2001)

[PIE2019b]   Piesold, R.R.: Symbiose mit Maschinen? In: Kommune21 10, 32–33 (2019)

[RECH2006]   Rechenberg, P.: Informatik-Handbuch. Hanser, München (2006)

[RUEM2018]   Rümlin, N.; Weidenfeldt, N.: Digitaler Humanismus, Verlag Piper, München
                2018

[RUSS2012]   Russell, S., Norvig, P.: Künstliche Intelligenz, 3. Aufl. Pearson, München (2012)

[SACH2019]   Sachverständigenrat: Den Strukturwandel meistern – Jahresgutachten 19/2-
                Wiesbaden (2019)

[SCHM2019b]   Schmid, A.: Verwaltungsinformatik und eGovernment im Zeichen der
                Digitalisierung - Zeit für ein neues Paradigma. In: Schmid, A. (Hrsg.), Ver-
                waltung, eGovernment und Digitalisierung: Grundlagen, Konzepte und
                Anwendungsfälle, S. 3–21. Springer, Berlin (2019)

[SCHM2020]   Schmidt, C.; Wortmann, M.: Die entscheidende Quelle für mehr Produktivität
                ist Innovation, in: https://fosteringinnovation.de/die-entscheidende-quelle-fuer-
                mehr-produktivitaet-ist-innovation/ (zuletzt aufgerufen am 3.12.2020)
                [SCHU1912]   Schumpeter, J.: Theorie der wirtschaftlichen Entwicklung.
                Duncker & Humblot, München (1912)

[SCHU1942]   Schumpeter, J.: Kapitalismus, Sozialismus und Demokratie. UTB, Stuttgart
                (2005) [Erstveröffentlichung 1912]

[SIEG2016]   Siegfried, T.: Medienbruchfreie Prozesse – Positionspapier der VITAKO
                (Bundes-Arbeitsgemeinschaft der kommunalen IT-Dienstleister e. V.). https://
                www.vitako.de/aktuelles/Documents/diverses/VitakoPositionspapier_Negativ-
                liste.pdf. Zugegriffen: 25. Aug. 2020

[SOLO1956]   Solow, R. M.: A contribution to the theory of economic growth. In: Q. J. Econ.
                Bd. 70, S. 65–94, Februar (1956)

[STAH2002]   Stahlknecht, P., Hasenkamp, U.: Einführung in die Wirtschaftsinformatik, 10.
                Aufl. Springer , Berlin (2002)

[TOFF1980]   Toffler, A.: Die dritte Welle, Goldman Sachbuch, Bertelsmann Verlag, München
                1980

[TRAT2019]   Tratz-Ryan, B., Finnerty, B.: Gartner Hype Cycle for Smart City Technologies
                and Solutions (2019). https://www.gartner.com/en/documents/3955915/hype-
                cycle-for-smart-city-technologies-and-solutions-2019. Zugegriffen: 23. Juni
                2020

[WOLF2018]   Wolf, T., Strohschen, J.H.: Digitalisierung: Definition und Reife. In: Informatik
                Spektrum **41**(1), 56–64 (2018)

[ZWEI2019]   Zweig, K.: Ein Algorithmus hat kein Taktgefühl, 4. Aufl. Heyne, München
                (2019)

Von der Ordnungskommune zur digitalen Kommune

3

3.1 Ausgangssituation

Zur Bewertung der Komplexität der digitalen Transformation ist es notwendig, auch die bisherige Entwicklung der Verwaltungen zu berücksichtigen. Sogenannte „Greenfield"-Lösungen, d. h. Konzeptionen, die auf keinen vorhandenen Strukturen aufbauen, gibt es in Deutschland nicht, deshalb ist auch die Übertragung Lösungsansätze aus Estland, das über eine gute digitale Verwaltung verfügt, nur bedingt möglich. Die Situation von Ländern, die dem ehemaligen Staatenkomplex der Sowjetunion angehörten, stellen Ausnahmen dar, da der Zusammenbruch der bisherigen Verwaltungsstrukturen den Aufbau eines E-Government begünstigte und beschleunigte. Gefestigte Verwaltungsstrukturen, deren Grundgedanke den Aufbau robuster Verwaltungsstrukturen verfolgte, erschweren die Umsetzung von Digitalisierungsstrategien.

In der Bundesrepublik lebten am 31.12.2018 laut Statistischem Bundesamt in den 16 Bundesländern und 10.794 Städten und Gemeinden 83.019.213 Menschen [STAT2020a]. Während die Hallig Gröde, die als kleinste Gemeinde Deutschland gilt, Ende 2018 lediglich 7 Einwohner hatte, lag die Einwohnerzahl in Berlin, der größten Stadt Deutschlands, immerhin bei 3.469.849 Einwohnern. Insgesamt ist es für Deutschland charakteristisch, dass die meisten Kommunen klein sind. So schwankte die mittlere Einwohnerzahl zwischen 3.469.849 im Stadtstaat Berlin und 646 in Thüringen. Dass die Mehrzahl der Bürger in Deutschland überwiegend in kleineren Kommunen wohnt, kann man auch anhand der Flächenländer belegen. So betrug die mittlere Einwohnerzahl in Hessen lediglich 7778 Einwohner. In Nordrhein-Westfalen war sie mit 20.824 zwar etwas höher, aber im internationalen Vergleich immer noch gering. Die Größe der Kommune hat aber Einfluss auf die digitale Transformation, was sich anhand der positiven Korrelation zwischen dem Ranking der Digitalisierung und der Größe der Stadt erkennen lässt. Die Bitkom führt jährlich ein Ranking zur Ermittlung der smartesten Städte Deutschlands

© Springer-Verlag GmbH Deutschland, ein Teil von Springer Nature 2021   31
R.-R. Piesold, *Kommunales E-Government,*
https://doi.org/10.1007/978-3-662-63094-5_3

durch. 2019 waren unter den ersten zehn Plätzen sechs Städte, die zu den zehn größten Städten Deutschlands zählen. Auf den Plätzen 11 bis 20 folgten weitere drei Städte, die zu dieser Kategorie gehörten. Lediglich Essen, die mit 582.760 Einwohnern die zehntgrößte Stadt Deutschlands 2019 war, landete weit abgeschlagen auf Platz 52 des Städterankings zur Digitalisierung. Spitzenreiter war die Hansestadt Hamburg, gefolgt von Karlsruhe. Mit Bonn, Heidelberg und Darmstadt waren zwei weitere kleinere Städte unter den ersten 10 [BITK2019a] [BITK2019b, Seite 8]. Interessant ist, dass alle führenden Städte Hochschulstandorte und teilweise Standorte von renommierten IT-Unternehmen sind. Insbesondere bei den kleineren Städten dürfte dieser Umstand einen erheblichen Einfluss auf die Platzierung gehabt haben.

Neben der relativ kleinen Bevölkerungszahl deutscher Städte kommt erschwerend für den Aufbau von E-Government-Systemen in Deutschland hinzu, dass es sich um ein föderalistisches Land handelt und im vertikalen Verwaltungsaufbau 5 Verwaltungsebenen aufweist. Diese werden noch durch die Europäische Union ergänzt, die gesetzliche Rahmenbedingungen für die EU – Mitgliedstaaten setzt, die die EU-Mitgliedsstaaten umsetzen müssen. Jede dieser Verwaltungsebenen hat wiederum klar definierte Verwaltungsstrukturen und -aufgaben. Die digitale Verwaltungslandschaft in Deutschland ist deswegen weitgehend zersplittert [BERN2018]. Dies führt wiederum zu einer sehr heterogenen E-Government-Landschaft. Nicht nur ist die Gesetzeslage nicht einheitlich, sondern auch die Realisierung befindet sich in unterschiedlichen Phasen. Dabei haben die drei Stadtstaaten Berlin, Hamburg und Bremen gegenüber den anderen großen Städten in Deutschland den Vorteil, dass ihnen nur der Bund und die EU übergeordnet sind. Da den Ländern in Deutschland zahlreiche Verwaltungsaufgaben, wie beispielsweise die Kommunalaufsicht, die Hochschulangelegenheiten, die Obere Naturschutzbehörde oder Obere Denkmalbehörde zugeordnet sind, entfallen bei den Stadtstaaten zusätzliche Abstimmungsprobleme, da sie diese Aufgaben selbstständig übernehmen. Weiterhin verfügen Berlin und Hamburg über eine angemessene Bevölkerungsgröße (Abb. 3.1).

Die Verwaltungsebenen, insbesondere die Länder mit ihren kommunalen Gebietskörperschaften (Kreisen, Städten und Gemeinden, für die sie die Kommunalaufsicht haben, können jedoch keine Insellösungen schaffen. Bizer postuliert deswegen einen Zwang zur Kooperation für Bund, Ländern und Kommunen [SCHM2019b, Seite 13, BIZE2019, Seite 125].

3.2   Komplexität der Aufgaben kommunaler Verwaltungen

Im Allgemeinen versteht man unter Verwaltung den administrativen Teil einer Organisation. Im Hinblick auf die öffentliche Verwaltung gibt es jedoch keine einheitliche Definition, da diese jeweils nach der Kommunalverfassung anders abgegrenzt werden kann. Nach Otto Mayer [MAYE1895] ist die öffentliche Verwaltung weder Judikative noch Legislative oder Gubernative. Unter letzterem versteht man, dass

Abb. 3.1 Verwaltungsebenen in der Bundesrepublik

eine eindeutige Zuordnung der Gewaltenteilung im Hinblick auf eine Regierung, d. h. im Falle einer Kommune der Gemeindevorstand, nicht besteht. Eine klare Trennung zwischen Administrative und Legislative fand sich bei der Norddeutschen Ratsver-fassung, da hier eine Zweigleisigkeit stattfand. Neben dem Oberbürgermeister wurde ein Stadtdirektor vom Rat (Parlament) gewählt. Während der Oberbürgermeister im Parla-ment den Vorsitz hatte, war der Stadtdirektor für die Verwaltungsaufgaben zuständig. Die starke Stellung des Stadtdirektors hätte eventuell die Ausrichtung der Digitalisierung auf die Administrative begünstigt. Nach der süddeutschen Ratsverfassung sind aber die Bürgermeister oder Oberbürgermeister sowohl Teil des Gemeindevorstandes als auch Angehörige des Gemeinderates. Da die öffentliche Verwaltung derjenige Teil der Exekutive ist, der die öffentlichen Aufgaben wahrnimmt und das Stadtparlament als Legislative angesehen werden kann, sind zumindest diese somit Teil der Legislative und der Exekutive. Dem Gemeindevorstand werden damit auch gubernative Ent-scheidungen, also sowohl politisches als auch administratives Handeln zugesprochen, während die nachgeordnete öffentliche Verwaltung lediglich für die administrative Aus-führung zuständig ist. Zwischen der Magistratsverfassung, die es lediglich in Hessen und Bremen noch gibt, und der süddeutschen Ratsverfassung dürfte es im Hinblick auf die Digitalisierung keine Unterschiede geben.

Eine Kommune ist ein komplexes Gebilde, das verschiedene Dimensionen hat und von zahlreichen Faktoren beeinflusst wird. Zum einen gibt es die Bürgerinnen und Bürger, die auch als Bürgerschaft oder Stadtgesellschaft bezeichnet werden können. Für diese stellt die öffentliche Verwaltung die meisten Leistungen zur Verfügung und von dieser ist die politische Spitze und auch die Verwaltung am stärksten abhängig. Auf-grund dieses Umstandes sind die Bürgerinnen und Bürger natürlich die primäre Ziel-gruppe für ein E-Government, zumal sie auch noch durch Wahlen die kommunalen Entscheidungen beeinflussen und die Verwaltungsspitze wählen. Insofern sind deren

Präferenzen auch entscheidend für den Aufbau von E-Government-Systemen. Eine IT-affine Bevölkerung wird die digitale Transformation wesentlich stärker fördern, als eine nicht IT-affine Bevölkerung. Innerhalb der Stadtgesellschaft findet man weiterhin auch noch Unternehmen, Vereine und Verbände sowie Interessenvertretungen, die auch von der Kommune Leistungen erhalten. Die Interessengruppe der Unternehmen und Unternehmerverbände dürfte an einer digitalen Transformation erhebliches Interesse haben, da die Unternehmen ihre Produktions- und Logistikketten ohnedies digitalisieren. Unter dem Begriff Industrie 4.0 subsummiert man die digitale Transformation der Wirtschaft, die natürlich auch an Strukturen im Sinne einer Verwaltung 4.0 Interesse haben dürften. Aber auch alle Interessengruppen werden in den kommunalpolitischen Entscheidungsprozess mit eingebunden. Insgesamt kann man alle Gruppierungen als kommunale Stakeholder bezeichnen. Die politischen Gremien bestehen aus den direkt gewählten Vertretern der Parlamente, den Kreistagen, Stadtverordnetenversammlungen bzw. Stadträten und der Ortsbeiräte. Ebenso werden mit Ausnahme der drei Stadtstaaten die Landräte, Oberbürgermeister und Bürgermeister direkt durch die Bevölkerung gewählt. Weitere Vertreter der Gemeindevorstände, Magistrate oder Kreisausschüsse werden durch eine Wahl der Kommunalparlamente bestimmt.

Insgesamt kann man feststellen, dass das Gesamtgebilde dann drei Dimensionen hat. Erstens die Stadtgesellschaft, die Stakeholder, zweites die politischen Vertreter und drittens die Verwaltung. Alle Dimensionen müssen bei der Umsetzung der digitalen Transformation berücksichtigt werden, da sie die Gestaltung der E-Government-Systeme nachhaltig beeinflussen (Abb. 3.2).

3.3   Kommunale Selbstverwaltung und Subsidiarität

Aufgrund der starken föderalen Ausprägung der Bundesrepublik Deutschland ist für die Entwicklung kommunaler E-Government-Systeme eine genaue Einordnung der rechtlichen Stellung der Kommunen wichtig. Die Länder sind lediglich bei den drei Stadtstaaten Berlin, Bremen und Hamburg, für die Umsetzung der kommunalen Verwaltung zuständig. In den anderen 13 Ländern kommt diesen primär die Aufgabe der Kommunalaufsicht zu. Es verbleiben somit weit weniger Bereiche in der Zuständigkeit der Länder. Der Bund wiederum überträgt teilweise hoheitliche Aufgaben auf die Kommunen. Somit entfällt auf die Kommunen der Hauptanteil der Verwaltungstätigkeiten. Dies ist auch so durch das Grundgesetz erwünscht. Nach Art. 28 GG muss für die Gemeinden das Recht gewährleistet sein, alle Angelegenheiten der örtlichen Gemeinschaft im Rahmen der Gesetze in eigener Verantwortung zu regeln. Diese gesetzliche Garantie zur kommunalen Selbstverwaltung geht auf eine Forderung des preußischen Staatsministers Reichsfreiherr vom Stein zurück, die er in seiner berühmten Nassauer Denkschrift vom Juni 1807 formulierte [STEI1807, Seite 394]. Eine Reform der Verwaltung auf allen Ebenen war dabei das zentrale Anliegen. Dabei sollten neben der Neuordnung der zentralen Verwaltung des Staates Verwaltungsrechte auf der unteren Ebene den

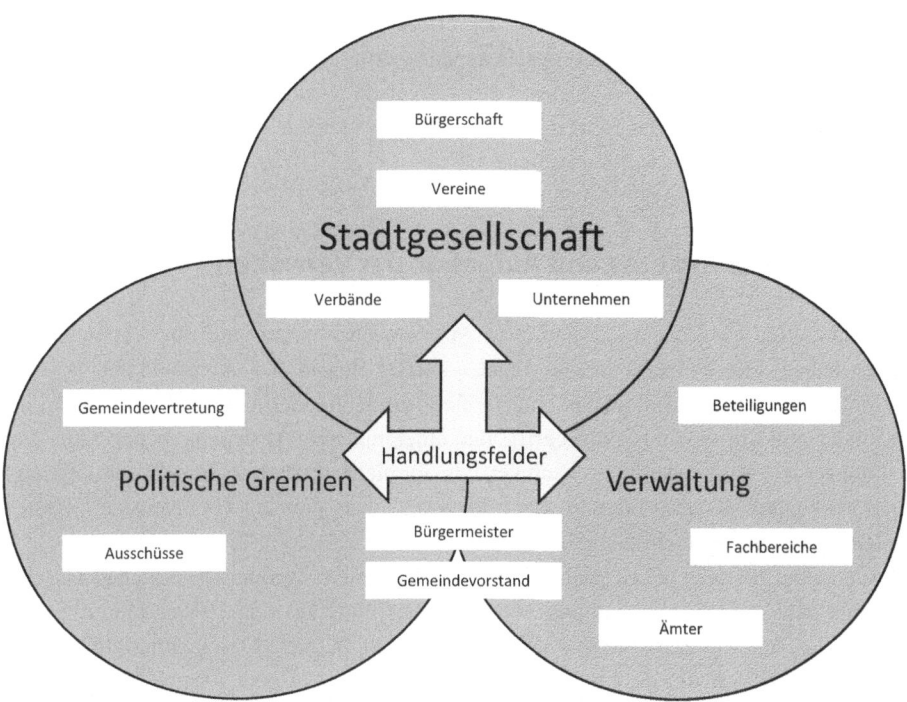

Abb. 3.2 Komplexität der Entscheidungsstrukturen. (Quelle: eigene Darstellung [PIE2018, Seite 11], angelehnt an [KGST2013, Seite 23])

lokalen Gebietskörperschaften oder Kommunen übergeben werden. Auch seine weiteren Forderungen, die Einrichtung von Kreistagen und Landtagen als Zwischenstufen, wurden umgesetzt. Die zentrale Überlegung dieses Reformansatzes war die Stärkung des bürgerlichen Engagements, um das Potenzial des Bürgertums durch Beteiligung auszunutzen. Mit dem Satz „die Belebung des Gemeingeistes und des Bürgersinns, die Benutzung der schlafenden und falsch geleiteten Kräfte und zerstreut liegenden Kenntnisse, der Einklang zwischen dem Geist der Nation, ihren Ansichten und Bedürfnissen und denen der Staatsbehörden, die Wiederbelebung der Gefühle für Vaterland, Selbstständigkeit und Nationalehre", wurde dieses Ziel eindeutig formuliert [STEI1807, Seite 387]. Damit sollte die Identifikation der Bevölkerung mit der Stadt und dem Staat gestärkt werden. Diese Forderung erhält bei näherer Betrachtung unter den aktuellen technischen Möglichkeiten eine ganz besondere Bedeutung. Der Einsatz von mehr E-Participation resultiert bei genauer Betrachtung aus dieser Forderung.

Die Reformvorschläge können als Grundmuster unserer heutigen Kommunalverfassungen betrachtet werden. Danach wird die Zuständigkeit der Verwaltungsangelegenheiten nach dem Subsidiaritätsprinzip geregelt, d. h. die übergeordnete Verwaltungsebene gibt die Zuständigkeit an die nachgelagerte Verwaltungsebene dann ab, wenn diese sie besser lösen kann. Es erfolgt lediglich dann eine Einschränkung, wenn die übergeordnete Verwaltungsebene diese Aufgabe überhaupt oder ökonomisch erledigen kann. Insgesamt sollen aber die Aufgaben, wenn möglich auf der untersten Ebene geleistet werden. Das führt u. a. dazu, dass die meisten Verwaltungsleistungen von den Kommunen erbracht werden sollten.

3.4   Daseinsvorsorge und Aufgaben der Verwaltung

Eine eindeutige Eingrenzung, welche Aufgabe eine Kommune und ihre Verwaltung zu leisten haben, gibt es nicht. In der Regel wird der Begriff der „kommunalen Daseinsvorsorge" hier angeführt, der aber auch nicht eindeutig definiert ist. Es handelt sich um einen unbestimmten Rechtsbegriff, der einer näheren Auslegung bedarf. Die Verwaltungspraxis wird wesentlich erschwert, da ein nicht unerheblicher Anwendungsspielraum vorhanden ist. Das tangiert auch die Frage, was nun ein E-Government-System leisten muss. Dies ist nicht eindeutig definiert.

Auch eine historische Betrachtung führt dabei nicht weiter. Der Begriff Daseinsvorsorge geht auf eine Abhandlung von Ernst Forsthoff aus den 1930er-Jahren zurück. Er griff auf den von Karl Jaspers 1931 formulierten Begriff „Daseinsfürsorge" zurück, der sich jedoch auf die gesamte Volkswirtschaft bezog. Jaspers formulierte, „dass die Bevölkerungsmassen nicht leben können ohne den riesigen Leistungsapparat, in dem sie als Rädchen mitarbeiten, um ihr Dasein zu ermöglichen. Dafür sind wir versorgt, wie wir es noch nie in der Geschichte der Menschenmassen waren". Forsthoff änderte den Begriff Daseinsfürsorge von Karl Jaspers in Daseinsvorsorge und brachte ihn in die gesellschaftspolitische und verwaltungsrechtliche Debatte ein. Mit der Ballung großer Bevölkerungsmassen in Großstädten, wie sie die Industrielle Revolution im 19. und 20. Jahrhundert mit sich brachte, hätten sich für die individuelle Daseinsführung neue Bedingungen und Erfordernisse ergeben. Mit den sich veränderten Lebensbedingungen gingen dem Einzelnen die Sicherungen verloren, die seinem Dasein eine gewisse Eigenständigkeit verliehen hatte. Er sei nun auf eine soziale Bedürftigkeit angewiesen, die eine staatliche Aufgabe ist. Damit wird die grundlegende Versorgung der Bevölkerung mit wesentlichen Gütern und Dienstleistungen durch den Staat festgelegt. Klassische Bereiche der Daseinsvorsorge sind Aufgaben wie Abfallbeseitigung, Wasserversorgung, Energieversorgung und Öffentlicher Personennahverkehr. Natürlich sind bis heute zahlreiche weitere Aufgaben hinzugekommen, die man unter dem Begriff Daseinsvorsorge subsumieren könnte. Teilweise wird auch von einer digitalen Daseinsvorsorge gesprochen und darunter die Verpflichtung der Kommune zur Bereitstellung der Leistungen verstanden. Eine gute Breitbandversorgung ist eine Voraussetzung zur Beteiligung an Internetdiensten und somit genauso wichtig, wie andere Infrastrukturmaßnahmen. Dies gilt aber auch für Open-Data-Konzepte und E-Government-Anwendungen.

3.5   Hoheitliche Aufgaben

Während die Gesamtheit der kommunalen Aufgaben schwer zu definieren sind, ist ein Teilbereich klarer abzugrenzen. So bekommen die Kommunen von übergeordneten Verwaltungsebenen beispielsweise die hoheitlichen Aufgaben zugeordnet. Diese leiten sich direkt aus der Staatsgewalt ab und werden den Kommunen durch Gesetz oder Verordnungen (Satzungen) zugewiesen. Die hoheitlichen Aufgaben nehmen eine Sonderstellung ein, weil sie aufgrund öffentlichen Rechts zu erfüllen sind. Dabei werden nach § 33 Abs. 4 GG die hoheitlichen Aufgaben i. d. R. durch öffentliche Stellen, die in einem besonderen Dienst- und Treueverhältnis stehen, ausgeübt. Deswegen ist das Recht des öffentlichen Dienstes unter Berücksichtigung der hergebrachten Grundsätze des Berufsbeamtentums zu regeln und fortzuentwickeln. Mit der Bewältigung der hoheitlichen Aufgaben werden Beamte betraut, da nach § 5 Bundesbeamtengesetz (BBG) ausdrücklich hoheitliche Aufgaben als Grund für deren Berufung in das Beamtenverhältnis angeführt werden. In einer Kommune sollte man den Bereich der hoheitlichen Aufgaben nicht unterschätzen, da dieser von der Erhebung der Steuern, wie z. B. Gewerbesteuer, bis zur Bauaufsicht, zum Denkmalschutz oder Naturschutz reicht. Aufgrund der besonderen Stellung hoheitlicher Aufgaben können diese auch nicht privatwirtschaftlich organisiert werden. Es gibt jedoch Rechtsformen bei Beteiligungen, die hoheitliche Aufgaben bedingt übernehmen könnten. Die hoheitlichen Aufgaben sind bei den Kommunen identisch, somit könnte eine Standardisierung erleichtert werden.

3.6   Das Bürokratiemodell nach Max Weber

Das Bürokratiemodell von Max Weber ist für die deutschen Verwaltungsstrukturen noch heute prägend, obwohl es von Max Weber schon vor 100 Jahren entwickelt wurde. Max Weber hatte 1919 in seiner Schrift „Politik als Beruf" auf den Zusammenhang zwischen politischer Macht und Verwaltung hingewiesen und ein System schaffen wollen, dass robuste Strukturen gegenüber politischen Veränderungen bereitstellte. Hintergrund war die Kritik an der Abhängigkeit, die aus der Ämterpatronage resultiert. Er unterstellte sogar, dass sich in den USA die politischen Parteien zu reinen „Stellenjägerparteien" entwickelt hätten und betrachtete den Staat Baden als eine Art „Pfründnerversorgungsanstalt". Unter der Prämisse, dass die Verwaltung durch eine Politisierung und permanente Veränderung geschwächt wird, stellte Max Weber diesem „politischen" Verwaltungsstaat eine Verwaltungsstruktur aus Berufsbeamten entgegen, die politisch unabhängiger sein sollten. Durch sein Bürokratiemodell sollte einerseits die Verwaltung professionalisiert und andererseits der Einfluss der politischen Parteien verringert werden. Im Hinblick auf die Transformation stellen sich aber aus heutiger Sicht einige Fragen. Teile des Bürokratiemodells sind zum Aufbau von E-Government-Systemen eher hinderlich, da sie sehr stark in Ämterstrukturen und weniger in Prozessen denken. Die starre Aufbauorganisation steht einem prozessorientierten Ablaufmodell häufig im

Weg. Positiv ist jedoch festzuhalten, dass Max Weber gleiche und rational begründete Spielregeln oder Richtlinien einführen wollte. Dies sind natürlich eine Grundlage für die Übertragung eines Verwaltungsverfahrens in einen Algorithmus. Insofern kann man festhalten, dass eine digitalisierte Verwaltung das Silodenken der Ämter und Fachbereiche aufbrechen muss und gleichzeitig klare Prozessabläufe definieren sollte.

3.7   Die Reformen des New Public Management (NPM)

Genauso wichtig wie das Bürokratiemodell von Max Weber dürften die Reformansätze des New Public Management für die Entwicklung moderner Verwaltungen sein. Damit sind sie auch für den digitalen Transformationsprozess relevant. Für Schedler und Proeller ist NPM der Oberbegriff einer weltweit terminologisch einheitlichen „Gesamtbewegung" der Verwaltungsreformen, die auf einer institutionellen Sichtweise basieren. Charakteristisch für NPM-Reformen ist der Wechsel der Steuerung von der Input- zur Outputorientierung" [SCHE2011, Seite 5]. Der NPM fordert die Einbeziehung betriebs- und marktwirtschaftlicher Instrumente auf öffentliche Institutionen, um damit eine Verbesserung der Führung staatlicher und kommunaler Behörden herbeizuführen. Fast durchgängig findet man in allen Definitionen und Erklärungsversuchen des NPM diese Forderung und die Schaffung von marktähnlichen Wettbewerbsstrukturen. Die immanente strikte Trennung zwischen Leistungsbesteller und Leistungserbringer, die ein wesentliches Element des NPM ist, spielt für den digitalen Transformationsprozess keine entscheidende Rolle. Wesentlich wichtiger ist aber der Teilbereich des Managerialismus und hierbei die Ausrichtung zur Wirkungsanalyse, die ein 3-E-Modell zur Steigerung der Wirtschaftlichkeit und Wirksamkeit beinhaltet (Abb. 3.3).

Gründe für die Reformen waren eine geringe Produktivität der Verwaltung, höhere Haushaltsdefizite und die Ausweitung des Schuldenstandes. So erhöhte sich die Staatsquote in Großbritannien von 1978 bis 1980 erheblich und erreichte 1980 fast 50 % [KEYN2014]. Aufgrund der hohen kommunalen Haushaltsdefizite und des hohen Schuldenstandes sind zumindest zwei Gründe für eine stärkere betriebswirtschaftliche Ausprägung auch heute noch vorhanden. Während sich das NPM als eine Reform der gesamten Verwaltung verstand, konzentrierten sich die Reformvorschläge in Deutschland speziell auf die kommunalen Verwaltungen.

3.8   Das Neue Steuerungsmodell (NSM)

In Deutschland wurden die Gedanken des NPM sehr stark auf die kommunale Ebene bezogen. Die Kommunale Gemeinschaftsstelle für Verwaltungsmanagement (KGSt) entwickelte 1993 ein Neues Steuerungsmodell, das ein umfassender Reformansatz für die Verwaltungspraxis war [KGST1993]. Für die hier vorliegende Thematik sind zwei Gesichtspunkte von besonderem Interesse. Das NSM fordert eine output-orientierte

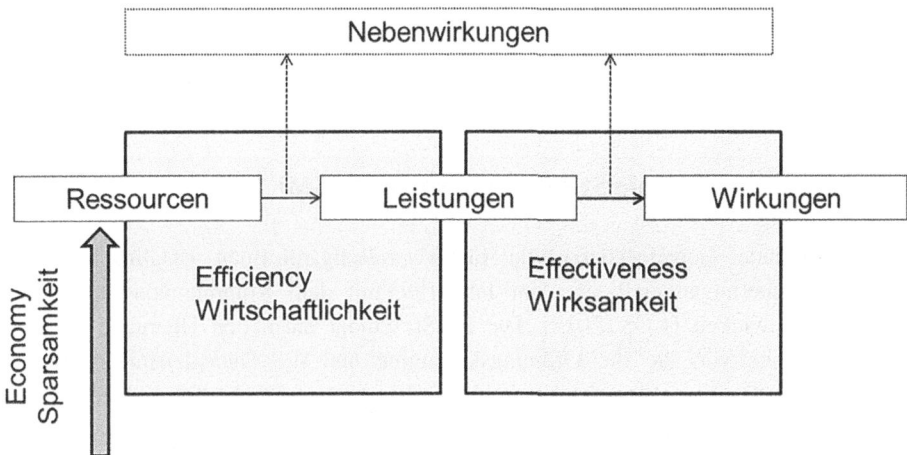

Abb. 3.3 3-E-Modell zur Wirkungsanalyse. (Quelle: eigene Darstellung, angelehnt an [SCHE2011, Seite 82])

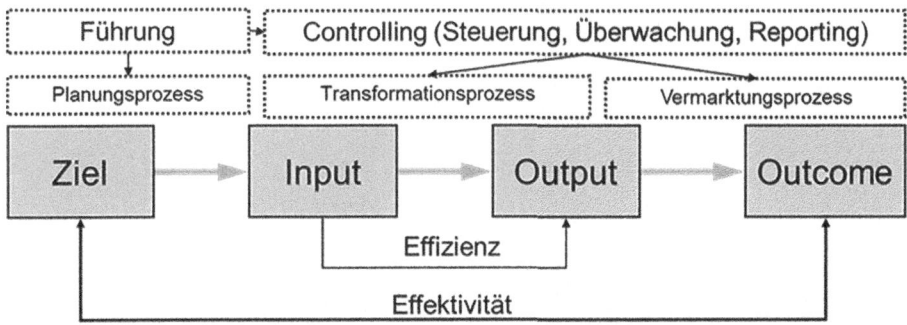

Abb. 3.4 Ziel-Outcome-Prozesse

Steuerung auf der Grundlage von Produktbeschreibungen und eine technikunterstützte Informationsverarbeitung. Das Verwaltungshandeln wird im NSM als Dienstleistung definiert und verändert dadurch sowohl das Selbstverständnis der Verwaltung, als auch das Bild des Bürgers, der nun als Kunde betrachtet wird. Die Verwaltung versteht sich als Dienstleister (Abb. 3.4).

Die gesamte Leistungserstellung wird als eine Abfolge von Prozessen verstanden, die in der Gesamtheit auf ihre Wirtschaftlichkeit und ihre Wirksamkeit überprüft werden sollten. Während die Effizienz dieser Prozesse durch deren Optimierung gesteigert wird, kann die Frage nach der Effektivität durch eine Wirkungsanalyse mit Wirkungs-kennzahlen beantwortet werden. Eine Prozessoptimierung ist ein wesentlicher Bestand-teil einer prozessorientierten Verwaltungspraxis und die Wirkungsanalyse kann als

Ergänzung einer Akzeptanzuntersuchung betrachtet werden. Nur wenn die veränderten Strukturen auch die geplanten Wirkungen zeigen, werden diese akzeptiert, was wiederum notwendig ist, damit die digitale Transformation auch erfolgreich ist.

3.9   Das Kommunale Steuerungsmodell (KSM)

Die Kommunale Gemeinschaftsstelle für Verwaltungsreformen (KGSt) hat 2013 das Neue Steuerungsmodell aus dem Jahr 1993 mit dem Kommunalen Steuerungsmodell fortentwickelt [KGST2013]. Die KGSt schlägt darin den Übergang zu einer Bürgerkommune vor, die die Ordnungskommune und die Dienstleistungskommune ergänzen soll. Da die „klassischen" kommunalen Ordnungsaufgaben weiterbestehen, bleibt die Dienstleistungskommune gleichzeitig Ordnungskommune, so wie in der sich abzeichnenden Bürgerkommune Elemente der Dienstleistungskommune bestehen bleiben. Dienstleistungs- und Ordnungskommune sind Teil der Bürgerkommune [BANN2005, Seite 2]. Im KSM wird nun von einer Entwicklung zu einer Zivilgesellschaft und der damit verbundenen Partizipation und einer Netzwerkverwaltung gesprochen. Aus dieser Sicht sind natürlich eine digitale Transformation und ein Aufbau von E-Government-Systemen zwingend notwendig (Abb. 3.5).

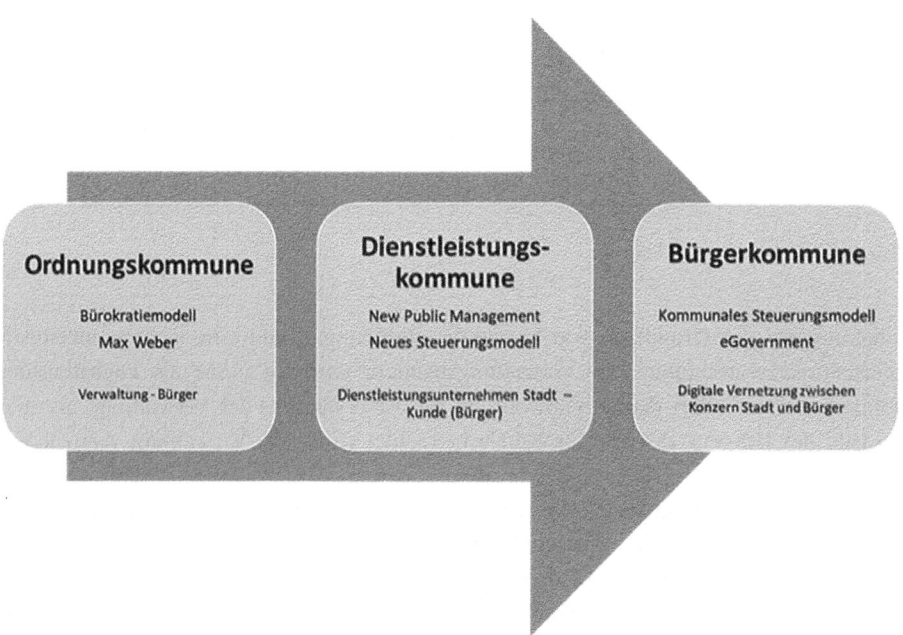

Abb. 3.5 Akzentverschiebung kommunaler Leitbilder. (Quelle: eigene Darstellung, angelehnt an [PIE2018, Seite 34], [KGST2013])

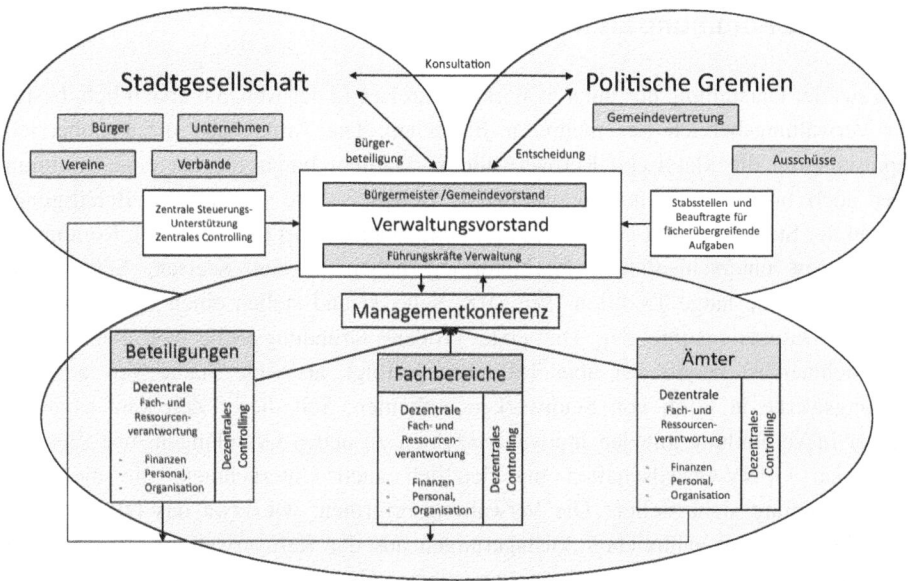

Abb. 3.6 Wirkungskreise der Verwaltung. (Quelle: [PIE2018, Seite 18])

Die folgenden drei Veränderungsvorschläge des KSM haben die höchste Relevanz für die Gestaltung E-Government-Systeme. So sollen die Verwaltungen eine prozessorientierte Steuerung erhalten. Die Offenheit für Mitwirkung, eine neue Qualität der Transparenz sowie die Öffnung des Verwaltungshandelns in die Gesellschaft hinein, soll vollzogen werden. Außerdem erfolgt die Qualifizierung des Steuerungssystems für die Steuerung von Leistungsprozessen in differenzierten IT-unterstützten Produktionsnetzwerken [KGST2013, Seite 3].

Auch das KSM unterscheidet, wie in der Betriebswirtschaftslehre üblich, zwischen operativem Handeln und strategischen Entscheidungen. Die Verwaltung ist gemäß gesetzlicher Rahmenbedingungen primär für die operativen Handlungen verantwortlich, trifft aber auch strategische Entscheidungen. Die politischen Leitungsinstanzen legen in Zusammenarbeit mit den Führungskräften der Verwaltung und den Beteiligungen primär die strategischen Ziele fest, erstellen die Budgets und definieren die unterschiedlichen Standards für die Leistungserbringung. Somit wird Verwaltungshandeln als komplexes System verstanden, wobei es zwei Wirkungskreise gibt. Während der obere Wirkungskreis die Entscheidungsstrukturen in Verbindung mit den Stakeholdern beschreibt, stellt der untere Wirkungskreis vor allem die Verwaltungsabläufe und deren Steuerungsstrukturen dar. Im Zentrum als Scharnier steht der Gemeinde- und Verwaltungsvorstand, der auch je nach Gebietskörperschaft als Kreisausschuss, Magistrat oder Gemeindevorstand bezeichnet wird (Abb. 3.6).

3.10   Die Kommune als Konzern

Wie aus der Darstellung des unteren Wirkungskreises in der Abb. 3.6 ersichtlich, besteht
der Verwaltungsbereich aus mehreren Bereichen. Die Ämter und die Fachbereiche
repräsentieren die klassische Kernverwaltung. Darüber hinaus besitzt eine Kommune
aber auch noch zahlreiche Beteiligungen. Beispielsweise werden im Beteiligungs-
bericht der Stadt Frankfurt über 550 Beteiligungen aufgeführt [FRAN2019]. Kommunale
Betriebe in unterschiedlichen Rechtsformen haben in den Kreisen, Städten und
Gemeinden eine lange Tradition [PIE2018, Seite 3] und stellen einen festen Bestandteil der Daseinsvorsorge dar. Die erste größere Gründungswelle von kommunalen
Unternehmen ist bereits vor über 150 Jahren erfolgt, als viele Städte Ver- und Ent-
sorgungswerke in Form von Stadtwerken aufbauten. Seit dieser Zeit kam es immer
wieder in Verbindung mit den Innovationszyklen zu neuen Gründungen, wie Elektrizi-
tätswerke, ÖPNV-Gesellschaften und letztlich auch Unternehmen, die die Breitbandversorgung sicherstellen. Die Verwaltungsreformen, wie etwa das NPM, führten
außerdem noch zu zahlreichen Auslagerungen aus der Kernverwaltung, was zu einer
verstärkten Bildung von Eigenbetrieben führte. Grund für die Auslagerungen war
auch der verstärkte Einsatz von betriebswirtschaftlichen Methoden und Verfahren, wie
etwa die Doppik, das Controlling und natürlich auch eine Prozessorientierung bei der
Erbringung von Leistungen. Man muss deshalb auch bei einer Kommune von einem
Konzern Stadt sprechen. Diese Übertragung des Konzernbegriffs auf die Kommune
wird auch nicht mehr nur theoretisch diskutiert, sondern hat sich mittlerweile auch in
der Praxis durchgesetzt. Normalerweise wird man aufgrund der Besitzverhältnisse
die Stadt als die Mutter und die Beteiligungen als die Töchterunternehmen betrachten.
Dadurch erhält man einen Unterordnungskonzern, der auch so gesteuert werden sollte.
Unter dem Aspekt, dass man die digitalen Angebote nach Lebenslagen bündelt, ist
eine Einbeziehung der Leistungen der kommunalen Beteiligungen schon hinreichend
begründet. Da die Stadt als Teil eines Unterordnungskonzerns über genügenden Einfluss auf die kommunalen Betriebe verfügt, dürfte dies auch organisatorisch machbar
sein. Da in größeren privatwirtschaftlichen Unternehmen der Konzern die dominierende
Organisationsform ist, liegt es nahe, dass man Erkenntnisse und Erfahrungen aus dem
dortigen Changemanagement in Hinblick auf die digitale Transformation überträgt.

   Der Konzern Stadt ist ein stark heterogenes Gebilde, dass aus sehr unterschiedlichen
Organisationseinheiten mit stark verschiedenen Rechtsformen besteht. Die Kernverwaltung ist eine unselbstständige Organisationseinheit und wird weitgehend durch die
kommunalen Verfassungen geregelt. Sie hat in den meisten Bereichen ein Monopol
und kann auch nicht insolvent werden. Das sind natürlich Bedingungen, die nicht
innovationsfördernd sind. Insofern besteht auch nur bedingt ein ökonomischer Druck bei
ihr. Wenn überhaupt wird aufgrund der chronischen Unterfinanzierung der Städte und
Gemeinden hier ein Veränderungsdruck aufgebaut, der aber auch innovationshemmend
sein kann, da häufig die Finanzmittel stark limitiert sind. Auch bestehen Konkurrenz-
situationen zwischen verschiedenen Kommunen nur selten. Das Bitkom-Ranking

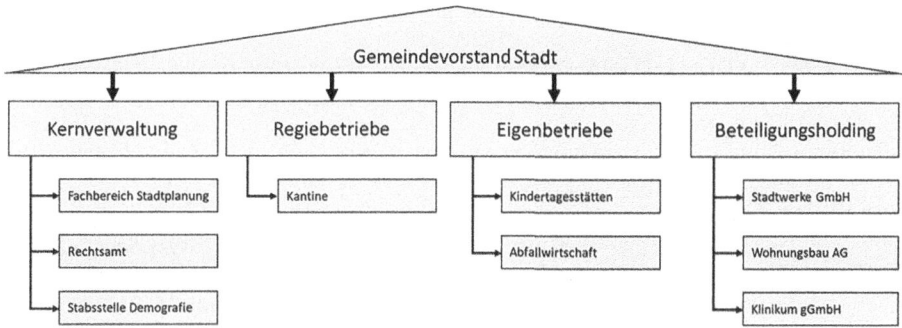

Abb. 3.7 Organisation Konzern Stadt. (Quelle: [PIE2018, Seite 54])

ist da eher eine Ausnahme. Insofern wird die Kernverwaltung den geringsten Veränderungsdruck haben. Bei den teilselbstständigen Organisationseinheiten handelt es sich um Einheiten, die näher an die Kommune angebunden sind. Beispielhaft hierfür sind Eigenbetriebe, deren gesetzliche Rahmenbedingungen durch eigene Gesetze und Verordnungen, wie dem Eigenbetriebsgesetz, geregelt sind. Hier ist die Situation der der Kernverwaltung ähnlich, wobei man schon vereinzelt auch private Anbieter, wie beispielsweise im Bereich der Kinderbetreuung findet. Die vollselbstständigen Organisationseinheiten basieren wiederum auf privatwirtschaftlichen Prinzipien, deren gesetzliche Grundlagen sich beispielsweise im GmbHG wiederfinden. Diese stehen in der Regel in ähnlichen Wettbewerbssituationen wie rein privatwirtschaftliche Unternehmen. Insofern ist hier der Druck zur digitalen Transformation am größten (Abb. 3.7).

Insgesamt kann man jedoch festhalten, dass sich die Abgrenzung der Verwaltung und ihrer Beteiligungen weiter verringern wird. Reformansätze, wie das NPM, das NSM oder KSM begünstigen die digitale Transformation. Es ist deswegen antizipierend, dass man die Beteiligungen in eine Digitalisierungsstrategie einbindet.

Literatur

[BANN2005]   Bann, G.: Führung und Reform, KGSt-Bericht Nr. 5, Köln (2013)
[BERN2018]   Bernhardt, W.: E-Government Computing: Digitale Transformation und die Gewaltenteilung des Grundgesetzes, in: https://www.egovernment-computing.de/digitale-transformation-und-die-gewaltenteilung-des-grundgesetzes-a-678648/index2.html, 2018, zuletzt zugegriffen
[BIZE2019]   Bizer, J.: Die Digitalisierung in der Verwaltungspraxis – wir sind weiter als gedacht Anwendungsbeispiele aus den Ländern des Dataport-Verbundes, in: [SCHM2019b], Seite 115-126
[KEY2014]   Keynes, S., Tetlow, G.: Survey of Public Spending in the UK, IFS Briefing Not BN 43. Institute of Fiskal Studies, London (2014)
[KGST1993]   KGSt: Das Neue Steuerungsmodell, KGSt-Bericht Nr. 5/1993, Köln (1993)

[KGST2013]   KGSt: Das Kommunale Steuerungsmodell (KSM), KGSt-Bericht 5/2013, Köln (2013)
[MAYE1895]   Mayer, O.: Deutsches Verwaltungsrecht. Duncker und Humblot, Leipzig (1895)
[PIE2018]   Piesold, R.R.: Kommunales Beteiligungsmanagement. DeGruyter Oldenbourg, Berlin (2018)
[SCHE2011]   Schedler, K., Proeller, I.: New Public Management, 5. Auflage, UTB-Verlag, Bern (2014)
[SCHM2019b]   Schmid, A.: Verwaltungsinformatik und eGovernment im Zeichen der Digitalisierung – Zeit für ein neues Paradigma, in: [SCHM2019a], Seite 3–21
[STAT2020]   Statistische Bundesamt: https://www-genesis.destatis.de/genesis/online/data?operation=abruftabelleBearbeiten&levelindex=3&levelid=1579472786851&auswahloperation=abruftabelleAuspraegungAuswaehlen&auswahlverzeichnis=ordnungsstruktur&auswahlziel=werteabruf&code=12411-0001&auswahltext=&werteabruf=Werteabruf
[STEI1807]   Stein, Freiherr H.F. vom und zum: Nassauische Denkschrift, in: [THIE1959], Seite 380–403

Gesetzliche Bestimmungen

4

4.1 Hierarchischer Aufbau der Bestimmungen

Ein kommunales E-Government unterliegt immer rechtlichen Rahmenbedingungen, die im föderalen Aufbau der Bundesrepublik durch verschiedene Ebenen geregelt werden. Darüber hinaus sind Richtlinien und Vorgaben der Europäischen Union wichtig, da diese in nationales Recht umgesetzt werden. Aufgrund der Vielzahl von Richtlinien, Gesetzen, Verordnungen und Beschlüssen wird nur ein grober Überblick gegeben und auch nur auf die gesetzlichen Bestimmungen näher eingegangen, die die Kommunen stärker betreffen. Selbstverständlich schaffen einige Initiativen vom Bund erst die Voraussetzung oder die Verpflichtungen für ein kommunales E-Government. Aufgrund des Subsidiaritätsprinzip hat die Kommune aber immer auch einen eigenen Gestaltungsspielraum.

4.2 Europäische Aktionspläne und Richtlinien zum E-Government

4.2.1 Verschiedene Rechtsakte im EU-Recht

Im EU-Recht unterscheidet man verschiedene Rechtsakte, mit denen die niedergelegten Ziele verwirklicht werden. Einige dieser Rechtsakte sind verbindlich und manche gelten lediglich nur für bestimmte Länder.

Im Europarecht ist eine Verordnung ein verbindlicher Rechtsakt, den alle EU-Länder in vollem Umfang umsetzen müssen [EUKO2020c]. Ein sehr gutes Beispiel für eine Verordnung, die auch das Thema E-Government berührt, ist die EU-Datenschutzverordnung, die bindend umgesetzt werden muss. Auf diese Verordnung wird in Abschn. 12.2. eingegangen.

© Springer-Verlag GmbH Deutschland, ein Teil von Springer Nature 2021
R.-R. Piesold, *Kommunales E-Government*,
https://doi.org/10.1007/978-3-662-63094-5_4

Im Europarecht sind Richtlinien Rechtsakte der Europäischen Union und als solche Teil des sekundären Unionsrechts. Sie sind jedoch im Gegensatz zu Verordnungen nicht unmittelbar, sondern müssen erst von den Mitgliedstaaten in nationales Recht umgewandelt werden [FREN2016, Seite 9 ff.]. Einige Maßnahmen zur Entwicklung eines grenzüberschreitenden E-Governments sind durch Richtlinien umgesetzt worden. Beispielhaft sei hier die EU – Richtlinien 2014/55/EU – E-Rechnung genannt, auf die in Abschn. 6.2.1.2. näher eingegangen wird. Beschlüsse sind lediglich für diejenigen verbindlich und unmittelbar anwendbar, an die sie gerichtet sind. So hat die Kommission beispielsweise einen Beschluss über die Beteiligung der EU an verschiedenen Organisationen für die Zusammenarbeit bei der Terrorismusprävention und -bekämpfung erlassen. Dieser Beschluss bezieht sich jedoch allein auf die Organisationen, die es betrifft [EUKO2020c]. Dagegen sind Empfehlungen nicht verbindlich. So haben die Empfehlung der Kommission aus den Aktionsplänen zum E-Government keine rechtlichen Konsequenzen. In einer Empfehlung können die Institutionen ihre Ansichten äußern und Maßnahmen vorschlagen, ohne dass dies für diejenigen, an die sich die Empfehlung richtet, rechtlich bindend wäre [EUKO2020c].

Stellungnahmen sind Hilfsmittel um sich in unverbindlicher Form zu einem Sachverhalt zu äußern. Sie stellen für die Adressaten also keine rechtliche Verpflichtung dar und sind nicht verbindlich. Stellungnahmen können von der Kommission, dem Rat oder dem Parlament sowie dem Ausschuss der Regionen und dem Europäischen Wirtschafts- und Sozialausschuss abgegeben werden. Im Zuge der Erarbeitung von Rechtsvorschriften legen die Ausschüsse vor dem Hintergrund ihres jeweiligen regionalen, wirtschaftlichen oder sozialen Standpunkts Stellungnahmen vor. So hat beispielsweise der Rechtsausschuss und der Ausschuss für Industrie, Forschung und Energie Stellungnahmen zum EU Aktionsplan E-Government 2016–2020 vorgelegt [EUPA2020a].

4.2.2   Aktionspläne 2001, 2002 und 2016–2020

Die Europäische Kommission hat bezüglich der Digitalisierung zahlreiche Initiativen gestartet. Für die hier vorliegende Thematik sind insbesondere die Aktionspläne relevant. Diese Aktionspläne haben keinen bindenden Charakter, sie stellen lediglich Empfehlungen dar, die aber teilwiese in Richtlinien eingeflossen sind. Diese müssen wiederum von den Mitgliedsstaaten umgesetzt werden. Der erste Aktionsplan aus dem Jahr 2001 trug den Titel „eEurope2002" und beschäftigte sich u. a. mit einer Priorisierung der digitalen Transformation. Mit diesem Aktionsplan hat die EU das rechtliche Umfeld für Kommunikationsnetze und -dienste und den elektronischen Geschäftsverkehr umgestaltet und neue Generationen mobiler und multimedialer Dienste ermöglicht [EUKO2002, Seite II]. Hinsichtlich des E-Governments forderte der erste Aktionsplan die Behörden und Verwaltungen der Mitgliedstaaten auf, dass sie alles in ihrer Kraft stehende unternehmen sollten, um mithilfe der Informationstechnik effiziente Dienstleistungen für die europäischen Bürger und Unternehmen zu entwickeln.

Speziell wurden die Behörden angehalten, internetgestützte Dienste zu entwickeln, um den Zugang der Bürger und Unternehmen zu öffentlichen Informationen und Diensten zu verbessern, mit Hilfe des Internet die Transparenz der öffentlichen Verwaltungen zu erhöhen und Bürger und Unternehmen interaktiv in Entscheidungsprozesse einzubeziehen. Weiterhin sollten Behördeninformationen sowohl für Bürger als auch für geschäftliche Verwendung einfacher zugänglich sein. Auch sei sicher zu stellen, dass digitale Technologien einschließlich Open Source Software und elektronische Signaturen in Verwaltungen angewandt werden, elektronische Märkte für das elektronische Beschaffungswesen einrichten, wobei auf das bestehende Regelwerk für das öffentliche Beschaffungswesen aufgebaut werden kann [EUKO2001, Seite 18]. Im Anhang wies dieser Aktionsplan auch Empfehlungen auf, welche Verwaltungsverfahren digitalisiert werden sollten [EUKO2001, Seite 22 f.]. Der zweite Aktionsplan baute auf dem ersten auf und sollte dazu führen, das private Investitionen und die Schaffung von Arbeitsplätzen begünstigt und die Produktivität gesteigert werden. Ebenso sollten modernere öffentliche Dienstleistungen geschaffen werden, um jedem die Möglichkeit zur Teilnahme an der globalen Informationsgesellschaft zu geben [EUKO2002, Seite 2]. Hinsichtlich des E-Governments betonte der Aktionsplan die Notwendigkeit der Einführung und wirksamen Nutzung eines elektronischen Authentifizierungsverfahrens, da davon der sichere und nahtlose Zugang zu elektronischen Behördendiensten abhängt [EUKO2002, Seite 11]. In diesem Zusammenhang wurde insbesondere die elektronische Signatur erwähnt [EUKO2002, Seite 11]. Ebenso wie im vorherigen Aktionsplan wurde die Interoperabilität der internen Abläufe, die Standardisierung und das Angebot europaweiter Dienste durch das IDA-Programm und den Folgeprogrammen gefordert [EUKO2002, Seite 12] [EURO2005].

Der dritte Aktionsplan 2011–2015 bezieht sich auf die Digitale Agenda für Europa und nennt die elektronischen Behördendienste (E-Government) als Teil eines umfassenden Maßnahmenpakets, das der Ausschöpfung der Vorteile der Informations- und Kommunikationstechnologien (IKT) in ganz Europa dient [EUKO2010, Seite 2]. Jedoch wird schon darauf hingewiesen, dass eine Umsetzung nur schleppend verläuft. So stellt die Kommission fest, dass es bislang aber nur wenige grenzübergreifende elektronische Behördendienste gibt. Weiter werden sie, wenn sie vorhanden sind, von der Mehrheit der EU-Bürger nur zögerlich in Anspruch genommen. Daher sei es unbedingt notwendig, zu einem offeneren Modell für die Gestaltung, Produktion und Erbringung von Onlinediensten überzugehen und dabei die Vorteile zu nutzen, die sich aus einer Zusammenarbeit zwischen Bürgern, Unternehmen und Zivilgesellschaft ergeben [EUKO2010, Seite 2]. Durch den Hinweis auf Open Data kommt ein zusätzlicher Aspekt hinzu. So besitzt der öffentliche Sektor einen großen Informationsreichtum, aber viele der erhobenen Daten werden gar nicht oder nur zu beschränkten Zwecken verwendet. Durch die Freigabe öffentlicher Daten ohne Personenbezug (z. B. geografischer, demografischer, statistischer oder Umweltdaten) würde den Bürgern und Unternehmen die Möglichkeit geboten, neue Wege zu ihrer Nutzung zu finden und dadurch neue innovative Produkte und Dienste zu schaffen [EUKO2010, Seite 7]. Ein weiterer

Baustein für ein grenzübergreifendes E-Government-System ist eine Harmonisierung des Identitätsnachweises. Die in dem Aktionsplan genannten Maßnahmen werden nach Ansicht der Kommission zum Aufbau eines europaweiten Rahmens für die gegenseitige Anerkennung elektronischer Identitätsnachweise beitragen, die es den Bürgern und Unternehmen ermöglichen, sich überall in Europa elektronisch auszuweisen [EUKO2010, Seite 15]. Interessanterweise gibt der Aktionsplan auch Hinweise auf spezielle Softwarelösungen, wie serviceorientierte Architekturen (SOA) oder Cloud-Lösungen [EUKO2010, Seite 15].

Auch der aktuelle Aktionsplan geht davon aus, dass elektronische Behördendienste (E-Government-Dienste) dazu beitragen können, Verwaltungsverfahren zu erleichtern, die Qualität der Dienstleistungen im öffentlichen Sektor zu verbessern und die Effizienz der internen Verfahren öffentlicher Einrichtungen zu erhöhen. Auch in diesem Aktionsplan wird darauf hingewiesen, dass die Menschen und Unternehmen bisher nur bedingt von den Vorteilen digitaler Dienste profitieren, die ihnen eigentlich in der gesamten EU nahtlos zur Verfügung stehen sollten [EUKO2010, Seite 1]. Ebenso wird in diesem Aktionsplan auf die Stärkung des Binnenmarktes durch E-Government hingewiesen [EUKO2006, Seite 1]. Zur Umsetzung dieses Ziels sollen die bestehenden Barrieren für den digitalen Binnenmarkt beseitigt werden, damit im Zuge der Modernisierung der öffentlichen Verwaltung eine weitere Fragmentierung verhindert wird [EUKO2006, Seite 1]. Als eindeutiges Ziel formuliert die Kommission, dass die Behörden und sonstigen öffentlichen Stellen in der Europäischen Union bis 2020 offene, effiziente und inklusive Einrichtungen werden sollen, die grenzübergreifende, personalisierte, nutzerfreundliche und – über alle Abläufe hinweg – vollständig digitale öffentliche Dienste für alle Menschen und Unternehmen in der EU anbieten [EUKO2010, Seite 2]. Dabei basieren die Maßnahmen, die aus dem Plan abgeleitet werden, auf sechs Grundsätzen, die zu beachten sind. Grundsätzlich sollen die Dienstleistungen „standardmäßig digital" sein, d. h. öffentliche Verwaltungen sollten ihre Dienstleistungen vorzugsweise digital erbringen. Es besteht also das Primat der Digitalisierung. Da natürlich keine Bürger ausgeschlossen werden dürfen, sollten die öffentlichen Dienste über einen zentralen Ansprechpartner oder eine zentrale Stelle und unter Nutzung mehrerer Kanäle angeboten werden. Die Organisation könnte über Terminal-Einrichtungen in Stadt- oder Bürgerläden erfolgen. Speziell wird auch durch den Grundsatz der einmaligen Erfassung auf das Once-Only-Prinzip eingegangen. So sollen öffentliche Verwaltungen sicherstellen, dass die Menschen und Unternehmen ihnen dieselben Informationen nur einmal übermitteln. Es wird auch die zentrale Aussage des Once-Only hervorgehoben, dass soweit es zulässig ist, diese Daten – unter vollständiger Beachtung der Datenschutzvorschriften – intern mehrmals verwendet werden, um eine unnötige zusätzliche Belastung der Bürgerinnen und Bürger und der Unternehmen zu vermeiden. Hierdurch entsteht aber auch eine zusätzliche Effizienzsteigerung der Verwaltung und damit eine Kostenreduktion, wie in Abschn. 2.9 beschrieben wurde. Weiterhin sollten öffentliche Verwaltungen die digitalen Dienste so konzipieren, dass sie grundsätzlich inklusiv sind und unterschiedlichen Bedürfnissen, beispielsweise von älteren Menschen oder Menschen mit Behinderungen, Rechnung tragen. Dem Open-Data-Konzept wird dadurch Rechnung getragen, dass den Menschen und Unternehmen aber auch Zugang zu ihren Daten sowie die Kontrolle über ihre Daten und deren Berichtigung ermöglicht wird. Dadurch soll den Nutzern Einblick in die sie betreffenden Verwaltungsverfahren gestattet werden. Bei der Entwicklung und Erbringung ihrer Dienste gegenüber den einzelnen Interessengruppen (wie z. B. Unternehmen, wissenschaftlichen Einrichtungen sowie gemeinnützigen Organisationen) sollen sich die Verwaltungen öffnen und diese mit einbeziehen. Dadurch wird auch die Frage einer E-Participation angesprochen. Die Harmonisierung des EU-Binnenmarktes beliebt weiterhin ein Ziel, da der Grundsatz „standardmäßig grenzübergreifend" natürlich auch weiterhin aufgegriffen wird. Der Grundsatz, dass die öffentlichen Leistungen der Verwaltungen grenzübergreifend anzubieten sind, damit eine weitere Fragmentierung verhindert und die Mobilität im Binnenmarkt zu erleichtern sein wird, war auch schon Gegenstand der vorherigen Aktionspläne. Der fünfte Grundsatz „standardmäßig interoperabel" zielt auf ein ähnliches Ziel hin. Dabei sollten öffentliche Dienste so konzipiert sein, dass sie nahtlos im gesamten Binnenmarkt und über organisatorische Grenzen hinweg erbracht werden können. Dazu muss ein freier Austausch von Daten und digitalen Dienstleistungen in der Europäischen Union gewährleistet werden. Der letzte Grundsatz bezieht sich auf die Vertrauenswürdigkeit und Sicherheit. Dabei spielen Fragen des Datenschutzes und der Cyber Security eine erhebliche Bedeutung. Hier wird auch betont, dass die Erhöhung des Vertrauens eine wichtige Voraussetzung für die Akzeptanz dieser Dienste darstellt [EUKO2010, Seite 3 f.]. Interessanterweise werden aus diesen Grundsätzen auch Maßnahmen abgeleitet, die sogar mit einem Zeitplan versehen sind. Im letzten Aktionsplan sind folgende Maßnahmen aufgelistet:

- eProcurement (vollständige elektronische Auftragsvergabe)
- eInvoicing (elektronische Rechnungsstellung)
- eSignatur (interoperable elektronische Signaturen und Register)
- eIDAS-Dienste (elektronische Identifizierung und Vertrauensdienste für elektronische Transaktionen im Binnenmarkt)
- eEEE (elektronische Einheitliche Europäische Eigenerklärung)
- e-Certis (Online-Dokumentenarchiv)
- eID (grenz- und sektorenübergreifende elektronische Identifizierung)
- eDelivery (elektronische Zustellung von Dokumenten).

Neben diesen Diensten werden als mögliche weitere Bausteine für die Zukunft die gemeinsame Nutzung von Cloud,- Daten-, und Rechner-Infrastrukturen, von „Big Data" und Internet der Dinge (IoT) angedacht. Die EU-Kommission hält insbesondere eine gemeinsame Cloud-Infrastruktur bei E-Government-Diensten aus verschiedenen Gründen für erstrebenswert. In diesem Zusammenhang ist das GAIA-X-Projekt zu nennen.

Als mögliche weitere Vorhaben der EU-Kommission werden außerdem noch genannt:

- Verknüpfung und Optimierung bestehender Register (Unternehmensregister, Insolvenzregister etc.)
- neue elektronische Verfahren bei der Mehrwertsteuer
- Ausbau des eJustice-Portals
- elektronischer Austausch von Sozialversicherungsdaten
- Weiterentwicklung der Geodatennutzung (sog. INSPIRE-Richtlinie)
- eHealth-Dienste.

Da keine verbindlichen Vorgaben oder gar konkrete Rechtsnormen für Mitgliedstaaten oder EU-Institutionen in den Absichtserklärungen enthalten sind, bleibt es abzuwarten, inwieweit die im neuen Aktionsplan genannten Pläne tatsächlich in die Praxis umgesetzt werden. Eine Möglichkeit besteht, dass aus den einzelnen Vorschlägen Richtlinien entwickeln werden. Da die Umsetzung der Aktionspläne bisher eher schleppend verlaufen ist, kann man davon ausgehen, dass die nationalen und kommunalen Verwaltungen weiter für die Umsetzung von E-Government verantwortlich sein werden.

4.2.3   DESI-Bericht der Europäischen Kommission

Da die Aktionspläne regelmäßig evaluiert werden, kann man feststellen, dass deren Umsetzung aber eher schleppend verläuft. Dies resultiert u. a. daraus, dass sie auch keine verbindlichen Vorgaben oder gar konkrete Rechtsnormen für Mitgliedstaaten oder EU-Institutionen enthalten. Es sind lediglich Absichtserklärungen, deren Umsetzung auch gegen widerstreitende Interessen durchgesetzt werden müssten. Um dies zu erreichen will die EU-Kommission hierzu einen Lenkungsausschuss einsetzen, der die Umsetzung des E-Government-Aktionsplans koordinieren soll. Er setzt sich aus den für die nationalen E-Government-Strategien zuständigen Vertretern unter Vorsitz der EU-Kommission zusammen. Eine weitere Möglichkeit besteht darin, die digitale Wettbewerbsfähigkeit zu dokumentieren. Dazu dient der Europäischen Kommission der Digital Economy and Society Index, kurz DESI-Report, der Länderprofile und themenbezogene Kapitel beinhaltet [DESI2020a]. Mit ihm wird auch erreicht, dass ein Wettbewerb innerhalb der EU entsteht, da ein schlechtes Ranking immer wieder zu politischen Debatten in den einzelnen Ländern führt. Zur genaueren Bestimmung des Rankings untersucht der DESI-Report fünf Schwerpunktbereiche. Der Schwerpunkt Konnektivität befasst sich mit dem Festnetzbreitband, dem Mobilfunkbreitband, der Mobilfunkgeschwindigkeit und den Preisen. Der zweite Schwerpunkt wird als Humankapital bezeichnet und vergleicht die Internetnutzung und die digitalen Grundkompetenzen der Bevölkerung ebenso wie deren fortgeschrittene digitale Kompetenzen. Im Schwerpunktbereich Internet wird beschrieben wie intensiv die Bevölkerung Inhalte des Internet benutzt und Kommunikation digital bzw. Online-Transaktionen durchführt.

Der Digitalisierungsgrad der Wirtschaft und der Internethandel wird im vierten Schwerpunkt „Integration der Digitaltechnik" behandelt. Für die hier vorliegende Thematik ist der fünfte Schwerpunkt „Digitale öffentliche Dienste" von besonderem Interesse, da hier die Fortschritte des E-Government dokumentiert werden. Die Bundesrepublik liegt im Gesamtindex auf Platz 12 von 28 Staaten [DESI2020a]. Spitzenreiter ist Finnland und den letzten Platz belegt Bulgarien. Der Durchschnittsplatz der Bundesrepublik wird nur erreicht, da diese in den ersten beiden Schwerpunkten „Konnektivität und Humankapital" gut abschneidet. Im Schwerpunkt „Digital Public Services" oder „Digitale öffentliche Dienste" liegt die Bundesrepublik schon länger auf einem der letzten Plätze. Aktuell belegt sie den 21. Platz mit einem Ranking von 66,7 Punkten. Spitzenreiter ist in diesem Bereich Estland mit einem Rankingwert von 89,3. Den letzten Platz belegt Rumänien mit 48,4. Da der EU-Durchschnitt bei 72 Punkten liegt, kann man feststellen, dass dieser Bereich in der Bundesrepublik unterdurchschnittlich entwickelt ist [DESI2020b]. Dazu trägt natürlich auch die unbefriedigende Situation bei den Kommunen bei (Abb. 4.1).

Bei einer genauen Betrachtung ergibt sich aber ein differenziertes Bild. Der Schwerpunkt 5 untergliedert sich noch einmal in fünf Bereiche, deren Werte in Tab. 4.1 dargestellt werden. Während die Bundesrepublik bei den Schwerpunkten „E-Government-Benutzer, die Formulare einreichen müssen" und bei den „vorausgefüllten Formularen" schlechte Werte hat, liegen diese bei der „Online-Abwicklung der Dienste" und „der digitalen Dienste für Unternehmen" im EU Durchschnitt. Bei den „offenen Daten" liegt die Bundesrepublik sogar etwas über dem EU-Durchschnitt. Positiv ist anzumerken, dass sich die landesspezifischen Werte, in den letzten Jahren verbessert haben, wobei die Steigerung in etwa der der anderen EU-Staaten entspricht. Der DESI-Bericht geht explizit auf das OZG-Gesetz und auf die Digitalisierungsprogramme Bund und Föderal ein, auf die in Abschn. 4.5. näher eingegangen wird. Ebenso wird die FITKO mit einem Jahresbudget von 60 Mio. € hervorgehoben. Insgesamt geht der DESI-Bericht davon aus, dass die vollständige Umsetzung des OZG's durch alle beteiligten öffentlichen Stellen (Bund, Länder und Kommunen) zu einer Verbesserung der digitalen öffentlichen Verwaltung in größerem Umfang führt [DESI2020c, Seite 15]. Da das Digitalisierungsprogramm Föderal das größere Programm ist, kann man festhalten, dass der Erfolg der digitalen Transformation der Verwaltung in der Bundesrepublik unmittelbar am Erfolg der digitalen Transformation der kommunalen Verwaltungen gekoppelt ist.

4.2.4 Single Digital Gateway (SDG)

Mit dem Single Digital Gateway (SDG) soll gemäß einem Beschluss des Europäischen Parlaments und des Rates aus dem Jahr 2018 bis 2023 ein einheitliches digitales Zugangstor zu den Verwaltungsleistungen der Europäischen Union (EU) und den Mitgliedstaaten eingerichtet werden [KLEI2017a]. Da es sich bei dem Beschluss um eine Verordnung handelt, ist sie für die Mitgliedsstaaten bindend. Die EU verfolgt damit im

Abb. 4.1 DESI-Report „Öffentliche digitale Dienste" 2020. (Quelle: [DESI2020b, Seite 3])

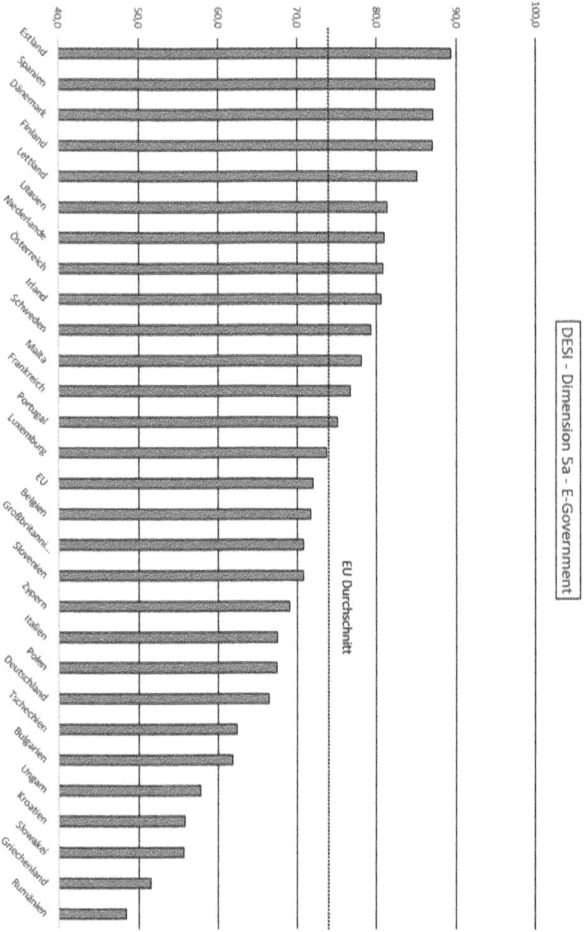

wesentlichen drei Ziele. Erstens soll der zusätzliche Verwaltungsaufwand für Bürger und Unternehmen, die unter Einhaltung aller nationalen Vorschriften und Verfahren ihre Binnenmarktrechte ausüben oder ausüben wollen, verringert werden. Zweitens soll eine Diskriminierung verhindert und drittens das Funktionieren des Binnenmarktes mit Blick auf die Bereitstellung von Informationen, Verfahren sowie Hilfs- und Problemlösungsdiensten sichergestellt werden [EUPA2018]. In § 1 der VO EU 2018/1724 wird die Einrichtung und der Betrieb eines einheitlichen digitalen Zugangstors festgelegt, deren Umfang in den folgenden Paragrafen näher beschrieben wird. In § 6 der VO werden Verfahren, die vollständig online angeboten werden müssen, aufgelistet. In Kap. 2 der VO werden anschließend die Anforderungen der Online-Verfahren definiert, wobei in § 14 der VO u. a. die Anwendung des Grundsatzes des Once-Only-Prinzips, wie in Abschn. 2.9. beschrieben wird, hervorgehoben wird. Die Bundesrepublik kommt der VO u. a. durch das OZG und das Registermodernisierungsgesetz – RegMoG nach.

Tab. 4.1 Ranking SP 5 im DESI-Bericht 2020. (Quelle: [DESI2020c, Seite 14])

Schwerpunkt 5: Digitale öffentliche Dienste – Ranking Deutschland		DESI 2020	DESI 2019	DESI 2018	EU DESI 2017
5a1	E-Government-Benutzer	49 %	43 %	39 %	67 %
	% der Internetbenutzer, die Formulare einreichen müssen	2019	2018	2017	2019
5a2	Vorausgefüllte Formulare	41	41	38	59
	Wert 0 – 100	2019	2018	2017	2019
5a3	Online-Abwicklung von Dienstleistungen	90	88	88	90
	Wert 0 – 100	2019	2018	2017	2019
5a4	Digitale öffentliche Dienste für Unternehmen	92	80	84	88
	Wert 0 – 100 – inländisch und grenzüberschreitend	2019	2018	2017	2019
5a5	Offene Daten	68 %			66 %
	% der Höchstpunktzahl	2019	2018	2017	2019

4.3 E-Government-Initiativen des Bundes

Die bisherige Entwicklung von E-Government-Systemen in Deutschland ist eher ernüchternd [SCHM2019b, Seite 4]. Empirische Befunde belegten vor Jahren sogar, dass das Angebot teilweise abgenommen hat [FORT2017]. Ursache dafür waren u. a., dass die konzeptionellen Grundlagen unzureichend erschienen, es an verwaltungsübergreifenden Strategien mangelte und die organisatorischen Auswirkungen unterschätzt wurden [SCHM2019b, Seite 5]. In den letzten Jahren wurde jedoch durch das OZG ein neuer Schub in Deutschland erzeugt, der auch den Platz im internationalen DESI-Ranking verbesserte.

Insgesamt hat die Bundesrepublik Deutschland zahlreiche Initiativen zur Verbesserung des E-Governments seit Jahrzehnten beschlossen. Ein Überblick findet sich in [JAKO2019, Seite 191 ff.]. Die meisten betrafen die kommunale Ebene jedoch nicht direkt, sondern beziehen sich auf den Kompetenzbereich des Bundes. Das ist dem föderalen Aufbau der Bundesrepublik und der damit zusammenhängenden Zuständigkeit der Länder für die Kommunen geschuldet. Trotzdem haben die meisten Initiativen auch teilweise direkte oder zumindest indirekte Auswirkungen auf die Kommunen. Dies gilt auch für die im Jahr 2000 beschlossene Initiative „BundOnline 2005". Sie hatte die Digitalisierung der Verwaltung zu einer zentralen Regierungsaufgabe zu machen zum Ziel [BMI2020c]. Mithilfe dieser Initiative konnten bis zum Jahr 2005 über 440 Online-Dienstleistungen des Bundes angeboten werden [BUND2006,

Seite 4], die teilweise über die Portale der Behörden oder über „bund.de" angeboten
werden. Eine weitere Zielsetzung war die Schaffung von Standards und Architekturen
für E-Government-Anwendungen (SAGA). Dadurch wurden die technischen Standards
und die Integrationsprinzipien festgelegt, die grundlegend für die meisten BundOnline-
Projekte waren und die Entwicklung von interoperablem E-Government gefördert
haben. Kritik erhielt das Projekt insbesondere aufgrund der starken Fokussierung auf die
Außenwirkung. Teilweise wird die erreichte Online-Verfügbarkeit als Selbstzweck oder
als Versuch, Modernität zur Schau zu stellen, bezeichnet, bei dem der mittelfristige bis
langfristige Nutzen gering bleibt [WEIS2019, Seite 70]. Auf die Initiative „BundOnline
2005" folgte das Programm „E-Government 2.0" aus dem Jahr 2006, das zum Ziel hatte,
die Bürokratie abzubauen, die Staatsfinanzen zu konsolidieren und mit einer innovativen,
leistungsfähigen und effizienten Verwaltung die Handlungsfähigkeit des Staates zu
verbessern. Dabei wurde vom E-Government ein Beitrag erwartet. Zusätzlich sollte
E-Government strategisch dazu genutzt werden, innovative Technologien in Deutschland zu fördern [BMI2006, Seite 6]. In den fünf Handlungsfeldern (übergreifende Ergebnisse, Portfolio, Prozessketten, Identifikation und Kommunikation) sollten strategische
Ziele erreicht werden. Nach Auffassung der Bundesregierung hat das Programm
„E-Government 2.0" wesentliche Meilensteine auf dem Weg zu einem umfassenden
E-Government-Angebot des Bundes erreicht [BMI2010, Seite 43]. Diese Meinung wird
nicht von allen geteilt. Vielmehr zeigt sich im DESI-Bericht, dass die Fortschritte eher
bescheiden sind.

Da man E-Government nicht nur auf die Leistungen des Bundes reduzieren darf,
sondern auch kommunale Dienste beinhalten müssen, wurde parallel zu „BundOnline
2005" die Initiative „Media@Komm" ins Leben gerufen, die u. a. den Standard „Online
Services Computer Interface" (OSCI) geschaffen hat [GRAB2002, Seite151 ff.].
Standards sind aufgrund des föderalen Aufbaus der Bundesrepublik ebenso wichtig,
wie auch hinsichtlich der internationalen Ausrichtung eines E-Governments. Diese
Ausrichtungen finden sich auch immer in den EU-Richtlinien wieder. Mit der Initiative
Media@Komm-Transfer wurde 2004 ein Nachfolgeprojekt gestartet, das u. a. den Best
Practice Award „MEDIA@Komm-Transfer" verliehen hat. Damit sollte der Wissens-
transfer zwischen den Kommunen verbessert und die Bedeutung von virtuellen Rat-
häusern untermauert werden. MEDIA@Komm-Transfer war Teil der Initiative
„Deutschland Online", die eine von Bund, Ländern und Kommunen gemeinsam
getragene E-Government-Strategie zur Verbesserung des Einsatzes von Informationstechnik sowie zur Nutzung des Internets in der öffentlichen Verwaltung in Deutschland
ist [ITPL2010]. Im Zuge der Initiative „BundOnline 2005" und der Föderalismus-
reform II wurde im Jahr 2009 das Grundgesetz (GG) geändert und durch Aufnahme
der Möglichkeit zur Einrichtung und Regelung von informationstechnischen Systemen
in Zusammenarbeit von Bund und Ländern in Art. 91c GG erhielt das E-Government
Verfassungsrang. Im Zuge dieser Reform wurde 2010 weiterhin der Vertrag über die
Errichtung des IT-Planungsrats und über die Grundlagen der Zusammenarbeit beim
Einsatz der Informationstechnologie in den Verwaltungen von Bund und Ländern

geschlossen [BUND2010]. Mit dem IT-Planungsrat wurde ein zentrales Gremium für die politische Steuerung und föderale Zusammenarbeit in der Informationstechnik und im E-Government gegründet. Der Versuch durch Einführung des elektronischen Identitätsnachweises mit der Online-Ausweisfunktion des Personalausweises und des elektronischen Aufenthaltstitels verbindlichere Strukturen zu schaffen, hat aber die Erwartungen nicht erfüllt. Ebenso hat die Einrichtung die De-Mail-Infrastruktur das Kommunikationsverhalten nicht entscheidend verändert.

Die 2014 beschlossene „Digitale Agenda 2014–2017" formulierte die Leitlinien der Digitalpolitik der Bundesregierung. Die Maßnahmen des Programms umfassten sieben zentrale Handlungsfelder, darunter auch das Handlungsfeld „innovativer Staat", in dem eine Zusammenarbeit mit den Ländern und den Kommunen zur Entwicklung nutzerfreundlicher kommunaler E-Government-Angebote hervorgehoben wurde [BUND2014, Seite 19]. Teilweise stieß das Programm auf Kritik, wobei insbesondere die fehlenden Lösungsvorschläge und Handlungsempfehlungen aufgelistet wurden. Ebenso wurde beklagt, dass die Debatten, um die es ging, im Kern Jahre oder gar Jahrzehnte alt gewesen waren [STEI2014]. Mit dem im September 2014 verabschiedetem Regierungsprogramm „Digitale Verwaltung 2020" sollte die koordinierte Umsetzung des im Jahr 2013 beschlossenen E-Government-Gesetzes erfolgen [BUND2019, Seite 5]. In diesem Zusammenhang wurde am 1. Januar 2020 mit der Gründung der Föderalen IT-Kooperation (FITKO) eine weitere Maßnahme umgesetzt, die auch die Kommunen betreffen wird. Da in der FITKO die bestehenden personellen und finanziellen Ressourcen und Strukturen gebündelt werden, übernahm die FITKO schon von Beginn an die Geschäfts- und Koordinierungsstelle des Föderalen Informationsmanagements (FIM) und ab 1. Juli 2020 die Geschäftsstelle des IT-Planungsrates [KLEI2020]. Das zentrale Anliegen der FIM ist die Schaffung von Standards, da nur eine effiziente und bürgerfreundliche Verwaltung entstehen kann, wenn sich Bund, Länder und Kommunen auf einheitliche Standards verständigen [BMI2012, Seite 1]. Zur Erreichung dieses Ziels werden drei sogenannte Bausteine oder Grundlagen entwickelt [BMI2021, Seite 6]. Diese drei Bausteine müssen alle einen 4-stufigen Standardisierungsrahmen durchlaufen (Abb. 4.2). In der ersten Stufe erfolgt eine einheitliche Klassifikation u. a. durch Zuweisung einer bundesweiten und eindeutig Ebenen übergreifenden Identifikationsnummer. In der zweiten Stufe soll sichergestellt werden, dass die Inhalte fachlich vergleichbar und so durch einen großen Nutzerkreis verwendbar sind. Darauf aufbauend erfolgt in der dritten Stufe die „redaktionelle Standardisierung" durch Erstellen der Stammtexte, Stammformulare und Referenzprozesse. Dazu werden analog zum LeiKa auch für Formulare und Prozesse jeweils Qualitätskriterien erstellt und abgestimmt. In der letzten Stufe werden abschließend technische Standards festgelegt, die sicherstellen, dass auf die Ergebnisse der vorherigen Schritte zugegriffen werden kann. Dazu werden Datenformate ausgewählt, erweitert und ggf. neu konzipiert, um Leistungsbeschreibungen, Formulare und Prozessbeschreibungen austauschen zu können. Damit wird auch ein einheitlicher fachlicher Standard für den elektronischen Datenaustausch ermöglicht [BMI2012, Seite 11 f.].

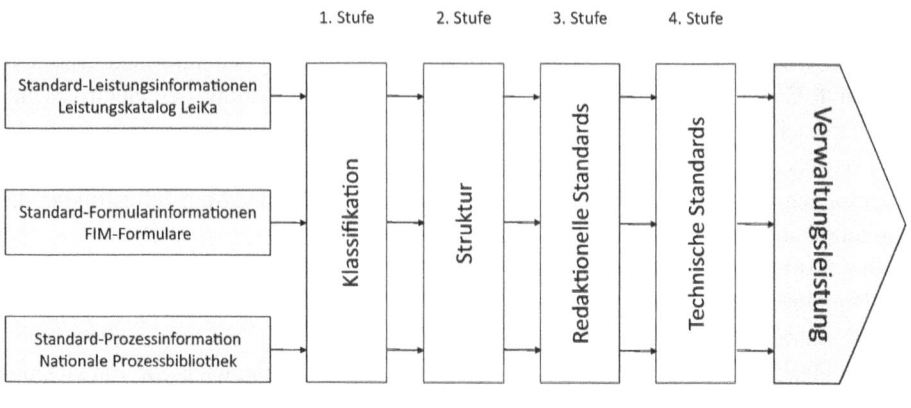

Abb. 4.2 FIM-Bausteine und Standardisierungsverfahren

4.4   Das E-Government-Gesetz des Bundes

Mit einem eigenen E-Government-Gesetz unterstrich die Bundesregierung die Bedeutung der digitalen Transformation der Verwaltung und versuchte auch das schlechte internationale Ranking in diesem Bereich zu verbessern. Das Gesetz wurde im Juli 2013 vom Bundestag beschlossen und trat am 1.August 2013 in Kraft. Der Geltungsbereich des Gesetzes ist in § 1 Satz 1 E-Government-Gesetz (EGovG) bestimmt, danach gilt es für die öffentlich-rechtliche Verwaltungstätigkeit der Behörden des Bundes einschließlich dessen unmittelbaren Körperschaften, Anstalten und Stiftungen des öffentlichen Rechts. Es tangiert aber auch Länder und Kommunen, so wird in §1 Satz 2 (EGovG) ausgeführt, dass das Gesetz zudem für die Behörden der Länder sowie der Aufsicht des Landes unterstehenden juristischen Personen des öffentlichen Rechts gilt, wenn diese Bundesrecht ausführen [BUND2103, §1]. Da die Kommunen teilweise Leistungen erbringen, die aus dem Bundesrecht abgeleitet sind, betrifft es dementsprechend auch sie. Das EGovG wird weiterhin als Ermöglichungsgesetz angesehen, das einen Standard setzt und insbesondere auch Verwaltungen der Länder und Kommunen einen rechtlichen Rahmen für elektronische Verwaltungsdienstleistungen bietet, auch wenn keine rechtliche Verpflichtung zur Umsetzung besteht. Das EGovG und die flankierenden Artikel sollten damit in erster Linie als Anstoß und Impuls für eine flächendeckende elektronische Verwaltung dienen [BUND2019b, Seite 3]. Es hat zudem auch Auswirkungen auf die E-Government-Gesetze der Länder und das OZG-Gesetz.

Im Folgenden soll auf die Teilbereiche des Gesetzes eingegangen werden, insbesondere, wenn es die Kommunen tangieren könnte. In § 2 EGovG wird festgelegt, dass jede Behörde verpflichtet ist, auch einen Zugang für die Übermittlung elektronischer Dokumente, auch soweit sie mit einer qualifizierten elektronischen Signatur versehen

sind, zu eröffnen. Zusätzlich besteht eine Verpflichtung für die Bundesbehörden zur
Ermöglichung eines Zugangs per De-Mail und der Identifikation mit dem neuen
Personalausweis [BUND2019a, Seite 6]. In § 3 EGovG wird festgelegt, dass Behörden
über öffentlich zugängliche Netze in allgemein verständlicher Sprache Informationen
über ihre Aufgaben, ihre Anschrift, ihre Geschäftszeiten sowie postalische, telefonische
und elektronische Erreichbarkeiten zur Verfügung stellen. Weiterhin soll jede Behörde
über öffentlich zugängliche Netze in allgemein verständlicher Sprache über ihre nach
außen wirkende öffentlich-rechtliche Tätigkeit, damit verbundene Gebühren, bei-
zubringende Unterlagen und die zuständige Ansprechstelle und ihre Erreichbarkeit
informieren sowie erforderliche Formulare bereitstellen. Diese gesetzliche Bestimmung
ist relativ einfach zu lösen und dürfte eher ein marginales Problem darstellen. Die
Forderungen können somit auch für den kommunalen Bereich als erfüllt angesehen
werden. Wesentlich interessanter sind die Bestimmungen des § 4 EGovG. So muss die
Behörde, falls im Rahmen eines elektronisch durchgeführten Verwaltungsverfahrens
Gebühren oder sonstige Forderungen anfallen, die Einzahlung dieser Gebühren oder
die Begleichung dieser sonstigen Forderungen durch Teilnahme an mindestens einem
im elektronischen Geschäftsverkehr üblichen und hinreichend sicheren Zahlungsverfahren ermöglichen. Wenn die Einzahlung von Gebühren oder die Begleichung sonstiger
Forderungen durch ein elektronisches Zahlungsabwicklungsverfahren des Bundes
erfolgt, sollen Rechnungen oder Quittungen außerdem noch elektronisch angezeigt
werden. Dies gilt auch, wenn die sonstige Forderung außerhalb eines Verwaltungsverfahrens erhoben wird. Näheres wird zu dem in der E-Rechnungsverordnung (ERechV)
geregelt, die überwiegend im November 2018 in Kraft getreten ist. Die Verordnung muss
bis Ende 2020 auch bei den Kommunen umgesetzt sein [siehe auch Abschn. 6.2.1.2.].
Durch den § 5 EGovG erfolgt eine Erleichterung bei der Erbringung von elektronischen
Nachweisen. So wird geregelt, dass die vorzulegenden Nachweise elektronisch ein-
gereicht werden können, wenn ein Verwaltungsverfahren elektronisch durchgeführt
wird. Dies gilt nicht, wenn durch Rechtsvorschrift etwas Anderes bestimmt ist oder die
Behörde für bestimmte Verfahren oder im Einzelfall die Vorlage eines Originals verlangt.
Die Behörde entscheidet nach pflichtgemäßem Ermessen, welche Art der elektronischen
Einreichung zur Ermittlung des Sachverhalts zulässig ist. Die §§ 6–8 EGovG beziehen
sich zwar auf Bundesbehörden, aber das Gesetz regelt hier einen Aufgabenbereich, der in
kommunalen Verwaltungen stark reformbedürftig ist. In § 6 EGovG werden die Bundesbehörden verpflichtet, ihre Akten dann elektronisch zu führen, wenn dieses nicht unwirtschaftlich ist. Es gelten natürlich Bedingungen, dass eine ordnungsgemäße Führung der
Akte möglich ist. § 7 EGovG ergänzt den vorherigen Paragrafen dahin gehend, dass die
Akten auch elektronisch aufbewahrt werden sollen. Die Papierakten werden abgeschafft,
in dem sie vernichtet oder zurückgegeben werden. Letztlich erfolgt auch deren Archivierung digital. Das ist auch deswegen wichtig, da nur so eine digitale Transformation
der Verwaltung stattfinden kann. § 8 EGovG regelt das Akteneinsichtsverfahren, in
dem es vorgibt, dass so weit ein Recht auf Akteneinsicht besteht, die Behörden des
Bundes, die Akten elektronisch führen, Akteneinsicht dadurch gewähren können, dass

sie erstens einen Aktenausdruck zur Verfügung stellen, zweitens die elektronischen
Dokumente auf einem Bildschirm wiedergeben, drittens elektronische Dokumente übermitteln oder viertens den elektronischen Zugriff auf den Inhalt der Akten gestatten.
Die digitale Transformation hat nicht nur die direkte Übertragung der Verwaltungsleistungen zum Ziel, sondern möchte auch die Prozesse optimieren. Dem wird in § 9
EGovG dahin gehend Rechnung getragen, dass hier eine Optimierung von Verwaltungs-
abläufen und Information zum Verfahrensstand verlangt wird. Deshalb sollen Behörden
des Bundes Verwaltungsabläufe, die erstmals zu wesentlichen Teilen elektronisch unterstützt werden, vor Einführung der informationstechnischen Systeme unter Nutzung
gängiger Methoden dokumentieren, analysieren und optimieren. Das Gesetz greift in §
12 einen weiteren wichtigen Aspekt des E-Governments auf. Hier finden sich Aussagen
über Open Data. So müssen Behörden grundsätzlich maschinenlesbare Formate verwenden, wenn diese über öffentlich zugängliche Netze Daten zur Verfügung stellen, an
denen ein Nutzungsinteresse, insbesondere ein Weiterverwendungsinteresse im Sinne
des Informationsweiterverwendungsgesetzes, zu erwarten ist. Dabei ist ein Format dann
maschinenlesbar, wenn die enthaltenen Daten durch Software automatisiert ausgelesen
und verarbeitet werden können. Das Gesetz schreibt weiterhin vor, dass diese Daten mit
Metadaten versehen werden. § 13 EGovG regelt, dass bei Formularen, die elektronisch
übermittelt werden, das Unterschriftenfeld entfällt. § 14 EGovG bezieht sich auf die
Georeferenzierung. Wird ein elektronisches Register, welches Angaben mit Bezug zu
inländischen Grundstücken enthält, neu aufgebaut oder überarbeitet, hat die Behörde
in das Register eine bundesweit einheitlich festgelegte direkte Georeferenzierung
(Koordinate) zu dem jeweiligen Flurstück, dem Gebäude oder zu einem in einer Rechtsvorschrift definierten Gebiet aufzunehmen, auf welches sich die Angaben beziehen. Die
Erfüllung von Publikationspflichten wird in § 15 EGovG dahin gehend erweitert, dass
diese auch durch elektronische Amts- und Verkündungsblätter erfolgen kann. Dass die
Umstellung auf digitale Form auch verwaltungsjuristisch nicht unproblematisch ist, kann
man am Gesetz zum Abbau verzichtbarer Anordnungen der Schriftform im Verwaltungsrecht erkennen. Das Gesetz beinhaltet insgesamt die Änderung von verschiedenen
Paragrafen von 68 Gesetzen und 114 Rechtsverordnungen, dabei wird zum Teil die
Anordnung der Schriftform ersatzlos gestrichen oder zum Teil wurden neben der Schriftform auch elektronische Verfahren zugelassen [BUND2019a, Seite 8]. Im Jahr 2019
erfolgte eine umfassende Evaluierung der Umsetzung des EGovG durch die Kienbaum
GmbH [BUND2019c].

4.5   E-Government-Gesetze der Länder

Die Länder haben im Nachgang zum E-Government-Gesetz des Bundes eigene Gesetze
erlassen, die wesentlich stärkeren Bezug zu den Kommunen haben. Das liegt natürlich
auch daran, dass die Länder im föderalen System der Bundesrepublik Deutschland die

Tab. 4.2 E-Government-Gesetze der Länder

Land	Gesetz	Abkürzung	Verabschiedung
Bundesrepublik Deutschland	E-Government-Gesetz	EGovG	01.08.2013
Baden-Württemberg	E-Government-Gesetz Baden-Württemberg	E Gov BW	17.12.2015
Bayern	Bayerisches E-Government-Gesetz	BayEGovG	22.12.2015
Berlin	Berliner E-Government-Gesetz	EGovG Bln	30.05.2016
Brandenburg	Brandenburgisches E-Government-Gesetz	BbgEGovG	23. 11.2018
Bremen	Gesetz zur Förderung der elektronischen Verwaltung	-	28.03.2018
Hamburg	Verordnung über den elektronischen Rechtsverkehr in Hamburg	-	28.01.2008
Hessen	Hessisches E-Government-Gesetz	HEGovG	12.09.2018
Mecklenburg-Vorpommern	E-Government-Gesetz Mecklenburg-Vorpommern	EGovG M-V	25.04.2016
Niedersachsen	Gesetz zur Förderung und zum Schutz der digitalen Verwaltung	NDiG	23.10.2019
Nordrhein-Westfalen	E-Government-Gesetz Nordrhein-Westfalen	EGovG NRW	08.07.2016
Rheinland-Pfalz	E-Government-Gesetz Rheinland-Pfalz	E-GovG RP	15.10.2020
Saarland	E-Government-Gesetz Saarland	E-GovG SL	15.11.2017
Sachsen	Sächsisches E-Government-Gesetz	SächsEGovG	09.07.2014
Schleswig–Holstein	Gesetz zur elektronischen Verwaltung für Schleswig–Holstein	EGovG	08.07.2009
Thüringen	Thüringer E-Government-Gesetz	ThürEGovG	10.05.2018

Zuständigkeiten für die Kommunen haben. Es kann aber festgestellt werden, dass sowohl von dem Zeitpunkt der Verabschiedung des Gesetzes als auch des Umfanges der Gesetze erhebliche Unterschiede bestehen. Folgende Tabelle enthält einen Überblick über die E-Government-Gesetze oder ähnliche Verordnungen der Länder (Tab. 4.2)).

In einer Evaluierungsstudie wurde die Umsetzung des EGovG des Bundes untersucht [BUND12019c]. Dabei stellte sich heraus, dass die Mehrzahl der Ländergesetze die meisten der §§ 1 bis 16 EGovG inhaltlich komplett übernommen haben. Eine Ausnahme stellt Sachsen dar. Auch die Pflichten, die im EGovG des Bundes nur an die Bundesbehörden adressiert sind, wurden in ihrer Landesgesetzgebung an die jeweiligen Landesbehörden übertragen. Dies gilt beispielsweise für die De-Mail-Zugangseröffnungspflicht, wie sie in § 2 Abs. 2 EGovG enthalten ist. Die Kienbaum-Studie stellt aber auch fest, dass die Landesgesetze zum Teil auch ergänzende Regelungen zum EGovG des Bundes aufgenommen und dabei unterschiedliche Regelungsschwerpunkte gesetzt haben. Dies gilt insbesondere für die Regelungen in den Bereichen der IT-Organisation, IT-Infrastruktur, IT-Sicherheit, IT-Dienstleister und der Onlineverfahren [BUND2019a, Seite 12], [BUND2019c, Seite 33].

Wesentlich für das kommunale E-Government ist, dass der Geltungsbereich überwiegend durch das Landesgesetzgebungsverfahren auf die Kommunen ausdrücklich ausgedehnt wurde. So findet man beispielsweise im §1 HEGovG, §1 BayEGovG und §1 ThürEGovG direkt den Hinweis, dass das Gesetz für die Gemeinden und Gemeindeverbände sowie für die Körperschaften, Anstalten und Stiftungen des öffentlichen Rechts gilt. Dadurch gelten auch die Bestimmungen für die E-Rechnung und E-Akte für die Kommunen. Im § 15 HEGovG wird zu dem noch auf den landesspezifischen E-Government-Rat eingegangen. Dieser soll das Zusammenwirken von Land, Gemeinden und Gemeindeverbänden in der Informationstechnik verbessern. Laut Gesetz gehören dem E-Government-Rat verschiedene Personen an. Die Leitung wird vom Beauftragten der Landesregierung für E-Government und Informationstechnik (Chief Information Officer, CIO) übernommen. Weiterhin ist der Zentrale Informationssicherheitsbeauftragte der Landesverwaltung (Chief Information Security Officer, CISO) Mitglied des Rates. Die Staatskanzlei, die Ministerien, der Landtag, der Hessische Rechnungshof und die Hessische Zentrale für Datenverarbeitung stellen jeweils ein Mitglied. Ergänzt werden diese Landesvertreter durch drei Vertreterinnen oder Vertreter der kommunalen Spitzenverbände sowie einem Vertreter der Kommunalen Gebietsrechenzentren. Im Bedarfsfall kann er auch den Datenschutzbeauftragten zur Beratung heranziehen. Gremien wie E-Government-Rat, IT-Planungsrat und FITKO dienen der besseren Koordination der digitalen Transformation. Vertreter der Kommunen sind jedoch unterrepräsentiert. Auch wenn Vertreter der kommunalen Spitzenverbände, wie der Hessische Städtetag, der Landkreistag oder der Städte- und Gemeindebund, im E-Government-Rat eingebunden sind, sind sie personell deutlich unterrepräsentiert. In Hessen gibt es 422 Städte und Gemeinden und 21 Landkreise, die für ca. 6,3 Mio. Menschen die überwiegende Anzahl an Verwaltungsleistungen anbieten. Auch wenn innerhalb der kommunalen Spitzenverbände Arbeitsgruppen zur Umsetzung des E-Governments eingerichtet sind, fehlt vielen Kommunen die direkte Anbindung. Durch den Aufbau weiterer Strukturen im Zuge der Umsetzung des OZG soll dieser Missstand behoben werden.

4.6   Onlinezugangsgesetz (OZG)

4.6.1   Gesetzesinhalt

Das OZG (Gesetz zur Verbesserung des Onlinezugangs zu Verwaltungsleistungen, kurz: Onlinezugangsgesetz) trat am 18. August 2017 in Kraft und verpflichtet in § 1 OZG die

Behörden von Bund und den Ländern ihre Verwaltungsleistungen auch elektronisch über Verwaltungsportale bis zum Ablauf des Jahres 2022 anzubieten. Damit wurde der digitale Zugang gesetzlich erstmals umfassend geregelt. Aufgrund § 1 Satz 2 des OZG müssen der Bund und die Länder ihre Verwaltungsleistungen zu dem noch im einem Portalverbund verknüpfen. Obwohl im Gesetz lediglich auf die Portale des Bundes und der Länder eingegangen wird, kann man davon ausgehen, dass auch die Portale der Kommunen in dem Portalverbund integriert werden. Wahrscheinlich wurden die kommunalen Portale deswegen im Bundesgesetz nicht erwähnt, weil die Kommunen unter der Kommunalaufsicht der Länder stehen und diese für die Kommunen zuständig sind. Bei den ersten Schritten zur Umsetzung wurde aber schon deutlich, dass es sich um einen umfassenden Portalverbund handelt. Somit folgt der Portalverbund dem Gedanken des föderalen Aufbaus Deutschlands und ist die Verknüpfung aller Verwaltungsportale von Bund, Ländern und Kommunen [BMIB2020a].

Dies ist auch deswegen sinnvoll, da das Ziel des OZG, die Vereinfachung der Verwaltungsleistung, nur dann erreicht wird, wenn der Zugriff benutzerfreundlich erfolgt. Viele Bürger und Unternehmen suchen jedoch den Zugang zu den Verwaltungsleistungen über kommunale Einrichtungen, wie Stadtläden oder der kommunalen Internetpräsenz. Durch den Portalverbund können sie die von ihnen gewünschten Verwaltungsleistungen des Bundes, der Ländern oder der Kommunen künftig direkt, einfach und sicher über jedes Verwaltungsportal – egal, ob auf kommunaler, Landes- oder Bundesebene – erreichen [HMDS2020, Seite 2]. Dieser Aspekt hat noch den weiteren Vorteil, dass dadurch das Problem, dass viele verschiedene Verwaltungsleistungen von unterschiedlichen Verwaltungsebenen angeboten werden, entschärft wird und damit die Bündelung in Lebens- und Unternehmenslagen verbessert wird.

Der Portalverbund schafft zwar, dass man die Leistungen leichter darüber abrufen kann, er entbindet aber die Kommunen nicht, die Verwaltungsleistungen zu erbringen. Dabei ist wichtig zu klären, was unter einer Verwaltungsleistung verstanden wird. Auf die Frage, was darunter verstanden wird, geht das OZG in § 2 Absatz 3 ein. „Verwaltungsleistungen" sind danach die elektronische Abwicklung von Verwaltungsverfahren und die dazu erforderliche elektronische Information des Nutzers und die Kommunikation mit dem Nutzer über allgemein zugängliche Netze. Nach Stockmeier und Hunnius war der Begriff der Verwaltungsleistung in der Rechtswissenschaft bis zur Verabschiedung des Onlinezugangsgesetzes von untergeordneter Bedeutung und wurde eher in den Konzepten zur Reform der öffentlichen Verwaltung verwendet. So erfasst das Neue Steuerungsmodell (NSM) Verwaltungshandeln als Leistungen bzw. Produkte in Form von sogenannten Produkt- oder Leistungskatalogen. Dabei haben diese Kataloge den Anspruch, das Leistungsportfolio von Verwaltungen umfassend zu beschreiben (KGST1994). Für Bogumil stellen die Leistungen und Ergebnisse das „Ergebnis eines Leistungsprozesses im Verwaltungsbetrieb" dar [BOGU2009], die zu Steuerungszwecken als Output von Verwaltung bezeichnet werden [JANN2011, Seite 101 ff.]. Diese Definition ermöglicht die Anwendung von Controlling-Verfahren, wie in Abschn. 3.8 dargestellt. Das OZG § 2 Abs. 3 verwendet speziell den Begriff des Verwaltungsverfahrens,

der in VwVFG § 9 des Verwaltungsverfahrensgesetzes definiert wird. Danach handelt
es sich um eine nach außen wirkende Tätigkeit der Behörden, die auf die Prüfung der
Voraussetzungen, die Vorbereitung und den Erlass eines Verwaltungsaktes oder auf den
Abschluss eines öffentlich-rechtlichen Vertrags gerichtet ist. Es schließt den Erlass des
Verwaltungsaktes oder den Abschluss des öffentlich-rechtlichen Vertrags ein. Dazu
gehören auch reine Informations- und Kommunikationsakte, die für die Abwicklung eines
Verwaltungsverfahrens erforderlich sind [STOC2018, Seite 9 f.]. Nicht dazu gehören
interne Verwaltungsverfahren, -abläufe und -prozesse, da sie keine Außenwirkung entfalten, wie die Gebäude- und Grundstücksverwaltung von Behörden oder die Haushalts-
planaufstellung [STOC2018, Seite 5]. Das OZG erfasst auch nicht Verfahren, die nicht zur
Digitalisierung geeignet sind. In einigen Fällen besteht jedoch eine faktische, rechtliche
oder wirtschaftliche Unmöglichkeit [STOC2018, Seite 5]. Bei einer faktischen Unmöglichkeit kann die Verwaltungsleistung nicht digital erbracht werden. So können natürlich
keine Mülltonnen digital geleert werden. Es gibt natürlich auch Verfahren, die nicht möglich sind, weil sie gesetzlichen Vorgaben widersprechen, wie beispielsweise die Inaugen-
scheinnahme eines Antragstellers zum Abgleich mit dessen Foto. Letztlich besteht auch
eine wirtschaftliche Unmöglichkeit der Digitalisierung. Dabei steht die Digitalisierung in
einem groben Missverhältnis zum Aufwand. Hier muss man eine Kosten-Nutzen-Analyse
durchführen, die natürlich die Verwaltungsleistungen, die von Bürgern und Unternehmen
sehr selten nachgefragt werden, negativ ausfallen könnte. Dabei kommt es stark auf
Skaleneffekte an, die durch eine interkommunale Zusammenarbeit verbessert werden
kann. Die Genehmigung für den Betrieb einer neuen Seilbahn in Berlin gemäß Berliner
SeilbG gilt als exemplarisches Beispiel [STOC2018, Seite 5].

Da das Verwaltungsverfahrensgesetz zur Bestimmung des Umfangs des OZG
ungeeignet ist, wurde zur Ermittlung des Umfangs des OZG auf den Leistungskatalog
der öffentlichen Verwaltung (LeiKa) zurückgegriffen. Allerdings kann der LeiKa
nicht unmittelbar das Ergebnis liefern, da er u. a. auch interne Leistungen und reine
Informationsangebote enthält, die außerhalb des Geltungsbereiches des OZG liegen
[STOC2018, Seite 7]. Insgesamt hat der Leika einen Umfang von ca. 5900 Leistungen,
von denen nach einem Abschichtungsprozess 575 Leistungen übrig bleiben, die durch
das OZG umgesetzt werden müssen. Davon sind 115 „Typ 1-Leistungen", deren
Regelungs- und Vollzugskompetenz beim Bund liegt, 370 „Typ 2/3-Leistungen", deren
Regelungskompetenz beim Bund ist und die Umsetzungskompetenz bei Ländern
und Kommunen liegt und 90 „Typ 4/5-Leistungen", deren Regelungs- und Vollzugskompetenz bei Ländern und Kommunen angesiedelt ist [ITPL2020]. Aufgrund
der unterschiedlichen Typen wurden zwei Digitalisierungsprogramme entwickelt.
Im Digitalisierungsprogramm Bund werden die Typ 1-Leistungen von den Ressorts
gemeinsam mit dem Bundesministerium des Inneren, für Bau und Heimat (BMI)
bearbeitet. Die restlichen 460 Leistungen entfallen auf das Digitalisierungsprogramm
Föderal und werden gemeinsam vom Bund, den Ländern und den Kommunen umgesetzt.
Für Schmid leistet das OZG auch den Zweck der Aufstellung einer Prioritätenliste für
die Entwicklung von E-Government-Systemen. [SCHM2019b, Seite 10].

4.6.2 OZG-Strukturen des Digitalisierungsprogramms Föderal

Die Umsetzung der Typ 2/3- und Typ 4/5-Leistungen sind komplexer, da wesentlich mehr Akteure beteiligt sind. Da das Programm den föderalen Strukturen Rechnung tragen soll, müssen klaren Strukturen und Zuständigkeiten entwickelt werden. So übernehmen in diesem Programm einzelne Bundesländer gemeinsam mit den zuständigen Bundesressorts die Federführung für 14 unterschiedliche Themenfelder. Dadurch soll das Projekt effizienter gestaltet und Doppelstrukturen vermieden werden. Beides ist für die Beschleunigung des Programms richtig. Die Einbindung der Kommunen erfolgt im Digitalisierungsprogramm Föderal u. a. durch die Beteiligung der kommunalen Spitzenverbände und die Entsendung von Fachexperten aus den Kommunen (Abb. 4.3).

Ob dies ausreicht, die immerhin über 14.000 Kommunen optimal einzubinden, kann bezweifelt werden. Die Einbindung aller Beteiligten wird immer wieder als eine wesentliche Erfolgsgarantie beschrieben. Deshalb ist die Fokussierung auf Bund und Länder nicht zielführend, da in diesem Fall die Kommunen zu schwach eingebunden werden, obwohl diese die Majorität der Leistungen erbringen, wobei die Städte sogar die Hauptlast tragen. Diese Auffassung der arbeitsteiligen Umsetzung wird ausdrücklich von den Ländern begrüßt. So kann die Umsetzung des OZG nach Auffassung des Landes Hessen, das zwei Themenfelder federführend bearbeitet, nur dann erreicht werden, wenn alle Ebenen der Verwaltungen, d. h. Bund, Länder und Kommunen, ebenen- und ressortübergreifend in arbeitsteiliger und strukturierter Weise zusammenarbeiten [HDMS2019, Seite 2]. Das Land Hessen hat zur besseren Abstimmung mit seinen Kommunen eine Kooperationsvereinbarung geschlossen, in der auch gemeinsame organisatorische

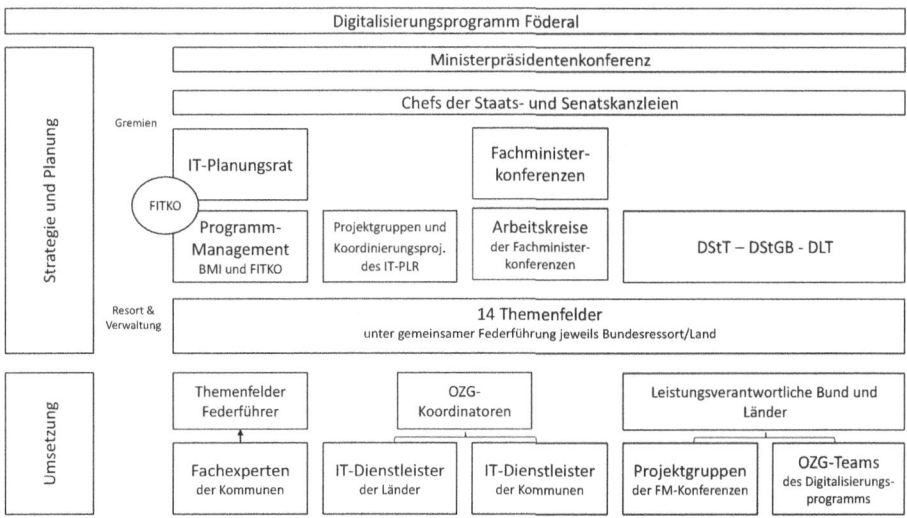

Abb. 4.3 Strukturen des Bundes zur OZG Umsetzung (Föderal). (Quelle: eigene Darstellung, stark angelehnt an [BMI2020d])

Strukturen aufgebaut werden. Gesteuert wird der Umsetzungsprozess vom Hessischen
Ministerium des Inneren und für Sport (HMdIS) und dem Hessischen Ministerium für
Digitale Strategie und Entwicklung (HMinD). Während das HMinD die strategische
Planung vornimmt, ist das HMdIS für die operative Umsetzung des OZG verantwortlich.
Zur Koordination wurde ein Steuerungsgremium eingesetzt, das einem E-Government-
Rat regelmäßig berichtet. Dem Steuerungsgremium gehören aber auch Vertreter der
kommunalen Spitzenverbände (KSpV), der Hessische Beauftragte für Datenschutz
und Informationsfreiheit (HBDI) sowie die ekom21, als der führende kommunale IT-
Dienstleister, an. Dieser Steuerungsgruppe ist u. a. eine Koordinationsstelle und ein
Projektbeauftragter zur Umsetzung zugeordnet, der drei Teilbereiche koordiniert. Die
technische Umsetzung erfolgt über das sogenannte Kommunale Kompetenzzentrum
Digitalisierung (KKD), das wiederum technische Umsetzungsteams zur Bearbeitung
unterschiedlicher Aufgaben einsetzt. Diese können u. a. der Prozessberatung, dem
Föderalen Informationsmanagement (FIM), dem Prozessdesign und Kommunikation
und Akzeptanzmanagement dienen. Weiterhin untersteht dem Projektbeauftragten die
Stabsstelle OZG-Modellkommunen. Zum eigentlichen Programmmanagement gehören
auch die kommunalen Digitalisierungsfabriken, in denen die Fachgruppen der KSpV,
die Projektkommunen, der IT Dienstleister und der FV-Hersteller mitarbeitet, damit
die eigentlichen OZG-Leistungen umgesetzt werden. Damit sind sowohl die Ebenen
der politischen Steuerung, der strategischen Steuerung und der operativen Steuerung
geschaffen (Abb. 4.4).

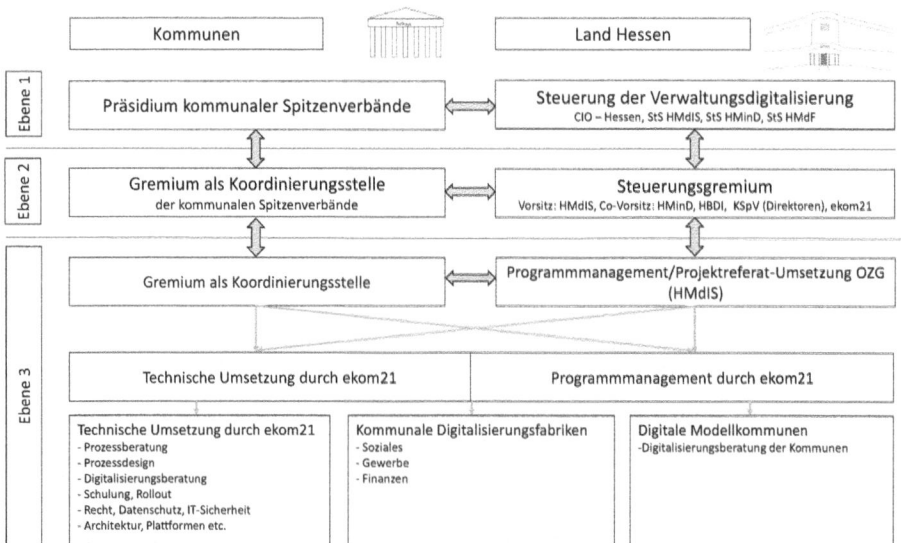

Abb. 4.4 Strukturen des Landes Hessen zur OZG-Umsetzung (kommunal). (Quelle: eigene Darstellung, basierend auf [SYRI2019, Folie 8,9])

4.6.3   Umsetzung des OZG

Neben dem Aufbau geeigneter organisatorischer Strukturen ist für die Umsetzung des Gesetzes die detaillierte Erfassung, Bündelung und Zuordnung der Verwaltungsleistungen notwendig. Die Erfassung erfolgt in dem vom IT-Planungsrat entwickelten OZG-Umsetzungskatalog [STOC2018]. Der ursprüngliche OZG-Umsetzungskatalog wird auf der OZG-Informationsplattform, die durch das BMI und der FITKO betrieben wird, fortentwickelt [BMI2020b]. Auf der Plattform wird der Fortschritt jeder einzelnen OZG-Leistung in Form unterschiedlicher Reifegrade festgehalten. Zur besseren Bündelung wurden außerdem 35 Lebens- und 17 Unternehmenslagen gebildet. Einzelne Bundesländer sind federführend bei der Umsetzung der OZG-Leistung eines gesamten Themenfeldes [BMI2020c]. Beispielhaft kann dies an der OZG-Leistung Gewerbesteuer aufgezeigt werden. Für das Themenfeld Steuern & Zoll ist das Bundesland Hessen verantwortlich. Dazu zählt u. a. die OZG-Leistung Gewerbesteuer, die mit der Kennnummer 10.234 und der Projektbezeichnung Kommunales Elster versehen ist und der Unternehmenslage Steuern & Abgaben zugeordnet ist. Weitere Informationen, wie z. B. das zuständige Bundesministerium, die Relevanz hinsichtlich EU-Richtlinien usw., kann man ebenfalls einsehen.

4.6.4   Kritik am OZG

Die föderalen Strukturen mit der darin induzierten Arbeitsteilung und die Entwicklung des OZG-Umsetzungskataloges bzw. OZG-Plattform stellen sich als gute Werkzeuge für die schnelle und effektive Umsetzung des OZG heraus. Auch die Bildung von Portalverbünden ist positiv, da dadurch der Zugang erleichtert wird. Die OZG-Leistungen sind jedoch gesetzlich primär auf die Frontend-Systeme fokussiert. Diese Begrenzung auf die Digitalisierung der Antragsformen, wodurch die Umsetzung des OZG in großen Teilen nur eine fundamentale Veränderung für den Bürger, nicht jedoch für die Verwaltung darstellt, hat erhebliche Nachteile, falls sie die nachfolgenden Teilprozesse nicht ebenfalls verändert. Zum einen kann leicht ein „Potemkinsches Dorf" entstehen, das heißt lediglich der Zugang wird erleichtert. Es unterbleibt aber eine umfassende Digitalisierung. Dadurch werden die Prozesse nicht medienbruchfrei realisiert und auch nicht effizient gestaltet. Vielmehr könnte es auch zu einer Unzufriedenheit kommen, da sich die Bearbeitungszeit nicht signifikant verbessert oder sogar noch verlangsamt. Eine Außenorientierung fand man schon im Programm „BundOnline 2005", mit dem mehr als 350 Dienstleistungen der Bundesverwaltung online zur Verfügung gestellt werden sollte [ZYPR2002, Seite 30]. Die damalige Initiative hat aber nicht dazu geführt, dass eine grundsätzliche Digitalisierung der Verwaltung stattgefunden hat.

Kritik erhielten die Initiativen dahin gehend, dass lediglich ein „Potemkinsches Dorf" in Form eines E-Services aufgebaut wurde, bei denen moderne Schnittstellen zu den Bürgern unmittelbar in medienbruchreiche und suboptimale Verwaltungsprozesse münden [WEIS2019, Seite 69]. Dieser Vorwurf stimmt insbesondere bei der Verwendung von Formularservern, die lediglich die Eingabe erleichterten. Es ist auch richtig, dass die Fokussierung auf ein E-Service die Potenziale einer umfassenden E-Administration nicht ausschöpfte. Das in der Anfangsphase überwiegend die Impulse hauptsächlich von technisch-affinen politischen Entscheidungsträgern kamen, ist natürlich auch richtig. Ob bei diesen immer die mediale Wirkung wichtiger war, als die Binnenorientierung des Transformationsprozesses kann teilweise zutreffen, ist aber mit der Theorie des Public Choice erklärbar.

4.6.5   Registermodernisierungsgesetz – RegMoG

Mit der Forderung nach Einhaltung des Once-Only-Prinzips auf der EU Ebene ergeben sich auch Handlungsbedarfe für die einzelnen Mitgliedsländer bzw. auch für die Kommunen. Das resultiert schon allein daraus, dass die Datenhaltung natürlicher und juristischer Personen in der Bundesrepublik Deutschland der staatlichen Strukturen und fachlichen Zuständigkeiten überwiegend dezentral organisiert wurde. So geht der der Nationale Normenkontrollrat in einem Gutachten aus dem Jahr 2017 von ca. 220 zentralen und dezentralen Datenregistern aus. Vielfach wurde schon auf die Nachteile der redundanten, dezentralen Datenhaltung hingewiesen (siehe Abschn. 2.9.). Im Referentenentwurf zur Änderung der RegMoG wird deshalb darauf hingewiesen, dass dadurch einerseits Inkonsistenzen und Redundanzen in der Datenhaltung sowie andererseits sich wiederholende Datenerhebungen bei betroffenen Personen ergeben. Weiterhin geht man davon aus, dass die Bürger nicht bereit seien, beim Kontakt mit der Verwaltung für die Beantragung von Leistungen immer wieder die gleichen Daten angeben zu müssen, die sie an anderer Stelle der Verwaltung bereits abgegeben haben. Außerdem widerspricht eine redundante Datenhaltung dem Gebot der Datenminimierung. Um dies künftig zu vermeiden, aber gleichzeitig die föderal-dezentrale Datenhaltung für die Verwaltung zu erhalten, muss die Datenhaltung qualitativ verbessert und miteinander abgestimmt werden. Die Probleme lassen sich nur durch ein registerübergreifendes Identitätsmanagement mit einem eindeutigen und veränderungsfesten Ordnungsmerkmal (Identifikationsnummer) vermeiden. Dies wird durch das Registermodernisierungsgesetz (RegMoG) geregelt. Dabei soll auf die vorhandenen Strukturen der Steuer-Identifikationsnummer nach § 139b der Abgabenordnung aufgesetzt und diese um die für ein registerübergreifendes Identitätsmanagement notwendigen Elemente ergänzt werden. Das RegMOG ergänzt in diesem Sinne auch das OZG. Die Kommunen werden durch diese Gesetzesinitiative auch betroffen sein, da sie spätestens nach 10 Jahren ihre Änderungen auch vornehmen müssen. Kritik gegen diesen Entwurf wurde u. a. aus datenschutzrechtlichen Gründen angeführt. Auf die Bedeutung des Identitätsmanagements wird in Abschn. 10.3. näher eingegangen.

4.7 Kommunale Initiativen

Neben den Richtlinien, Gesetzen und Verordnungen der EU, des Bundes und der Länder entwickeln natürlich auch die Kommunen eigene Initiativen, die sie als Beschlüsse durch den Kreistag, die Stadtverordnetenversammlung oder des Gemeindesrates bekräftigen. Solche Initiativen sind auch notwendig, da es spezifische kommunale Leistungen gibt, die keine OZG-Leistungen sind. So gibt es in den Kommunen beispielsweise Seniorenpässe, Ehrenamtskarten usw., die sehr spezifische Ausprägungen haben.

Die Stadt Frankfurt hat beispielsweise im Jahr 2013 eine E-Government-Strategie beschlossen mit der sie vor allem den Bürger- und Unternehmensservice verbessern und die Transparenz des Verwaltungshandelns erhöhen, die Beteiligungsmöglichkeiten der Bürgerinnen und Bürger optimieren, eine Kostenreduktion (Verbesserung der Effizienz) herbeiführen und dem Nachhaltigkeitsaspekt (Green IT und ressourcenschonende Geschäftsprozesse) Rechnung tragen will [FRAN2013]. Weiterhin hat die Stadt Frankfurt am Main eine eigene Top-30-Liste von Digitalisierungsprojekten beschlossen. Für die technische Umsetzung dieser digitalen Verwaltungsleistung wird innerhalb der Stadt Frankfurt am Main das Antrags- und Fallmanagementsystem Civento genutzt.

Auch kleinere Städte entwickeln ihre eigenen Strategien, die aber nicht immer auch umgesetzt werden. Vielmehr muss man häufig ein Scheitern feststellen. So hat die Stadt Hanau im Jahr 2017 die Digitalisierungsstrategie „Digitale Offensive 2025" beschlossen, in der sie die Transformation von 150 Verwaltungsleistungen anstrebt [HANA2017a] [HANA2017b]. Dabei baute die Digitalisierungsstrategie auf bereits vorher erarbeitete Konzepte auf. Die erste E-Government-Strategie wurde von der Stadt Hanau schon 2002 bzw. 2006 erarbeitet. Ausgangspunkt waren Beschlüsse der Stadtverordnetenversammlung im Jahr 2002 bzw. 2006. Parallel zu den Beschlüssen zur Entwicklung eines E-Government wurde ein parlamentarisches Ratsinformationssystem ALLRIS eingeführt und der Internetauftritt der Stadt Hanau durch ein Content-Management-System verbessert. Die erste E-Government-Strategie umfasste eine dreistufige Konzeption der Stadtverwaltung. Die Informationen über die Aktivitäten der Stadt Hanau sollten im Internet durch das Portal www.hanau.de präsentiert werden. Dies wurde auch umgesetzt. Weiterhin sollte das Abrufen von Formularen und die Kontaktaufnahme per E-Mail ermöglicht werden. Als eigentliche Digitalisierung war vorgesehen, dass die Geschäftsprozesse digital aus dem Internet gestartet und eine digitale Unterschrift ermöglicht werden sollte [HANA2017b, Seite 6]. Letzteres wurde nicht realisiert.

Eine zweite E-Government-Strategie wurde im November 2010 vom Institut für kooperative Systeme erarbeitet [HANA2010a]. Hier wurde ein Konzept in fünf Stufen vorgeschlagen. In der ersten Stufe sollte die technische Infrastruktur geschaffen werden. Üblich für den technischen Stand vor 10 Jahren sollte die erste Stufe u. a. ein Portal zur Authentifizierung, ein Content-Management-System, ein Dokumentenmanagement und elektronische Archivierung, ein Fachverfahrensadapter, ein Formularserver sowie ein E-Payment-System umfassen. Zur Verbesserung war eine Sicherheits-Infrastruktur, die

Zuweisung von Rollen und Rechten, ein Mitarbeiterportal sowie mögliche Integration anderer Webauftritte in das Portal vorgesehen. Danach sollten in einer dritten Phase ausgewählte Prozesse aufgrund einer Prioritätenliste umgesetzt werden und die Umsetzung der EG-Dienstleistungsrichtlinie erfolgen. In der anschließenden vierten Phase war der weitere Aufbau der Infrastruktur vorgesehen. Dazu wurden ein Workflow-System-Management-System, ein elektronisches Identitätskennzeichen sowie eine virtuelle Poststelle vorgeschlagen. In der letzten, der fünften Phase sollten weitere Anwendungen geschaffen werden. Die Konzeption wurde leider nur sehr spärlich umgesetzt. Ursache dafür war, dass ein Investitionsplan fehlte und auch keine Kosten-Nutzen- Analyse stattgefunden hatte. Inwieweit nun die dritte Strategie umgesetzt wird, bleibt abzuwarten. Sicherlich sind die gesetzlichen Rahmenbedingungen für kommunale Strategien durch die E-Government-Gesetze des Bundes und des Landes Hessen und dem OZG-Gesetz besser. Trotzdem zeigt sich, dass kommunale Alleingänge häufig zwar medienwirksam beschlossen werden, aber deren Umsetzung nur schleppend vorankommt.

Hamburg gilt in Deutschland als eine der erfolgreichsten Städte in Hinblick auf die digitale Transformation. So hat sich die Stadt schon frühzeitig mit der Frage, wie man eine Smart City gestalten kann, beschäftigt. Hierzu wurde 2014 eine strategische Partnerschaft mit dem Unternehmen CISCO eingegangen [HAMB2014]. Schon aus dieser Sichtweise wird deutlich, dass die Freie Hansestadt ein umfassendes Konzept entwickeln will. Dazu wurde 2015 das Strategiepapier „Digitale Stadt 2015" verabschiedet, dass u. a. die Themenfelder digitale Infrastruktur, digitale Kommunikation und digitale Daseinsvorsorge konkretisierte und acht größere Projekte skizzierte. Neben diesen Projekten wurden aber auch zahlreiche kleinere Vorhaben angeschoben. [HAMB2015]. Ein Teil der Projektlandschaft war die digitale Verwaltung. Hier wurden auch die wesentlichen Aspekte, wie Online-Plattform, E-Service, E-Administration und Open Data behandelt [HAMB2015, Seite 2 f.]. 2020 erneuerte Hamburg seine Strategie mit der Digitalstrategie für Hamburg [HAMB2020]. Hier wird ein Resümee gezogen, welche Projekte schon realisiert wurden und die Forderung nach einer umfassenden Transformation erneuert. Dabei wird speziell auf die digitale Verwaltung eingegangen. So sollen im Rahmen des Onlinezugangsgesetzes (OZG) bis 2022 alle Verwaltungsleistungen digital abrufbar sein [HAMB2020, Seite 36]. Aber auch im Bereich E-Administration sieht die Stadt erhebliche Potenziale. Diese werden in der Effizienzsteigerung, der Prozessoptimierung, in der Schaffung neuer Prozesse und in der Bereitstellung neuer Softwarestandards und technischer Innovationen, insbesondere auch bei bestehenden IT-Fachverfahren, gesehen. Die Hamburger Verwaltung setzte 2020 ca. 800 IT-Fachverfahren zur Bewältigung ihrer Aufgaben ein [HAMB2020, Seite 37]. Ebenso wird die bestehende ERP-Systemlandschaft durch ERP HANA Architektur erweitert. [HAMB2020, Seite 38]. Auf die Problematik der Anpassung der bestehenden IT-Strukturen an die Anforderung einer prozessorientierten Verwaltung wird in Abschn. 10.4. eingegangen. Die digitale Strategie für Hamburg ist ebenso eine umfassende Strategie, die die gesamte Stadtentwicklung im Blick hat.

Insgesamt kann man feststellen, dass es unterschiedliche Haltungen gegenüber der Digitalisierung gibt. Bei einer Clusteranalyse der prioritären Digitalisierungsziele des Kompetenzzentrums Öffentliche IT und des Fraunhofer-Instituts für Offene Kommunikationssysteme FOKUS konnten vier Typen von Kommunen identifiziert werden. Es gibt eine Gruppe, die als Bedächtige bezeichnet wird und die ihren Fokus auf rechtlichen Vorgaben und Fördermittel hat. Die zweite Gruppe, die Optimierer, haben vor allem die Effizienz und Effektivität der Verwaltungsleistungen und -prozesse im Blick. Die Serviceorientierten legen Wert auf die Steigerung der Attraktivität einer Kommune und wollen die Bürgernähe der Verwaltung stärken. Die letzte Gruppe sind die Community Manager, die insbesondere die kommunale Daseinsvorsorge und die örtliche Gemeinschaft fördern wollen [KREL2020, Seite 5]. Je nach Typus der Kommune werden auch andere Strategien entwickelt.

Literatur

[BMI2006] Bundesministerium des Inneren: E-Government 2.0 – Das Programm des Bundes, Berlin (2006)

[BMI2010] Bundesministerium des Inneren: Abschlussbericht – E-Government 2.0 – Das Programm des Bundes, Berlin (2010)

[BMI2012] Bundesministerium des Inneren: FIM – E-Government mit Zukunft, Berlin, in: https://www.bmi.bund.de/SharedDocs/downloads/DE/veroeffentlichungen/themen/moderne-verwaltung/foederales-informationsmanagement.html (zugegriffen: 4. Okt. 2020) (2012)

[BMI2020b] Bundesministerium des Inneren, für Bau und Heimat: OZG-Informationsplattform; in: https://informationsplattform.ozg-umsetzung.de/iNG/app/intro

[BMI2020c] Bundesministerium des Inneren, für Bau und Heimat: eGovernment; in: https://www.cio.bund.de/Web/DE/Strategische-Themen/E-Government/egovernment_node.html

[BMI2020d] Bundesministerium des Inneren, für Bau und Heimat: Digitalisierungsprogramm Föderal, in: https://www.onlinezugangsgesetz.de/Webs/OZG/DE/umsetzung/-digitalisierungsprogramme/foederal/foederal-node.html (zugegriffen: 6. Okt. 2020)

[BOGU2009] Bogumil, J., Jann, W.: Verwaltung und Verwaltungswissenschaft in Deutschland: Einführung in die Verwaltungswissenschaft. VS-Verlag für Sozialwissenschaften, Wiesbaden (2009)

[BUND2010] Deutscher Bundestag: Gesetz zum Vertrag über die Errichtung des IT-Planungsrats und über die Grundlagen der Zusammenarbeit beim Einsatz der Informationstechnologie in den Verwaltungen von Bund und Ländern – Vertrag zur Ausführung von Artikel 91c GG in: https://dipbt.bundestag.de/extrakt/ba/WP17/220/22060.html (zuletzt zugegriffen 21.9.2020)

[BUND2014] Bundesregierung: Digitale Agenda 2014–2017, Berlin 2014

[BUND2019a] Deutscher Bundestag: Sachstandsbericht: E-Government in Deutschland – Aktueller Stand auf Bundes- und Landesebene, Berlin 2019

[BUND2019b]   Bundesregierung Deutschland: Bericht der Bundesregierung zur Evaluierung des Gesetzes zur Förderung der elektronischen Verwaltung sowie zur Änderung weiterer Vorschriften, BT-Drs. vom 13.05.2019, S. 3. (Bundesdrucksache 19/10310 vom 13.05.2019), Berlin 2019

[GRAB2002]   Grabow, B.; Siegfried, C.: Virtuelle Rathäuser und die MEDIA@Komm-Modellprojekte, Speyer 2002, in: [REIN2002] Seite 151–178

[DESI2020a]   Kommission der Europäischen Gemeinschaft: Digital Economy and Society Index 2020, in: https://ec.europa.eu/digital-single-market/en/digital-economy-and-society-index-desi (zuletzt zugegriffen 30.11.2020)

[DESI2020b]   Kommission der Europäischen Gemeinschaft: Digital Economy and Society Index (DESI) 2020 – Digital public services, in: https://ec.europa.eu/digital-single-market/en/digital-public-services [zuletzt aufgerufen 30.11.2020)

[DESI2020c]   Kommission der Europäischen Gemeinschaft: Index für die digitale Wirtschaft und Gesellschaft (DESI) – Deutschland, in: https://ec.europa.eu/digital-single-market/en/scoreboard/germany (zuletzt aufgerufen 30.11.2020)

[EUKO2001]   Kommission der Europäischen Gemeinschaft: eEurope2002 – Auswirkungen und Prioritäten, Brüssel 2001

[EUKO2002]   Kommission der Europäischen Gemeinschaft: eEurope 2005: Eine Informationsgesellschaft für alle, Brüssel2002

[EUKO2020c]   Kommission der Europäischen Gemeinschaft: Verordnungen, Richtlinien und sonstige Rechtsakte, in: https://europa.eu/european-union/eu-law/legal-acts_de(zuletzt zugegriffen 21.9.2020)

[EUPA2020a]   Europäisches Parlament: Stellungnahme des Ausschusses für Industrie, Forschung und Energie zum EU-E-Government-Aktionsplan 2016–2020; in https://www.europarl.europa.eu/doceo/document/A-8-2017-0178_DE.html#title3 (zuletzt zugegriffen 22.9.2020)

[EUPA2018]   Parlament, E.: Verordnung (EU) 2018/1724 über die Einrichtung eines einheitlichen digitalen Zugangstors zu Informationen. Verfahren, Hilfs- und ProblemlösungsdienstenAmtsblatt der Europäischen Union, Brüssel (2018)

[FRAN2013]   Stadt Frankfurt: E-Government-Strategie, Vorlage M81 zur Stadtverordnetenversammlung, Frankfurt (2013)

[FREN2016]   Frenz, W.: Europarecht, 2. Auflage, Springer, Berlin (2016)

[HAMB2014]   Stadt Hamburg: Hamburg and Cisco agree on Cooperation, in: https://www.hamburg.de/smart-city/4311574/cisco-english/. (Zugegriffen: 11. Okt. 2020)

[HAMB2015]   Stadt Hamburg: Digitale Stadt 2015 – Die Digitalisierung der großen Stadt – Chancen für Wirtschaftskraft, Kommunikation und öffentliche Dienstleistungen, in: https://www.hamburg.de/contentblob/9260384/ed1cb41d024dbef3f62bd9cd834ca838/data/strategie-deutsch.pdf. (Zugegriffen: 10. Okt. 2020)

[HAMB2020]   Stadt Hamburg: Digitalstrategie für Hamburg, in: https://www.hamburg.de/contentblob/13508768/703cff94b7cc86a2a12815e52835accf/data/download-digital-strategie-2020.pdf. (Zugegriffen: 10. Okt. 2020)

[KREL2020]   Krellmann, A.; Opiela, N.; Groß, M.; Weber, M.: Digitale Kommune: eine Typfrage, FOKUS und Kompetenzzentrum Öffentliche IT (BMIBH), Berlin – Köln (2020)

[ITPL2010]   IT-Planungsrat: Aktionsplan Deutschland-Online, in: https://www.it-planungsrat.de/SharedDocs/Downloads/DE/Projekte/Aktionsplan_2011.pdf;jsessionid=4108899882273F5DD896226C3C5AB425.1_cid350?__blob=publicationFile&v=2 (zuletzt zugegriffen am 26.10.2020)

[ITPL2020]   IT-Planungsrat: Digitalisierungsprogramm des IT-Planungsrats, in: https://
                www.it-planungsrat.de/DE/ITPlanungsrat/OZG-Umsetzung/Digitalisierungs-
                programm/DigPro_node.html (zuletzt zugegriffen 20.7.2020)

[JAKO2019]   Jakob, T.: E-Government in Deutschlandin: [BUSC2019], Seite 191–224

[KLEI2017a]   Klein, M.: Was ist ein Single Digital Gateway?, in: https://www.egovernment-
                computing.de/was-ist-ein-single-digital-gateway-a-782296/. (zugegriffen: 10.
                Sept. 2020)

[KLEI2020]   Klein, M.: „Arbeitsmuskel" soll föderale Zusammenarbeit auf neue Ebene
                heben, in: https://www.egovernment-computing.de/arbeitsmuskel-soll-foederale-
                zusammenarbeit-auf-neue-ebene-heben-a-946191/. (zugegriffen: 10. Sept. 2020)

[SCHM2019b]   Schmid, A.: Verwaltungsinformatik und eGovernment im Zeichen der
                Digitalisierung - Zeit für ein neues Paradigma, in: [SCHM2019a], Seite 3–21

[STEI2014]   Steiner, F.: Kommentar zur Digitalen Agenda: Leere Phrasen statt politischer
                Entscheidungen, in: https://www.heise.de/newsticker/meldung/Kommentar-zur-
                Digitalen-Agenda-Leere-Phrasen-statt-politischer-Entscheidungen-2297601.
                html. (zugegriffen: 10. Sept. 2020)

[STOC2018]   Stocksmeier, D.; Hunnius, S.: OZG-Umsetzungskatalog, Bundesministerium des
                Inneren, für Bau und Heimat, Berlin (2018)

[SYRI2019]   Umsetzung des Onlinezugangsgesetzes (OZG) in Hessen, Werkstattbericht
                Mobilität und Reisen, HMdIS, Wiesbaden 2019, in: https://wirtschaft.hessen.
                de/sites/default/files/media/hmwvl/umsetzung_des_onlinezugangsgesetzes_in_
                hessen_dr_anja_syring_hmdis.pdf. (zugegriffen: 30. Dez. 2020)

[WEIS2019]   Weiß, J.: Zwischen Alexa und Arbeitsmappe: Was lässt sich aus der Entwicklung
                des E-Governments für die Digitalisierung der öffentlichen Verwaltung lernen?,
                in: [SCHM2019a], Seite 67–88

[ZYPR2002]   Zypries, B.: BundOnline 2005 – die nächsten Schritte der eGovernment-Initiative
                des Bundes, in: [SCHU2002], Seite 29–45 oder, (2002) https://dl.gi.de/bitstream/
                handle/20.500.12116/30189/GI-Proceedings.20–4.pdf?sequence=1&isAllowed=y.
                (zugegriffen: 27. Okt. 2020)

Teil einer Smart-City-Konzeption

5.1   Ausgangssituation

E-Government-Systeme sollte man nicht isoliert, sondern immer im Rahmen einer Gesamtstrategie zur digitalen Transformation betrachtet werden. Es sind immer Interdependenzen zu anderen Bereichen einer Kommune vorhanden, die genutzt werden können. Die umfassendsten Ansätze sind diesbezüglich Konzeptionen für Smart Cities oder Smart Country. Dabei kann man „smart" einfach mit „klug, pfiffig oder elegant" übersetzen. Jürgens definiert den Begriff „Smart City" als ein Stadtentwicklungskonzept, das zum Ziel hat, alle kommunalen Services – öffentliche wie private, selbst erstellte wie durch Dritte betriebene – möglichst energie-, zeit- und kosteneffizient sowie bequem für die Nutzer anzubieten [HEUE2018, S. 63].

In Deutschland werden neben den großen Städten auch Landkreise eine wichtige Rolle beim Aufbau von E-Government-Systemen spielen, da kleinere Gemeinden oder Städte nicht über genügend organisatorische Möglichkeiten verfügen, um eine smarte Konzeption zu verwirklichen. Deswegen ist auch der Begriff Smart County gerechtfertigt. Man braucht eine kritische quantitative aber auch qualitative Größe einer Gebietskörperschaft, damit sich der Aufbau überhaupt lohnt und damit auch Akzeptanz geschaffen wird. Kleinere Kommunen müssen einen Zusammenschluss suchen, dadurch erhalten die Landkreise eine weitere Aufgabe. Großstädte, die mehr als 500.000 Einwohner haben, werden aber eine besondere Rolle spielen. Das kann man schon heute daran sehen, dass bei dem Smart City Ranking Großstädte meistens die vorderen Plätze belegen. Natürlich können auch kleinere Städte, wie beispielsweise Darmstadt Pionierarbeit leisten, sofern die politische Spitze diese Entwicklungen forciert. Inwieweit Landesinitiativen, wie die Projekte Digitale Dörfer (Rheinland-Platz) oder Digitales Dorf/eDorf (Bayern) [HEUE2018, S. 61 ff.] einen Beitrag zur Digitalisierung des ländlichen Raums leisten, muss weiter beobachtet werden. Ob diese wenigen

R.-R. Piesold, *Kommunales E-Government,*
https://doi.org/10.1007/978-3-662-63094-5_5

Leuchtturmprojekte jedoch viele andere Gemeinden ohne Fördermittel dazu anregen, gleiche Wege zu beschreiten, ist offen [HEUE2018, S. 61] oder kann bezweifelt werden. Zumal die Grundidee nicht primär die Digitalisierung der Verwaltung ist.

Die Städte bestimmen primär das Tempo der Entwicklung und erweisen sich in ihrer Vorbildfunktion als gesellschaftspolitische Impulsgeber, so sieht es zumindest die ehemalige Oberbürgermeisterin der Stadt Frankfurt und Präsidentin des Deutschen Städtetages, Petra Roth [ROTH2011, S. 11]. Die Zukunft liegt in der Stadt, da deren Dichte beispielsweise eine effiziente Ver- und Entsorgung möglich macht. Auch moderne Bildungseinrichtungen oder kulturelle Höchstleistungen können besser erbracht werden. Selbst Teilbereiche der Wirtschaft, beispielsweise der Dienstleistungs- oder Bankensektor, funktionieren in einer urbanen Struktur eindeutig besser. Die Mobilität kann aufgrund des steten Wachstums der Bevölkerung mit den verbundenen Skalenvorteilen und dank der kurzen Wege effizient abgewickelt werden. Smart Cities schonen ihre Ressourcen, können das Leben in kleinzelligen, urbanen Strukturen nachbarschaftlich, umwelt- und lebensfreundlich gestalten [MEIE2016a, S. IX].

5.2   Trend zur Urbanisierung

Nach Prognosen der Vereinten Nationen, die auf einer mittelvarianten Projektion beruhen, wird die Weltbevölkerung bis 2050 auf ca. 9,7 Mrd. Menschen anwachsen. Sie kann aber unter anderen Voraussetzungen auch auf über 10 Mrd. Menschen ansteigen [UNNA2019, S. 5 f.]. Dieses Wachstum betrifft in erster Linie den afrikanischen Kontinent, während für Europa und Nordamerika fast kein Bevölkerungswachstum prognostiziert wird. Neben diesem Trend zum Wachstum der Weltbevölkerung kann man einen weiteren Trend hin zur Urbanisierung feststellen. Während im Jahr 1950 noch 30 % der Bevölkerung in den Städten gelebt hat, werden es 2050 schon 70 % sein. Das heißt es werden ca. 7 Mrd. Menschen, dann in Städten, Stadtkreisen oder Metropolregionen leben. So prognostizieren auch die Vereinten Nationen bis 2030 eine hohe Zunahme an Megacities, beispielsweise werden 43 Städte mehr als 10 Mio., 66 Städte zwischen 5 und 10 Mio. und 597 Mio. mehr als 1 Mio. Einwohner haben [UNNA2018, S. 3]. Delhi wird mit über 38 Mio. Einwohnern Tokyo als größte Stadt der Erde ablösen, das weiterhin mit 37 Mio. Einwohner eine beachtliche Größe hat. In Europa kommen nur London, Moskau und Istanbul über 10 Mio. Einwohner. Die meisten Megacities wird es in Asien geben. In Deutschland kommt keine der bisherigen Städte nur annähernd auf diese Größenordnung. Einzelne Metropolregionen, wie beispielsweise das Rhein-Main-Gebiet mit der Stadt Frankfurt, erreichen zumindest Größenordnungen, die in der zweiten Kategorie einzuordnen wären. Insgesamt tendieren deutsche Kommunen zu kleineren Einheiten. Natürlich hat diese Entwicklung auch Einfluss auf die Frage, wo die Wirtschaftsleistung erbracht wird. Nach Berechnungen der Weltbank werden fast 80 % des GDP oder BIP in den Städten erzeugt [WORL2020].

Sowohl die Vereinten Nationen, als auch die Weltbank sehen deshalb auch in den Städten ein hohes Potenzial, durch Innovationen verschiedene ökologische und ökonomische Probleme zu lösen. In diesem Zusammenhang sind natürlich Entwicklungen, die hin zu einer Smart City führen, positiv zu bewerten. Für Deutschland bedeutet die Kleingliedrigkeit, dass die Entwicklung einen erheblich höheren Koordinationsaufwand verursacht. Größere Städte, die weit mehr als 10 Mio. Einwohner haben, haben hier Skalenvorteile, dies gilt insbesondere für chinesische Städte, die schon heute einen hohen Grad des Technikeinsatzes aufweisen.

5.3 Kriterien einer Smart City

Eine Smart City ist eine intelligent gesteuerte Stadt, die verschiedene Kriterien erfüllen muss. Das älteste Kriterium prägte Mitchell 1999, in dem er festlegte, dass in Smart Cities intensiv Methoden und Verfahren aus der IuK-Technologie angewendet werden [MITC2000, S. 13 ff.]. Aus der starken technischen Betrachtung, die zum Zeitpunkt des Erscheinens seines Buches durchaus visionär war, entsprang auch die erste Kritik, indem man dem Gedanken der Smart City eine gewisse Technikgläubigkeit unterstellte. Aus der heutigen Zeit kann man jedoch eindeutig festhalten, dass die technischen Möglichkeiten hinreichend gegeben sind. Man sollte deshalb dieses Kriterium als eine Basis verstehen, mit der man darauf hinweist, dass eine Smart City einen hohen Grad der Technisierung aufweist, da man sonst die Idee nicht in die Praxis umsetzen kann. Aus dem technischen Kriterium resultiert ein weiteres Charakteristikum einer Smart City, das man als ein ökonomisches Kriterium bezeichnen sollte. Alle Produktions-, Dienstleistungs- und Verwaltungsprozesse in einer Smart City sollen in digitaler Form stattfinden. Der Schritt zur Prozessoptimierung ist somit leicht zu vollziehen. Dadurch wird eine Smart City ihre Leistungen wesentlich leichter erbringen können als eine Stadt, die die bisherigen Steuerungsverfahren weiterhin anwendet. Das gilt natürlich auch für den Bereich der kommunalen Verwaltung, die primär als E-Government-System konzipiert sein sollte. Vielleicht dem Zeitgeist geschuldet, aber auch aufgrund des ökonomischem Kriteriums werden Smart Cities auch in Hinblick auf ihre ökologische Ausrichtung bewertet, somit gibt es ein weiteres ökologisches Kriterium. Smart Cities sind nachhaltige Städte. Dies kann dadurch erreicht werden, dass zur Verbesserung der ökologischen Situation auch Methoden und Verfahren aus der IuK-Technik, wie beispielsweise Big Data und KI-Verfahren Anwendung finden. Das letzte Kriterium kann man als gesamtgesellschaftliches bezeichnen. Durch Open Data, E-Partizipation oder E-Democracy können sich in einer intelligenten Stadt die Bürger bei den zahlreichen Prozessen einer Stadt beteiligen. Auch wenn gegenüber der Konzeption eines Bürgerhaushalts immer wieder berechtigte Kritik geübt wird, sollte man insgesamt den Grundgedanken der stärkeren Einbindung der Bürgerschaft und anderer Stakeholder, weiterentwickeln.

5.4   Die sieben Dimensionen einer Smart City

Der Reifegrad einer Smart City lässt sich besser bestimmen, wenn verschiedene Dimensionen einzeln betrachtet und die Einzelergebnisse aufsummiert werden. Häufig werden zur Bewertung die sechs Dimensionen, Smart Living, Smart People, Smart Governance, Smart Economy, Smart Environment und Smart Mobility sowie verschiedene Indikatoren für das Ranking herangezogen [COHE2014] [EJAZ2019]. Meier erweitert diese noch um die Dimension Smart Education [MEIE2019, S. 5 ff.]. Um den Reifegrad der gesamten Smart City besser darzustellen, lässt sich eine Skalierung mit den Stufen 1 bis 5 vornehmen (Abb. 5.1).

Der Digitalverband Bitkom führt jedes Jahr ein Ranking hinsichtlich der Entwicklung zu Smart Cities durch [BITK2020]. In dieser Studie werden fünf Dimensionen näher untersucht. Neben der Verwaltung, d. h. dem E-Government, werden noch die Dimensionen IT und Kommunikation, Energie und Umwelt, Mobilität sowie Gesellschaft betrachtet. Die Bitkom will mit ihrem Ranking Tempomacher, Nachzügler, aber auch Faktoren, die eine Digitalisierung fördern, identifizieren. Dabei erhebt die Bitkom auch den Anspruch, den Digitalisierungsstand der deutschen Großstädte zu messen [BITK2020, S. 5]. 2019 wurde als smarteste Stadt wiederum die Hansestadt Hamburg gekürt, die mit großem Abstand dieses Ranking anführt. Im Bereich Verwaltung sieht es jedoch etwas anders aus, da in dieser Dimension die Stadt Mannheim den Spitzenplatz einnimmt. Die Kriterien zur Bewertung des Digitalisierungsgrades sind dabei

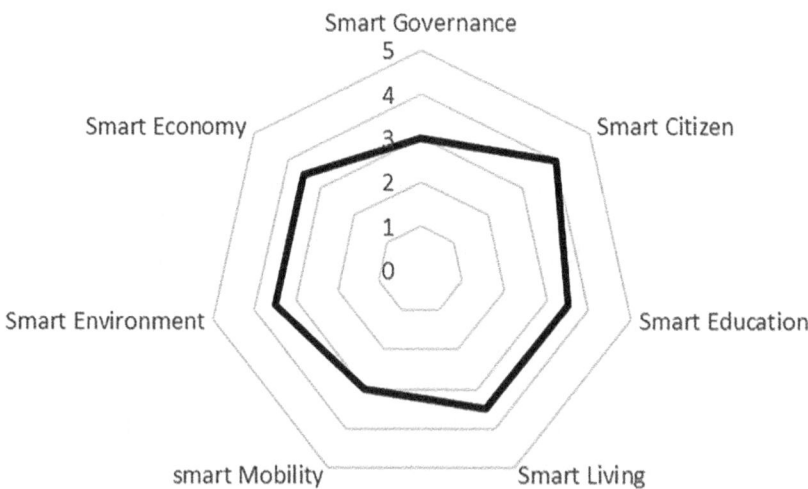

Abb. 5.1 Reifegradmessung bei einer Smart City. (Quelle: eigene Darstellung, angelehnt an [MEIE2016a, S. 6])

Tab. 5.1 TOP 10 des Smart City Index2019 der Bitkom. (Quelle: eigene Darstellung, angelehnt an [BITK2020])

TOP 10 des Bitkom Smart City Index 2019

Rang	Stadt	Gesamt-bewertung	Ver-waltung	IT und Kommunikation	Energie und Umwelt	Mobilität	Gesell-schaft
1	Hamburg	**79.5**	70.6	82.7	61.4	93.7	89.3
2	Karlsruhe	**69.0**	65.1	67.8	54.4	95.2	62.5
3	Stuttgart	**68.6**	57.6	78.0	52.5	97.0	57.8
4	Berlin	**68.1**	76.3	69.3	52.0	75.5	67.3
5	München	**67.7**	73.0	82.2	49.0	83.8	50.3
6	Heidel-berg	**65.5**	69.3	56.8	55.1	87.5	59.0
7	Bonn	**62.4**	75.8	66.4	31.3	64.7	73.9
8	Köln	**62.2**	68.4	83.5	40.7	54.7	63.9
9	Dortmund	**61.7**	75.3	54.0	49.6	59.3	70.4
10	Darmstadt	**61.1**	66.6	61.9	55.9	59.1	62.0

das Vorhandensein eines Dokumentenmanagementsystems und die Abwicklung von E-Rechnungen, das bargeldlose Bezahlen und E-Payment, die Online-Terminvergabe, ein Online-Bürgerservice, die Website und Kommunikations-Tools, die Social-Media-Präsenz sowie eine City-App, die u. a. touristischen Zwecken dienen kann. Inwieweit eine vollständige Automatisierung der Verwaltungsprozesse vollzogen wird, kann die Studie nur indirekt erfragen. Trotzdem ist das Ranking wertvoll, da es Anhaltspunkte für die Aktivitäten der Städte gibt. Interessanterweise sind es insbesondere Universitätsstädte, in denen auch große IT-Unternehmen angesiedelt sind, die im Ranking gut abschneiden. Offensichtlich trägt dieser Umstand auch zu einer Bevölkerungsstruktur bei, die IT-affin ist, was wiederum die Entwicklung eines E-Governments begünstigt (Tab. 5.1).

5.5 Verwaltung 4.0

Der Begriff Verwaltung 4.0. stammt ursprünglich von Hogrebe und Kruse [HOGR2014, S. 29 f.]. Teilweise wird er als „Containerbegriff" bezeichnet, in dem alte Konzepte und Ideen einfach nur neu aufgelistet werden [HEUE2018, S. 12] und keine eindeutige Definition hat. Auch wenn es sich bei den 4.0.-Begriffen teilweise um Schlagworte handelt, beinhalten sie aber grundsätzlich eine Grundidee. Man kann die Begriffe E-Government und Verwaltung 4.0. nicht gleichsetzen, da der Gedanke der Verwaltung 4.0. die weitgehende Vernetzung der Verwaltungsbereiche mit allen Teilen der Stadtgesellschaft oder Stakeholder voraussetzt. Grundlage der Zahl 4.0. ist der Bezug zum Terminus Industrie 4.0. Dieser wurde 2011 auf der damaligen Hannover Messe erstmals vorgestellt und sollte Bezug auf die vierte industrielle Revolution nehmen, die besonders intensiv durch den Einsatz von IT-Komponenten, deren Vernetzung und die Integration von KI-Programmen [WANG2019, S. 124] geprägt sein soll. In diesem Zusammenhang fallen auch immer wieder Begriffe wie Internet of Things, Big Data oder Künstliche Intelligenz. Anhand der sich verändernden Kommunikationsstrukturen der Smart-City-Konzeptionen kann man die Dimensionen der Veränderungen erkennen [EJAZ2019, S. 17]. Auch wenn die Umsetzung im industriellen Sektor noch nicht abgeschlossen ist, hat ein immenser Wandel stattgefunden. Ein Bezug zu den Kondratjeff-Zyklen ist deshalb richtig. Wenn man diesen Gedanken auf die öffentliche Verwaltung überträgt, was auch Sinn machen könnte, sollten E-Government-Komponenten mit weiteren Dimensionen der Smart City zu einer umfassenden Konzeption verbunden werden. Die hier beschriebenen E-Government-Systeme sind somit eine notwendige Voraussetzung auf dem Weg zur Verwaltung 4.0., jedoch noch nicht deren Realisierung. Es bleibt aber festzustellen, dass die Stufe zurzeit noch nicht annähernd erreicht ist. Deshalb befinden wir uns somit noch im Zeitalter der Umsetzung von E-Government. Trotzdem verdeutlicht ein Vergleich zu Entwicklungen in der Industrie und dem Handel das hohe Transformationspotenzial, das vorhanden ist. Dies gilt insbesondere auf dem Gebiet der KI [WAnG2019, S. 138]. Auf die weiteren Digitalisierungsstufen wird in den Kap. 11 und 14 näher eingegangen.

Literatur

[BITK2020]   Bitkom: Smart city index 2019: Wie digital sind Deutschlands Städte? https://
              www.bitkom.org/Smart-City-Index (2020). Zugegriffen: 6. Okt 2020
[EJAZ2019]   Ejaz, W.; Anpalagan, A.: Internet of the things – Technologies, Big Data and
              Security, Springer-Verlag Switzerland, Cham 2019
[HEUE2018]   Heuermann, R., Tomenendal, M., Bressem, C.: Digitalisierung in Bund, Ländern
              und Gemeinden. Springer, Berlin (2018)
[HOGR2014]   Hogrebe F., Kruse, W. : Verwaltung 4.0 - Erste empirische Befunde. In:
              [LUEC2014) Seite 29–38
[MEIE2016a]   Meier, A., Portman, E. (Hrsg.): Smart city – Strategie, Governance und Projekte.
              Springer, Wiesbaden (2016)
[ROTH2011]   Roth, P.: Aufstand der Städte. Westend, Frankfurt (2011)
[UNNA2018]   United Nations; Departments of economy and social affairs: The World's Cities
              in 2018, in: https://www.un.org/en/events/citiesday/assets/pdf/the_worlds_cities_
              in_2018_data_booklet.pdf (zuletzt zugegriffen 24.6.2020)
[UNNA2019]   United Nations; Departments of economy and social affairs: World population
              prospects 2019. https://population.un.org/wpp/Download/Standard/Population/
              (2019). Zugegriffen: 20. Sept 2020
[WANG2019]   Wangler, L., Botthof, A.: E-Governance, Digitalisierung in der öffentlichen Ver-
              waltung, S. 122–141. Springer Vieweg, Berlin (2019)
[WORL2020]   The World Bank: Urban development. https://www.worldbank.org/en/topic/urban-
              development/overview (2020). Zugegriffen: 1. Okt 2020

Teil II

Technischer und organisatorischer Aufbau

Grundlagen E-Government

6

6.1 Abgrenzung zu E-Democracy

Der Begriff E-Democracy umfasst alle Möglichkeiten der gesamten politischen Willensbildung mittels der Verwendung von IT-Technologie. Damit ist er der weitestgehende
Begriff, der im Zusammenhang mit E-Government verwendet wird. In der Regel wird
E-Democracy als Ergänzung der repräsentativen Demokratie betrachtet [DEMO2020],
sie kann aber auch in Konkurrenz zu dieser stehen, da sie neuere und schnellere Verfahren der Bürgerbeteiligung und der Abstimmung ermöglicht. Im Wesentlichen besteht
dabei E-Democracy aus dem Kernbereich E-Government und den beiden Ergänzungen
E-Participation und E-Voting. Die beiden letzteren können aber auch zur Verbesserung
von E-Government-Prozessen verwendet werden. Deshalb werden diese auch hier unter
dem Begriff E-Government behandelt. Ihre Verfahren und Methoden können aber auch
in umfassendere Konzepte integriert werden.

6.2 Definition E-Government

E-Government sollte immer ein Teil einer umfassenden digitalen Konzeption sein, deshalb wurde auch schon im vorherigen Kapitel darauf hingewiesen, dass es lediglich
eine Dimension einer Smart City ist. Sie ist aber nicht unerheblich, da sie auch eine
politische Präferenz aufzeigt. Eine Stadt, die ihre eigenen Verwaltungsabläufe nicht
digitalisiert, wird kaum umfassende Smart-City-Konzepte realisieren. Deswegen ist
auch E-Government ein wichtiger Indikator für eine digitale Transformation. Eine eindeutige Definition, was nun E-Government ist, gibt es nicht, man findet eine umfassende
Darstellung verschiedener Definitionen in [WIRT2010b]. Die wohl älteste Definition in
Deutschland kommt von der Gesellschaft für Informatik aus dem Jahr 2000, die unter

© Springer-Verlag GmbH Deutschland, ein Teil von Springer Nature 2021
R.-R. Piesold, *Kommunales E-Government*,
https://doi.org/10.1007/978-3-662-63094-5_6

E-Government die Durchführung von Prozessen der öffentlichen Willensbildung, der Entscheidung und der Leistungserstellung in Politik, Staat und Verwaltung unter sehr intensiver Nutzung der Informationstechnologie versteht [GI2000]. Daran lehnt sich die wohl bekannteste Definition von E-Government, die Speyerer Definition, ab, die besagt, dass unter E-Government die Abwicklung geschäftlicher Prozesse in Zusammenarbeit mit Regieren und Verwalten (Government) mithilfe von Informations- und Kommunikationstechniken über elektronische Medien verstanden wird [LUCK2000] [BENK2010, S. 31 f.]. Bei beiden Definitionen wird zwar auf die Notwendigkeit des verstärkten Einsatzes von IuK- Techniken eingegangen, es fehlt aber noch die ökonomische Zielsetzung. Für Wirth [WIRT2010b, S. 8] versteht man unter E-Government (Electronic Government) die elektronische Abwicklung von Verwaltungs- und Demokratieprozessen im Rahmen staatlicher Aktivitäten mit Hilfe von Informations- und Kommunikationstechnologien, um öffentliche Aufgaben effizient und effektiv zu unterstützen. Hier findet man schon den unmittelbaren Bezug zum NPM, in dem die Effizienz und die Effektivität angesprochen wird. Schmid [SCHM2019b, S. 6] verknüpft die Speyerer Definition mit einer Definition der Digitalisierung, wobei unter Digitalisierung die Automatisierung durch Informationstechnologie verstanden wird, d. h. die von Menschen wahrgenommenen Aufgaben werden von Computern übernommen werden". Diese Definition konkretisiert den Begriff dahin gehend, dass E-Government medienbruchfrei organisiert werden und möglichst Verfahren voll automatisiert durchgeführt werden sollten. Das wird sich jedoch nicht immer so gestalten lassen.

▶ E-Government ist die umfassende elektronische Abwicklung von Verwaltungs- und Demokratieprozessen im Rahmen staatlicher Aktivitäten mit Hilfe von Informations- und Kommunikationstechnologien, um öffentliche Aufgaben effizient und effektiv zu unterstützen und die Daseinsvorsorge zu sichern. Dabei wird eine Vollautomatisierung angestrebt. E-Government betrachtet die Kommune als Konzern und bezieht auch wesentliche Beteiligungen mit ein.

6.3   Handlungsfelder E-Government

Der Begriff Handlungsfelder scheint besser geeignet als Anwendungen, da jedes Handlungsfeld wiederum vielfache Anwendungen umfasst. Die hier dargestellten Handlungsfelder sind weitgehend aus der digitalen Strategie des Landes Hessen [HESS2016] übernommen, wobei der Fokus auf das kommunale E-Government gelegt werden soll. Generell gibt es drei Bereiche, in den die Umsetzung heute sehr stark vorangetrieben wird und deren Bandbreite auch sehr groß ist. Neben den schon erwähnten E-Service sind das insbesondere E-Administration und Open Data. E-Participation und E-Voting sind Handlungsfelder aus der Teilhabe der Bürgerinnen und Bürger an dem Verwaltungshandeln, aber insbesondere an der politischen Willensbildung (Abb. 6.1).

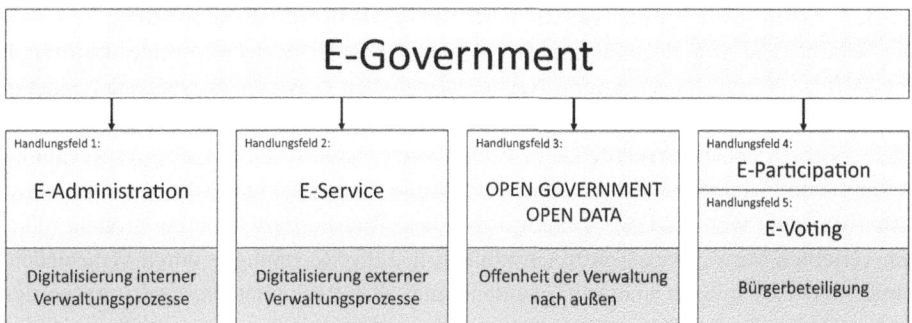

Abb. 6.1 Handlungsfelder des E-Government. (Quelle: eigene Darstellung, stark angelehnt an: [HESS2016, S. 16])

In Abschn. 3.9. wurden die zwei Wirkungskreise der Verwaltung beschrieben. E-Government-Systeme müssen für beide Wirkungskreise konzipiert werden, da dadurch u. a. die Verbindung zwischen Bürgergesellschaft (Stakeholder), Parlament und Verwaltung verbessert werden kann.

6.3.1 Handlungsfeld 1: E-Administration

6.3.1.1 Abgrenzung der E-Administration

Das größte Einsparungspotenzial dürfte durch die digitale Transformation des unteren Wirkungskreises erzielt werden. Dabei spielt die E-Administration die größte Rolle, da das Handlungsfeld sich überwiegend mit diesem Wirkungskreis beschäftigt. Aufgrund seiner Bedeutung wird E-Administration auch als E-Government im engeren Sinne bezeichnet oder sogar mit E-Government gleichgesetzt. Eine solche Gleichsetzung schränkt aber die Aussagefähigkeit des Begriffs ein. Vielmehr sollen unter dem Begriff E-Administration alle internen Verwaltungsabläufe verstanden werden. Dazu gehören auch die Verwaltungsvorgänge, die von außen angestoßen werden. Wenn man medienbruchfrei arbeiten möchte, sollten die Prozesse schon von außen her in digitaler Form erfasst werden. Ein Beispiel hierfür ist die E-Rechnung, da diese erhebliche Veränderungen der Verwaltungsabläufe ermöglicht. Aber auch die E-Akte oder das E-Document sind Bausteine für eine digitale Verwaltung, da auch hier eine Veränderung der Verwaltungsabläufe ermöglicht wird. Nicht zuletzt gibt es zahlreiche Interne Vorgänge und Prozesse, wie beispielsweise ein Urlaubsantrag, der sich mit den internen Strukturen der Verwaltung beschäftigt. Aber auch die Beziehungen unter den einzelnen Ämtern, Fachbereichen unter Einbeziehung der Beteiligungen stellen ein weitreichendes Aufgabengebiet des E-Administration dar. Im Folgenden sollen zwei Anwendungen exemplarisch herausgegriffen werden.

6.3.1.2 Exkurs: Die elektronische Rechnungsstellung – E-Rechnung

Die Verarbeitung von Rechnungen ist ein gutes Beispiel, welche Vorteile die digitale Transformation hat. Papierbasierte Rechnungen haben gravierende Nachteile. Sie verbrauchen viel Platz bei der Aufbewahrung bzw. Archivierung. Sie können physisch verloren gehen, es entstehen relativ leicht Fehler bei der händischen Eingabe der Rechnung, es kann eine Datenredundanz erzeugt werden und natürlich können Fristen und Fälligkeiten versäumt werden. Dazu kommt noch, dass Transportprobleme bei großen, räumlich verteilten Verwaltungen auftreten können. Da die Rechnungen durch verschiedene Ämter und Abteilungen überprüft werden, muss die Rechnung physisch transportiert werden. Falls die Rechnung falsch adressiert wurde, kommt es zu Irrläufern oder zu einem vollkommenen Verlust.

Die Rechnungsverarbeitung erfolgt in verschiedenen Phasen, die unterschiedlichen Anforderungen unterliegen (Abb. 6.2).

In den Kommunen der Bundesrepublik werden ca. 75 Mio. Rechnungen verarbeitet [BERN2014, S. 36]. Allein schon dieses Volumen zeigt, wie hoch das Einsparpotenzial ist. Eine 2014 durchgeführte Studie, errechnete beim Bund eine durchschnittliche Bearbeitungszeit von 22,6 Min und bei Kommunen 16,4 min pro Rechnung [BERN2014, S. 39]. Insgesamt ergab sich daraus ein Einsparungspotenzial von 2–4 Mrd. € für Bund, Länder und Kommunen, wobei für die Kommunen eine durchschnittliche Einsparung von ca. 88.000 € errechnet wurde [BERN2014, S. 38]. Dieses Potenzial

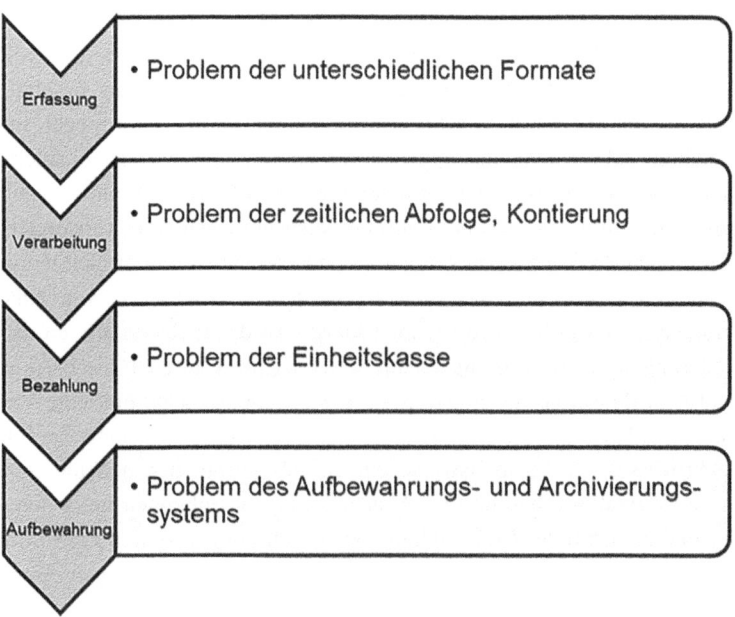

Abb. 6.2 Phasen der Rechnungsverarbeitung

hängt natürlich von der Größe der Kommune ab, beispielsweise verarbeitete die Hanse-stadt Hamburg 2018 über 100.000 Rechnungen elektronisch.

Insgesamt lässt sich feststellen, dass die E-Rechnung einige Vorteile erzielen kann, die u. a. auf der medienbruchfreien Verarbeitung und Prozessoptimierung basiert. Durch die Zeitersparnis entstehen natürlich auch Reduktionen bei den Personal- und Sachkosten. Es ergeben sich auch Vorteile hinsichtlich der Qualität der Verarbeitung, da die Fehlerquote reduziert und die Auffindbarkeit bzw. Aufbewahrung vereinfacht wird. Durch die Reduktion des Papierverbrauchs wird ebenso ein ökologischer Bei-trag erbracht. Nicht zuletzt werden die Vorgaben der EU-DSGVO (Europäische Daten-schutzgrundverordnung) verbessert, da der Prozess der Verarbeitung wesentlich besser dokumentiert und überwacht wird.

Die Umstellung auf die elektronische Rechnungsverarbeitung erfolgt aufgrund der Richtlinien 2014/55/EU und der sich anschließenden gesetzlichen Umsetzung im E-Rechnungsgesetz vom 01.12.2016 [THIE2018, S. 16]. Öffentliche Auftraggeber auf Landes- und kommunaler Ebene sind aufgrund der vom Bund festgelegten Umsetzungs-fristen, das E-Rechnungsgesetz und der E-Rechnungsverordnung festgelegt, ab dem 27. November 2019 zur Umsetzung verpflichtet. Da sich aber die Veröffentlichung der Norm für die europäische Rechnungsstellung vom ursprünglich geplanten Datum (27. Mai 2017) auf den 18. Oktober 2017 verschoben hatte, ergab sich für öffentliche Auf-traggeber, die keine obersten Bundesbehörden sind, der 18. April 2020 als spätester Umsetzungszeitpunkt. Danach sind die kommunalen Verwaltungen verpflichtet, zu empfangen und zu verarbeiten. Die EU-Richtlinie 2014/55/EU ist jedoch nicht die erste rechtliche Vorgabe für die Bearbeitung digitaler Dokumente. So gelten natür-lich auch für die E-Rechnung die Grundsätze zur ordnungsgemäßen Führung und Auf-bewahrung von Büchern, Aufzeichnungen und Unterlagen in elektronischer Form sowie zum Datenzugriff (GoBD) oder die Grundsätze ordnungsmäßiger DV-gestützter Buch-führungssysteme (GoBS) von 1995. Aber auch in den Gemeindehaushaltsverordnungen (GemHVO) oder den kommunalen Haushalts- und Kassenverordnungen (KomHKV) finden sich Vorschriften hinsichtlich elektronischer Workflows oder digitaler Signaturen. Durch die Nutzung von Standardsoftware und die Einbindung von externen Partnern ist die Umsetzung leichter [DIST2018, S. 18].

Die Richtlinien 2014/55/EU konkretisiert jedoch die E-Rechnung wesentlich. Nach Artikel 2 handelt es sich um eine Rechnung, die in einem strukturierten elektronischen Format ausgestellt, übermittelt und empfangen wird und außerdem eine automatische und elektronische Verarbeitung ermöglicht. Somit sind reine PDFs, Bilddateien oder eingescannte Rechnungen deshalb keine elektronischen Rechnungen, da diese keine Daten in strukturierter Form enthalten. Bei Hybridrechnungen, also Rechnungen, die sowohl eine Bild- oder PDF-Datei sowie den strukturierten Datensatz enthalten, ist der strukturierte Datensatz das Rechnungsoriginal.

Die E-Rechnungsverordnung des Bundes konkretisiert in § 2 Begriffsbestimmungen die E-Rechnung. Hier wird festgelegt, dass:

- eine Rechnung jedes Dokument ist, mit dem eine Lieferung oder eine sonstige Leistung abgerechnet wird, gleichgültig, wie dieses Dokument im Geschäftsverkehr bezeichnet wird.
- eine elektronische Rechnung jedes Dokument im Sinne von Absatz 1 ist, wenn es erstens in einem strukturierten elektronischen Format ausgestellt, übermittelt und empfangen wird und zweitens das Format die automatische und elektronische Verarbeitung des Dokuments ermöglicht.
- Rechnungssteller alle Unternehmer im Sinne von § 14 Absatz 1 des Bürgerlichen Gesetzbuches sind, die eine Rechnung an Rechnungsempfänger im Sinne von Absatz 4 ausstellen und übermitteln.
- Rechnungsempfänger aller Stellen im Sinne von § 159 Absatz 1 Nr. 1 bis 5 des Gesetzes gegen Wettbewerbsbeschränkungen sind, soweit diese Rechtsverordnung keine abweichenden Bestimmungen enthält.
- Rechnungssender alle Unternehmer im Sinne von § 14 Absatz 1 des Bürgerlichen Gesetzbuches sind, die eine elektronische Rechnung im Auftrag des Rechnungsstellers ausstellen und übermitteln.
- subzentrale öffentliche Auftraggeber alle öffentlichen Auftraggeber sind, die keine obersten Bundesbehörden oder Verfassungsorgane des Bundes sind.

Die Richtlinien 2014/55/EU bestimmt in Artikel 6 folgende Kernelemente einer elektronischen Rechnung:

- Prozess- und Rechnungskennungen,
- Rechnungszeitraum,
- Informationen über den Verkäufer,
- Informationen über den Käufer,
- Informationen über den Zahlungsempfänger,
- Informationen über den Steuervertreter des Verkäufers,
- Auftragsreferenz,
- Lieferungsdetails,
- Anweisungen zur Ausführung der Zahlung,
- Informationen über Zu- oder Abschläge,
- Informationen zu den einzelnen Rechnungszeilenposten,
- Rechnungsgesamtbeträge,
- Mehrwertsteuer-Aufschlüsselung.

Für die Rechnungssteller ergeben sich mehrere Möglichkeiten, wie sie die E-Rechnung übermitteln können. So kann die Übermittlung mittels Web-Formular, durch Upload von Files (PEPPOL-Verfahren), durch Web-Services, De-Mail oder E-Mail erfolgen [GROS2018, S. 12]. Um die medienbruchfreie Weiterverarbeitung zu ermöglichen, muss ein Schnittstellenverfahren vereinbart werden. Die Europäische Kommission hat dies durch einen Normungsauftrag an das Europäische Komitee für Normung

(CEN) vollzogen, der die Norm EN 16931, die auch als „europäische Norm für die elektronische Rechnungsstellung" bekannt ist, am 18. Oktober 2017 veröffentlicht hat. Für Deutschland erarbeitete der IT-Planungsrat den Standard XRechnung, der eine nationale Anwenderspezifikation des CEN-Datenmodells ist und den Rechnungsstandard der öffentlichen Verwaltung in Deutschland darstellt. Weiterhin können die Schnittstellen mit ZUGFeRD 2.0 realisiert werden [KOES2018, S. 14].

Zielsetzung des elektronischen Verfahrens ist natürlich auch die Optimierung der Verarbeitung. Dazu ist es nicht nur notwendig, dass die Verarbeitung in digitalisierter Form medienbruchfrei fortgesetzt wird, sondern auch, dass ein Workflow erstellt wird, der die einzelnen Vorgänge, Teilprozesse und Ereignisse, umfasst. Im Wesentlichen handelt es sich bei den Arbeitsschritten der Rechnungsbearbeitung um den Import, die Prüfung, die Buchung und die Auszahlung. Alle Schritte können mit einer Haushalts-, Kassen- und Rechnungssoftware (HKR-Software) oder einem ERP-System vollzogen werden. Der Workflow ist die Voraussetzung, um die Potenziale der E-Rechnung zu heben und kann auch als Ereignisorientierte Prozesskette dargestellt werden (Abb. 6.3).

Nach dem Rechnungseingang wird die Rechnung in das ERP oder HKR übertragen und anschließend geprüft. Bei der Rechnungsverarbeitung zeigt sich eine enge

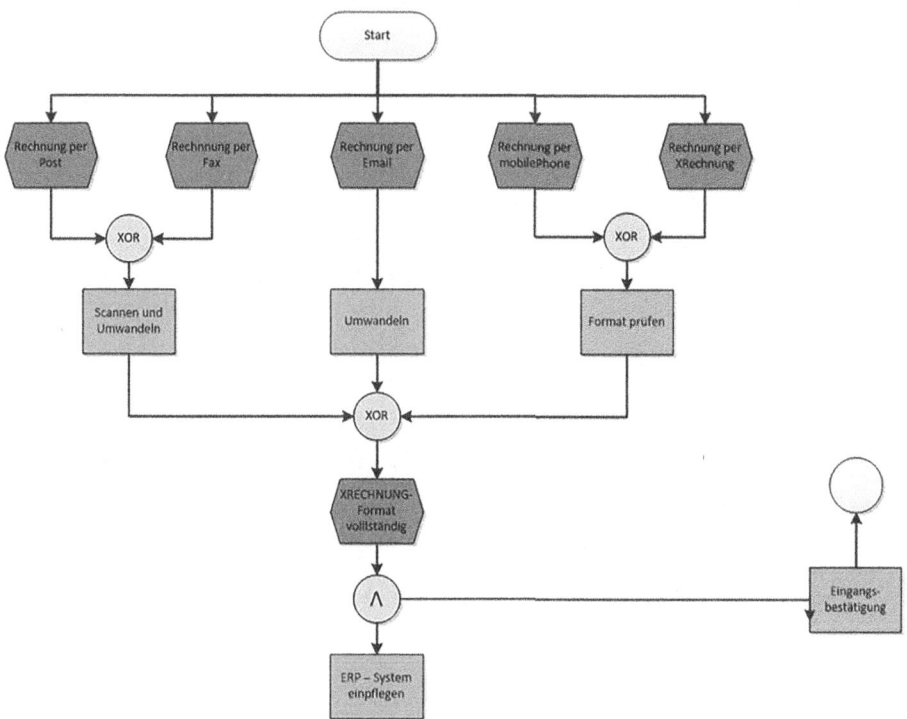

Abb. 6.3 Rechnungseingang als vereinfachte EPK (Visio)

Verzahnung mit weiteren elektronischen Verfahren, wie Dokumenten-Management-System (DMS) oder E-Akte. Am Beispiel der E-Rechnung kann man exemplarisch aufzeigen, wie ein prozessuales, bereichsübergreifendes Denken der einzelnen Organisationen, Fachabteilungen und der IT für die digitale Transformation notwendig ist.

Insgesamt lässt sich feststellen, dass die Planung, Umsetzung und Evaluierung eines Projektes zur Einführung der E-Rechnung zwei bis drei Jahre dauert [KLEI2017B, S. 51]. Die Projektphasen zeigt Abb. 6.4.

Schon allein die Ist-Analyse, in der alle Beteiligten sowie deren Anteil an der Erledigung der Aufgabe dokumentiert wird, verbraucht einen Zeitraum von 18 Monaten [KLEI2017b, S. 51]. Bei der Analyse ist beispielsweise eine Betrachtung des Belegflusses notwendig, bei dem analysiert wird, welche Rechnungen, Bescheide oder ähnliche Dokumente in den Fachämtern eingehen und wie Papierbelege weitergegeben und angeordnet werden. Nach der Bestimmung des Ist-Zustandes ist die Erarbeitung einer Sollkonzeption notwendig. Die Implementierung der Softwarelösung ist die nächste Phase, wobei hier eine enge Zusammenarbeit mit dem externen Partner notwendig ist. Parallel zur Erarbeitung der Sollkonzeption kann mit der Vorbereitung der Umsetzung begonnen werden, da die Mitarbeiter am Prozess des Change Management zu beteiligen sind. Nachdem das System implementiert worden ist und die Mitarbeiter geschult worden sind, kann der Regelbetrieb und eine Evaluierung erfolgen. Zusätzlich wird ein kontinuierlicher Verbesserungsprozess vorgeschlagen, durch den man auch nach der Evaluierungsphase noch Veränderungen an der Sollkonzeption vornehmen kann [KLEI2017b, S. 49]. Dieser Vorschlag basiert auf einem kybernetischen Regelkreis, der u. a. ein Feedback oder Feedforward-Steuerung vorsieht. Falls die Vorgaben der Konzeption nicht erreicht werden oder sich als falsch herausstellen, müssen diese verändert werden (Abb. 6.5).

Bemerkenswert bei der Einführung der E-Rechnung ist auch, dass sie durch eine enge Koordination der Länder erfolgte. In Abstimmung mit dem IT-Planungsrat, dem

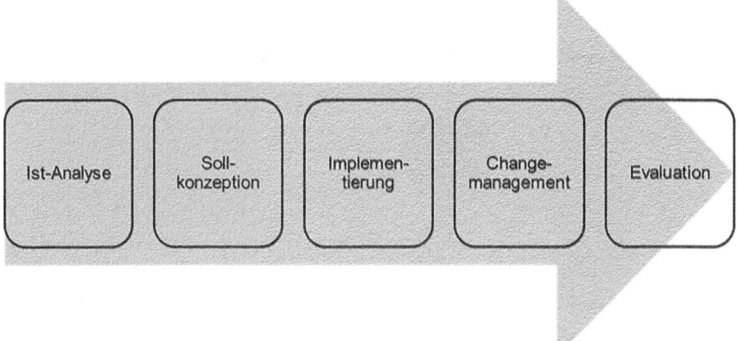

Abb. 6.4 Projektphasen zur Einführung der E-Rechnung

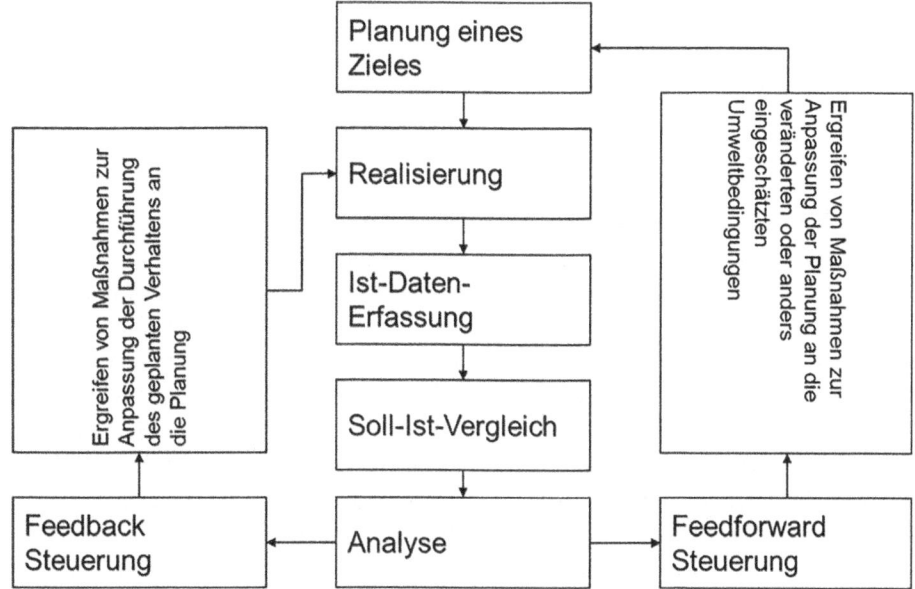

Abb. 6.5 Kybernetischer Regelkreis im Controlling. (Quelle: eigene Darstellung, angelehnt an [BUCH2013, S. 23])

Bundesministerium des Inneren und dem Bremer Senat erhielt das Land Bremen die Federführung zur Entwicklung der Standards [THIE2018, S. 16 f.]. Es ist davon auszugehen, dass vermehrt Standards geschaffen werden, an denen die Kommunen ihre bisherigen Verfahren anpassen müssen.

6.3.2 Handlungsfeld 2: E-Service

6.3.2.1 Darstellung und Abgrenzung

Das zweite Handlungsfeld, der E-Service, umfasst primär Aufgaben aus dem oberen Wirkungskreis. Es ermöglicht Bürgern, Unternehmen und NPO ihre Geschäftsbeziehungen und Angelegenheiten mit der Kommune online zu bearbeiten. Sie ist somit die Schnittstelle zwischen Verwaltung und Stadtgesellschaft. Damit bekommt der E-Service eine hohe Außenwirkung, was wiederum dazu führen kann, dass das Image der Stadt in Richtung Modernität und Digitalisierung gefördert wird. Dieser Effekt kann sich aber auch nachteilig auswirken, da dadurch häufig auch eine Art „Effekthascherei" ermöglicht wird, die wiederum dazu führt, dass politische Entscheidungsträger dieses Handlungsfeld besonders präferieren. Das Online-Zugangsgesetz beschäftigt sich überwiegend mit der Frage, wie ein E-Service realisiert werden kann. Für Weiss hat diese Fokussierung auf die Schnittstelle zu Stakeholdern auf die Binnendigitalisierung der Verwaltungen hemmend gewirkt. So würden teilweise geradezu Potemkinsche E-Services aufgebaut werden, bei denen hochmoderne elektronische Schnittstellen unmittelbar in medienbruchreiche und suboptimale Verwaltungsprozesse münden [WEIS2019, S. 69]. In diesem Zusammenhang kann man auch von einem echten und einen unechten E-Government sprechen. Das echte E-Government ist dann erreicht, wenn das Fachverfahren medienbruchfrei und ganzheitlich digitalisiert ist.

6.3.2.2 Reine Frontend-Lösungen – unechtes E-Government

Es ist eigentlich eine Unsitte, dass die Realisierung von Teilprozessen schon als digitale Transformation dargestellt wird. Bei unechtem E-Government wird lediglich die Schnittstelle zwischen Bürger und Verwaltung digital realisiert, während die restlichen Vorgänge weiterhin mittels herkömmlicher analoger Verfahren und Prozesse abgearbeitet werden. So könnte die Eingabe in einer Formularmaske dazu führen, dass diese in der Verwaltung in ein Fax umgewandelt wird, das als Ausdruck dann die bisherigen Verwaltungsvorgänge anstößt. In den frühen Phasen der E-Government-Systeme war dies ein durchaus übliches Verfahren. Insbesondere die Bereitstellung von PDF-Formularen galt als eine Form des digitalen Wandels. Auch wenn hier schon eine Verbesserung gegenüber dem „Besuch auf dem Amt" stattfand, kann man nicht von einer digitalen Transformation sprechen. Die Außenwirkung ist zwar gewahrt, aber diese Form des E-Governments führt nur zu keiner bzw. zu einer sehr begrenzten Steigerung der Effektivität oder Effizienz. Es ist eben eine Art „Digitales Potemkinsches Dorf" und sollte deswegen vermieden werden (Abb. 6.6).

6.3.2.3 Front- und Backend-Lösungen – echtes E-Government

Ein echtes E-Government hat die vollkommene Automatisierung des Verwaltungsvorgangs mit Hilfe von IT-Technologie per Definition zum Ziel. Im optimalen Fall würde überhaupt kein Mitarbeiter mehr benötigt. Dies wird schon am Workflow oder der ereignisgesteuerten Prozesskette deutlich, da unter den Ressourcen bzw. Organisation keine Mitarbeiter mehr angeführt werden. Dadurch wird nicht nur der Vorgang beschleunigt, sondern es findet auch eine Einsparung von Personalkosten statt. In Abb. 6.7 wird ein Vorgang dargestellt, bei dem ein Bürger über einen elektronischen Device, z. B. ipad oder Laptop, eine kommunale Leistung beantragt. Nach der Identifikation mittels eines Benutzerportals werden ein oder mehrere Prozesse im Rechner der Kommunen angestoßen und der Bürger bekommt im optimalen Fall zeitgleich eine Antwort generiert. Das entsprechende Ergebnis kann er sich dann selbst ausdrucken. Die vollautomatisierte Verarbeitung findet man in der Privatwirtschaft schon häufig, so kann man beispielsweise Versandaufkleber selbst erstellen, bezahlen und auch selbst ausdrucken. Für den Bürger oder Kunden hat dies u. a. den Vorteil, dass man die Leistung zeitunabhängig und in der Regel wesentlich schneller abrufen kann.

6.3.2.4 Beispiel: Anwohnerparkausweis

Der Anwohnerparkausweis ist ein gutes Beispiel, wie ein echtes E-Service-Verfahren realisiert wurde. In der „analogen" Form musste der Bürger in einen Stadtladen gehen,

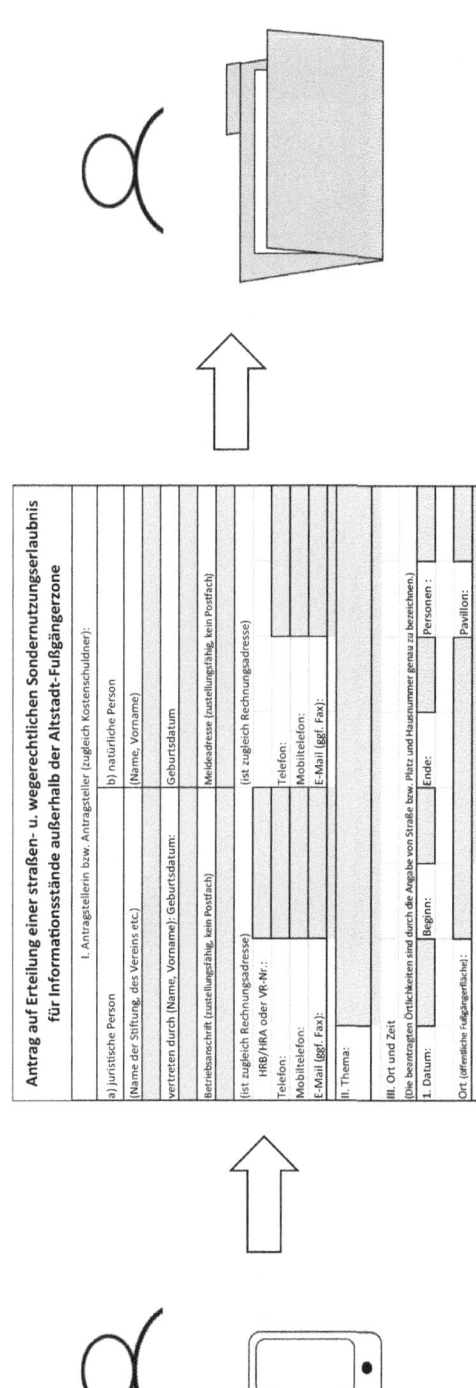

Abb. 6.6 Unechtes E-Government – reine Frontendlösung

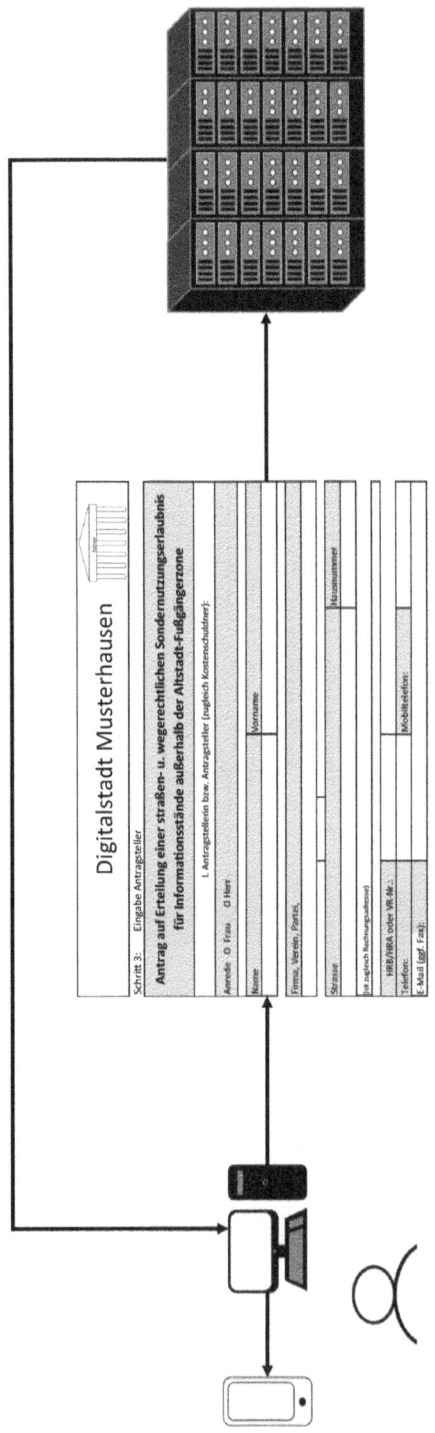

Abb. 6.7 Echtes E-Government

sich mittels Personalausweis legitimieren, ein Formular ausfüllen, der Antrag wurde manuell bearbeitet, die Zahlung erfolgte beispielsweise durch EC-Karte und danach erhielt der Bürger einen laminierten Anwohnerparkausweis, der einen amtlichen Stempel und eine spezielle Farbe hatte. Die Mitarbeiter vom Ordnungsamt und die Stadtpolizisten konnten die Richtigkeit des amtlichen Ausweises relativ einfach überprüfen. Außerdem war das Bezahlverfahren für die Kommune relativ einfach zu realisieren und verursachte auch weniger Kosten. Nachteilig war jedoch, dass der Personalaufwand hoch und die Bürgerorientierung gering war. Der Bürger musste sich nach den festen Öffnungszeiten des Stadtladens richten. Diese waren für Bürger, die einer Beschäftigung nachgingen, nachteilig und umständlich. Außerdem musste man sich nicht selten in einen überfüllten Warteraum begeben. Für Personen, die in einer digitalen Arbeitswelt beheimatet sind, ist dieser Zustand untragbar. Die Verwaltung hatte jedoch teilweise das Interesse, das bisherige Verfahren beizubehalten, da es für sie keine signifikanten Nachteile hatte. Deswegen regte sich auch gegen die Einführung des Anwohnerparkausweise oft erheblicher Widerstand seitens der Verwaltung. Die Verfahren, wie etwa das der ekom21, wurden als nicht sicher dargestellt, der betriebswirtschaftliche Nutzen negiert und der Verwaltungsaufwand zur Umstellung als unverhältnismäßig hoch bezeichnet. In der Tat hängt der finanzwirtschaftliche Nutzen von der Fallzahl ab. Je weniger Bürger einen Anwohnerparkausweise beantragen, desto geringer ist das Einsparungspotenzial. In einer Großstadt werden im Jahr ca. 40.000 Anwohnerparkausweise beantragt, davon werden ca. 20.000 online ausgegeben. Bei kleineren Städten reduziert sich die Zahl teilweise überproportional, da mehr Stellflächen vorhanden sind. Es gibt natürlich zahlreiche Kommunen, die überhaupt keine Anwohnerparkausweise vergeben. Eine grobe Wirtschaftlichkeitsberechnung kann man durchführen, in dem man die Mitarbeiterstunden für das bisherige Verfahren betrachtet und dies durch die Fallzahlen dividiert. Je nach Güte des Controllings wäre es auch möglich, eine differenzierte Kostenbetrachtung durchzuführen.

6.3.2.5 Beispiel: Ordnungswidrigkeit

Ein weiteres Beispiel für das E-Service ist der Einspruch bei einem Ordnungswidrigkeitsverfahren. Auch hier gibt es Softwareprodukte, wie das OWI21 von der ekom21, die die gesamten Prozesse eines Ordnungswidrigkeitsverfahrens, einschließlich der Einspruchsmöglichkeiten, bearbeitet. Der Vorteil eines digitalisierten Verfahrens liegt auch in der vereinfachten Zahlungsmöglichkeit, da vielfach die Ordnungswidrigkeit nicht bezahlt wird, weil der Zahlungsverkehr zu umständlich ist. Dadurch entstehen der Kommune zusätzliche Kosten oder teilweise Einnahmeausfälle, da die fälligen Bußgelder an andere Verwaltungsebenen abgeführt werden. Bei dem Einspruch muss die Möglichkeit bestehen, dass auch Beweis- oder Entlastungsmaterial angefügt werden kann. Aufgrund der Komplexität der Einspruchsmöglichkeit kann der Prozess nur teilweise automatisiert werden. Als Nachteil werden die hohen Gebühren für das E-Payment-Verfahren angeführt, da dieses weitgehend von externen Dienstleistern durchgeführt werden muss, was wiederum zu hohen Gebühren führt, die die Kommune zu tragen hat.

6.3.3   Handlungsfeld 3: Open Government – Open Data

Open Data besagt, dass auf die Daten der öffentlichen Verwaltungen von den Bürgern weitgehend zugegriffen werden kann. Weiterführend ist die Definition, dass es sich bei dem Konzept von Open Data um sämtliche Datenbestände handelt, die im Interesse der Allgemeinheit der Gesellschaft ohne jedwede Einschränkung zur freien Nutzung, zur Weiterverbreitung und zur freien Weiterverwendung frei zugänglich gemacht werden [LUCK2010, S. 3]. Für die Verwaltung wird auch der Begriff „Open Government Data" verwendet. Offene Daten unterscheiden sich dabei von anderen Daten, die prinzipiell nicht zur Veröffentlichung vorgesehen sind. Dazu gehören beispielsweise personenbezogene Informationen und bestimmte Daten, die aus Sicherheitsgründen per Gesetz nicht öffentlich sind. Der Wert der offenen Daten wurde laut einer Studie im konservativen Fall auf 12,1 Mrd. € p.a. und im optimistischen Fall auf 131,1 Mrd. € p.a. geschätzt [DAPP2016, S. 10]. Dabei ergeben sich mehrere Vorteile aus einem Open Data. Durch eine bessere Bürgerbeteiligung werden die demokratischen Strukturen gestärkt. Durch den freien Zugang zu Daten können die Bürger das politische Handeln besser nachvollziehen, was wiederum zu einer stärkeren Akzeptanz von Regierungs-handeln führt. Dadurch wird auch die Identifikation mit der Kommune gestärkt, was wiederum die E-Participation fördert. Aber auch für andere Bereiche aus der Stadt-gesellschaft ergeben sich Vorteile. So kann auch ein wirtschaftlicher Nutzen dadurch entstehen, dass Unternehmen oder Start-Ups anhand der Daten neue Geschäftsmodelle aufbauen oder Investoren die Daten zur Risikoanalyse und -minimierung nutzen. Es entsteht ein positiver Effekt für die Wirtschaftsförderung einer Kommune. Insgesamt werden durch die aufbereiteten Daten die Entscheidungsfindungsprozesse bei Kunden, in Firmen und Verwaltungen verbessert. Es kann aber auch eine bessere interkommunale Vergleichbarkeit erreicht werden, in dem Stärke und Schwäche Analyse besser durch-geführt werden können. [LUCK2010, S. 14 f.]. Für die Verwaltung kann es weiterhin von Vorteil sein, dass dadurch auch das Governance einer Stadt verbessert wird. Ent-scheidungen werden durch Open Data eben für die Bevölkerung verständlicher und die Verwaltungen transparenter. Beides verbessert das Vertrauen der Bevölkerung in die Verwaltung. Die drei Säulen des Open Data sind somit Transparenz, Beteiligung und die Zusammenarbeit in Netzwerken. Das Open Government ist damit ein elementarer Bestandteil für die Zielerreichung der Bürgerkommune [KGST2014, S. 14].

Die Umsetzung von Open-Data-Konzepten geht in seinen Ursprüngen auf Forderungen aus dem Jahr 1958 zurück. Die Forderung nach offenen Daten ist auch Gegenstand der Aktionspläne zum E-Government der Europäischen Kommission. Die Bundesregierung hat 2017 durch ein eigenes Open Data Gesetz die Änderung des § 12 EGovG beschlossen und verpflichtet sich dadurch, dass die Behörden der unmittel-baren Bundesverwaltung unbearbeitete Daten, die sie zur Erfüllung ihrer öffentlich-rechtlichen Aufgaben erhoben haben oder durch Dritte in ihrem Auftrag haben erheben lassen, zum Datenabruf über öffentlich zugängliche Netze bereit zu stellen. Die Bereitstellung erfolgt über das GovData–Portal. Kommunale Open-Data-Konzepte können auch durch Open-Data-Portale ermöglicht werden, wobei diese Daten aus den Dimensionen einer Smart-City-Konzeption, beispielsweise zu den Themenbereichen Wahlen, Bevölkerungsstruktur, Infrastruktur, Verkehr, Bauen und Wohnen, stammen können. Durch die Weiterentwicklung und zunehmende Digitalisierung der Städte zu Smart Cities wird sich der Datenbestand erheblich erhöhen. Dadurch werden auch Methoden und Verfahren des Data Science und Big Data, wie sie in Abschn. 11.6. beschrieben sind, an Bedeutung gewinnen.

6.3.4 Handlungsfeld 4: E-Partizipation

6.3.4.1 Darstellung und Abgrenzung

Das Handlungsfeld 4 „E-Participation" beschreibt die Mitwirkung an den politischen Diskurs- und Entscheidungsfindungen ohne direkte Abstimmung und steht in enger Verbindung zum Bereich Open Data. Es betrifft deshalb alle internetgestützten Aktivitäten der Verwaltung, die es dem Bürger ermöglicht, sich freiwillig an gesellschaftlich relevanten Entscheidungsprozessen zu beteiligen. Dies geschieht nur beratend, sodass der Bürger nicht die Entscheidung mit herbeiführt. E-Participation- Konzepte sind so eine Weiterentwicklung der klassischen Beteiligungsverfahren, bei denen ebenso versucht wird, die Bürger stärker bei den politischen Entscheidungsprozessen einzubinden. Dies dient auch zur Ideenfindung, da man davon ausgeht, dass die Bevölkerung eigene Vorschläge entwickelt. Außerdem erhofft man sich eine erhöhte Akzeptanz der politischen Entscheidung, da die Entscheidungsfindung transparenter gestaltet wird. Der Gedanke einer stärkeren Bürgerbeteiligung ist grundsätzlich nicht neu und auch schon in den Grundprinzipien der Verwaltungsreform von Freiherr vom und zum Stein zu finden. Durch eine stärkere Einbindung der Bevölkerung soll die Identifikation der Bürger mit Ihrer Kommune verbessert werden. Dies führt zu einer stärkeren Bindung der Bevölkerung an ihre Stadt oder ihre Gemeinde. Die Stärkung der Bereitschaft zur vermehrten Unterstützung der Kommunen war wohl auch schon in der Nassauischen Denkschrift vorhanden. Heute würde man wohl von einer besseren „Corporate Identity" sprechen, was jedoch die gleichen Effekte hat. Schon in den Grundkonzepten der Smart City Ende der 90er Jahre war der Gedanke, dass man die Bürgerbeteiligung durch IT-Technologien verbessern kann, verankert. Dies resultiert aus dem Umstand, dass die neuen IT-Technologien die Kommunikation verbessern können, sodass mehr Menschen in die Entscheidungsprozesse einbezogen werden können. Der Cyberspace ermöglicht so neue, hoch effiziente Möglichkeiten für die politische Organisation und das politische Handeln [MITC2000, S. 95 f.]. Realisiert wird E-Participation u. a. durch den Aufbau von Beteiligungsportalen, wie die Frankfurter Webseite www.ffm.de, der App FFM-APP [FRAN2020a] oder des Portals „Ihre Fragen – unsere Antworten" der Digitalstadt Darmstadt [DARM2020]. Wie bei allen politischen Bürgerbeteiligungen besteht auch bei dieser digitalen Bürgerbeteiligung die Gefahr, dass gewählte Politiker dies als ein Stück „Entmachtung" und Untergrabung ihres Mandats empfinden. Es besteht die

Sorge, dass die Entscheidungsspielräume der Politik dadurch eingeschränkt werden. In diesem Zusammenhang wird immer wieder auf die repräsentative Demokratie verwiesen. E-Participation ersetzt aber keine Parlamente oder Regierungen, sondern ergänzt lediglich die Entscheidungsfindung durch Beteiligung der Bürger. Wie bei allen Bürgerbeteiligungen ist die Qualität der E-Participation auch davon abhängig, wie bekannt es in einer Stadtgesellschaft ist.

6.3.4.2 Exkurs: Der Bürgerhaushalt

In den deutschen Kommunen gibt es zahlreiche Möglichkeiten, wie sich Bürger direkt an der Willensbildung beteiligen. So entstehen auch häufig Bürgerinitiativen zu speziellen einzelnen Fragen. Nicht zuletzt hat der Gesetzgeber die Idee der direkten Demokratie aufgegriffen und auch sogenannte Bürgerbegehren erleichtert, bei denen durch Mehrheitsbeschluss direkt auf die politische Willensbildung Bezug genommen wird. Diese politischen Prozesse werden aber in der Regel nicht von den politischen Entscheidungsträgern geplant oder angeregt. Sie sind eher eine Reaktion auf politische Entscheidungen, die in Widerspruch zur allgemeinen Bevölkerungsmeinung steht. Man kann solchen „ungeplanten" Prozessen begegnen, wenn man die Bürger zuvor einbindet. Dabei ist die wichtigste kommunale Entscheidung die Aufstellung der Haushaltssatzung. Mit ihr werden die meisten Projekte und Programme der Kommunalpolitik legitimiert und auch umgesetzt. Deshalb ist die frühzeitige Einbindung der Bevölkerung in den politischen Willensprozess zur Aufstellung der Haushaltssatzung schon seit Jahrzehnten ein politisches Ziel der Befürworter der direkten Demokratie. Bürgerhaushalte werden schon seit über 30 Jahren aufgestellt, wobei das Verfahren zuerst in Porto Allegro (Brasilien) 1989 Anwendung fand. In Deutschland ist der Bürgerhaushalt nicht unumstritten. Vielmehr wird die geringe Beteiligung der Bürger und die damit verhältnismäßig hohen Kosten als Kritikpunkt angeführt. Die Stadt Frankfurt entwickelte diesbezüglich ein anderes Modell, das eine ganzjährige Partizipation ermöglicht [ROES2013]. Bei der Stadt Frankfurt können die Bürger eigene Vorschläge und Ideen für den Haushaltsplan über das Beteiligungsportal der Stadt einbringen. In Deutschland wurden Bürgerhaushalte schon seit Jahren auch mittels webgestützter Verfahren erstellt. Nitzsche et al. kamen 2012 zum Schluss, dass die elektronischen Bürgerhaushalte in Deutschland noch am Anfang der Entwicklung stehen würden und das mögliche Web 2.0-Potential oft noch nicht ausgenutzt werde [NITZ2012, S. 25]. Aktuell werden weiterhin in vielen deutschen Kommunen Bürgerhaushalte erstellt. Die Verfahren und die Resonanz sind jedoch unterschiedlich.

6.3.4.3 Exkurs: Das Ratsinformationssystem

Ratsinformationssysteme dienen den Bürgern, den politischen Mandatsträgern und der Verwaltung bei der politischen Arbeit. Sie werden in allen Kommunen seit Mitte der 90er Jahre eingesetzt. Kern eines Ratsinformationssystems ist der parlamentarische Sitzungsdienst des kommunalen Parlaments, der Ausschüsse und des Gemeindevorstands, des Magistrats oder des Kreisausschusses. Es wird ein Sitzungskalender präsentiert, der auch Zugriff auf Tagesordnungen, öffentliche Vorlagen usw. ermöglicht. Mit den Systemen werden auch die Unterlagen und Protokolle zur Verfügung gestellt. Je nach Ausbauzustand des Ratsinformationssystems können während der Sitzung Änderungen der Vorlagen vorgenommen und auch die Protokollierung der Sitzung vollzogen werden. Gegebenenfalls erfolgt die Abrechnung der Sitzungsgelder. Neben den politischen Mandatsträgern sind diese Systeme auch der Verwaltung nützlich, da sie Auskunft über die aktuelle Beschlusslage gibt. Da die Verwaltung in der Regel die Vorlagen erstellt und diese dann direkt oder durch das zuständige Parlamentsbüro in das System eingepflegt werden, entsteht eine direkte Verzahnung zwischen der Verwaltung und den politischen Beschlussorganen. Das Ratsinformationssystem ist aber auch gleichzeitig ein Bürgerinformationssystem, da es dem Bürger den Zugriff auf die öffentlichen Unterlagen ermöglicht. Er kann sich ebenso über die Zusammensetzung der Gremien und deren Beschlüsse Informationen einholen, sofern diese öffentlich sind. Eine Abstimmung mittels E-Voting – wie dies im nächsten Abschnitt dargestellt wird – ist nicht möglich.

Eine sinnvolle Erweiterung würden die Ratsinformationssysteme dadurch erhalten, wenn auch Gremiensitzungen der kommunalen Beteiligungen integriert werden könnten. Da häufig der Gemeindevorstand bzw. Kreisausschuss auch die Gesellschafterversammlung einer hundertprozentigen kommunalen Beteiligung ist, würde es diesen Sitzungsdienst ebenso vereinfachen. Insbesondere der Gedanke, dass man die Stadt als Konzern betrachtet [PIE2018, S. 41 ff.] induziert die Integration des Beteiligungsmanagements. Schwierig sind hierbei jedoch die nicht hundertprozentigen Beteiligungen sowie die unterschiedlichen Sicherheitstechniken der Systeme. So haben die Programme, mit denen Sparkassen ihre Verwaltungsratssitzungen organisieren, andere Zugangstechniken.

Neben der Einsparung von papierbasierten Unterlagen haben Ratsinformationssysteme auch weitere Vorteile, die u. a. im verbesserten Datenschutz liegen. Die Unterlagen des Gemeindevorstands oder der kommunalen Parlamente enthalten jede Menge schutzwürdiger Daten. Ausgedruckte Unterlagen müssen sicher entsorgt werden und dürfen auch nicht vervielfältigt werden. In der digitalisierten Form innerhalb des Systems sind die Daten jedoch geschützt und die Herausnahme könnte nachvollziehbar organisiert werden. Beispiele für Ratsinformationssysteme sind u. a. Mandatos [SOMA2020], Allriss [ALLR2020] oder Parlis [PARL2020].

6.3.5 Handlungsfeld 5: E-Voting

Neben der E-Partizipation ist E-Voting ein weiteres Teil des Handlungsfeldes der E-Democracy. Der Grundgedanke der Demokratie besteht darin, dass die Bevölkerung ihre Meinung per Abstimmung bei einer Wahl oder Direktentscheid artikuliert und die Legislative diese Abstimmungsergebnisse umsetzt. Dabei kann es sich bei der Wahl um die Zusammensetzung der Parlamente oder die Direktwahl von Personen handeln. Es kann sich aber auch um weitere Elemente der direkten Demokratie, wie

Volks- oder Bürgerentscheide handeln, bei denen über eine konkrete Sache abgestimmt wird. Normalerweise wird der Wahl- oder Abstimmungsvorgang primär durch eine persönliche Wahl vorgenommen, die in der Regel mit einem persönlichen Erscheinen und einer persönlichen Identifikation verbunden ist. Durch Briefwahlen wurde dieses Prinzip dadurch erweitert, dass die Bevölkerung nicht mehr unbedingt an dem Wahl- oder Abstimmungstag persönlich erscheinen muss. In den letzten Jahren wurden auch in Deutschland die Verfahren einer direkten Demokratie erweitert. Insbesondere durch die Schaffung der Möglichkeit, einen Bürgerentscheid herbeizuführen, wurde dieses Verfahren in der Bevölkerung stärker verankert. In anderen Ländern, wie beispielsweise der Schweiz, ist der Volksentscheid fest verankert.

Natürlich ist der Gedanke des E-Voting auch für politische Entscheidungsprozesse leicht nachzuempfinden, da man schon zahlreiche unverbindliche Abstimmungsverfahren per IT-Technologie kennt. Diese werden im Entertainmentbereich regelmäßig durchgeführt. Aber auch bei Wahlen von Vereinen und Non-Profit-Organisationen werden Wahlen schon digital vorgenommen. So können häufig die Mitglieder von Vereinen ihren Vorstand direkt wählen. Abstimmung im Bereich des Aktien- oder GmbH-Rechts sind in Vorbereitung. Auch bei kommunalen Fragen werden Abstimmungen per Internet herbeigeführt, sie sind aber nicht bindend und haben deswegen höchstens deklaratorischen Charakter. Für ein vollfunktionsfähiges E-Voting muss das Abstimmungsergebnis verbindlich sein, das wiederum setzt voraus, dass die E-Voting-Wahl den gleichen Kriterien wie eine persönliche Wahl genügen muss. Sie muss beispielsweise frei, geheim und unabhängig sein, es muss auch gesichert sein, dass die Person ihr Wahlrecht auch persönlich ausgeübt hat.

6.4   Beziehungsgeflecht im Bereich E-Government

Im Außenverhältnis können vier verschiedene Beziehungen im E-Government auftreten [MUEH2010, S. 181]. Die bekannteste Form ist natürlich, dass der Bürger mit der Verwaltung kommuniziert, um eine Leistung in Anspruch zu nehmen. In der Regel werden dadurch weitere Vorgänge und Prozesse im Innenverhältnis angestoßen. Am Ende erhält der Bürger dann das Ergebnis zugestellt. Man spricht in diesem Zusammenhang von einer C2G- Beziehung (Citizen to Government). Die C2G- Beziehung sollte besonders benutzerfreundlich sein, da dadurch die Akzeptanz erhöht wird. Die C2G-Beziehung ist auch ein sehr vielfältiger Bereich, wie man anhand des OZG erkennen kann. Dabei sollte beachtet werden, dass der Bürger meistens einen Verwaltungsvorgang in größeren zeitlichen Abständen anstößt. So meldet man einen Hund in der Regel alle paar Jahre an. Für die Verwaltung ist dies aber eine größere Aufgabe, da viele unterschiedliche Bürger pro Jahr den gleichen Verwaltungsvorgang anstoßen. So melden beispielsweise viele Bürger im Jahr viele Hunde an. Die Bürger oder Citizen sind die größte Gruppe im Beziehungsgeflecht des E-Government. In Deutschland schwankt diese Gruppe erheblich. Bei den kleinsten Kommunen sind es lediglich wenige Personen, aber es können auch mehrere

Millionen Menschen, wie z. B. in Berlin sein. Auf die Bevölkerung der Bundesrepublik bezogen ist die Bevölkerung die Quantität. Die B2G-Beziehung (Business to Government) ist der C2G ähnlich. Die meisten Unternehmen kommunizieren mit der Verwaltung jedoch regelmäßiger, wie beispielsweise in Hinblick auf Steuervoranmeldungen. Natürlich ist auch der Bereich der Beschaffung oder der Auftragsvergabe nicht unwesentlich. So erbringen Unternehmen vielfältige Aufgaben für die Kommunen und stellen diese dann in Rechnung, was wiederum zu E-Rechnungen führen kann. Für eine Vielzahl der kleineren Unternehmungen gilt aber auch, dass sie verhältnismäßig selten mit der Verwaltung kommunizieren. Auch hier sind die Zugangsmöglichkeiten recht benutzerfreundlich zu gestalten. Eine besondere Form der B2G-Beziehung sind die Verbindungen zu den öffentlichen Beteiligungen. Rechtlich sind es externe Unternehmungen, die sich teilweise oder ganz im Besitz der Kommune befinden. Insofern treten die gleichen Beziehungen wie bei den anderen B2G-Beziehungen auf. Andererseits findet über das Beteiligungsmanagement und aufgrund der rechtlichen Vorgaben, wie die Erstellung eines Gesamtabschlusses gemäß § 115 HGO, ein verstärkter Datenaustausch statt. Die N2G-Beziehung (Non-Profit- oder Non-Government-Organisation) stellt eine weitere Beziehung dar. Hier sind die Anforderungen der B2G sehr ähnlich. NGOs oder NPOs können ebenfalls Leistungen für die Kommunen erstellen und diese dann in Rechnung stellen. Sie können aber auch Informationen von der Kommune abrufen. Eine wesentliche Kommunikationsebene ist die G2G-Beziehung (Government to Government). Die Kommunen kommunizieren in vielfältiger Form mit ihren über- bzw. nachgeordneten Verwaltungsebenen und -einrichtungen. Sie kommunizieren aber nicht nur hierarchisch, sondern auch vertikal zwischen verschiedenen Kommunen. Ein typisches Beispiel für C2G, das wiederum mehrere G2G-Vorgänge anstößt, ist die einwohnerrechtliche Anmeldung im Falle eines Umzuges [MUEH2010, S. 181]. Da bei diesem Vorgang auch gleich die Abmeldung von den Einwohnermeldeämtern der neuen Wohnorte bei den Einwohnermeldeämtern der vorherigen Wohnorte vorgenommen wird, findet man auch G2G-Beziehungen. Natürlich meldet die Kommune auch zu einem Zeitpunkt die aktualisierte Einwohnerzahl zu der übergeordneten Verwaltungsebene (Abb. 6.8).

6.5   Das Lebens- und Unternehmenslagen-Prinzip

Das Lebenslagenprinzip und das Unternehmenslagenprinzip folgen der gleichen Idee. Es ist die Bündelung von Leistungen, die in einer speziellen Situation abgerufen werden. Beide Verfahren werden in der Verwaltung in den Bereichen des E-Services und der E-Administration angewendet, um deren Benutzerfreundlichkeit zu erhöhen. Beispielsweise kommt jeder Bürger während seines Lebens in andere Situationen, die umfangreiche Verwaltungstätigkeiten verlangen. So werden im Falle einer Heirat Leistungen des Standesamtes oder aber auch des Finanzamtes erforderlich [KLEI2016c]. Durch die Bündelung dieser Leistungen beispielsweise auf einer Seite werden die unterschiedlichen

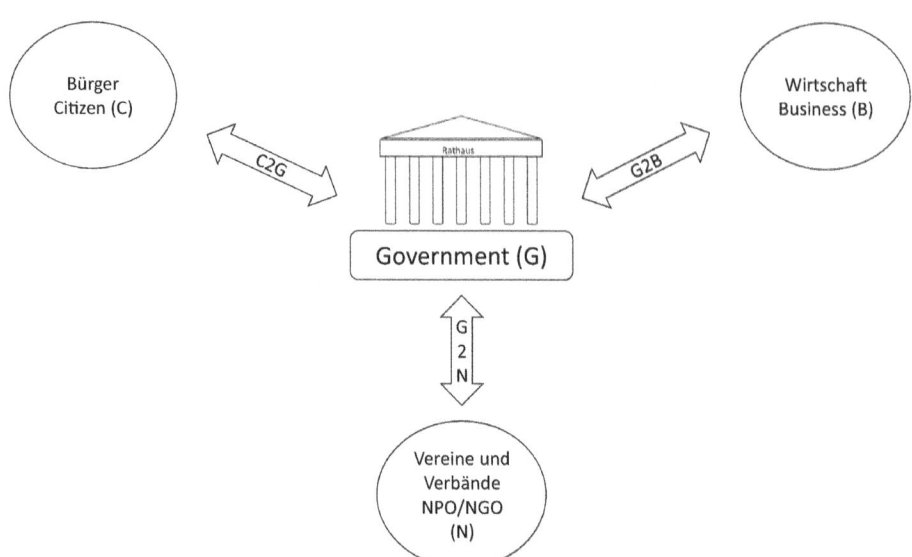

Abb. 6.8 Beziehungsgeflecht des E-Governments

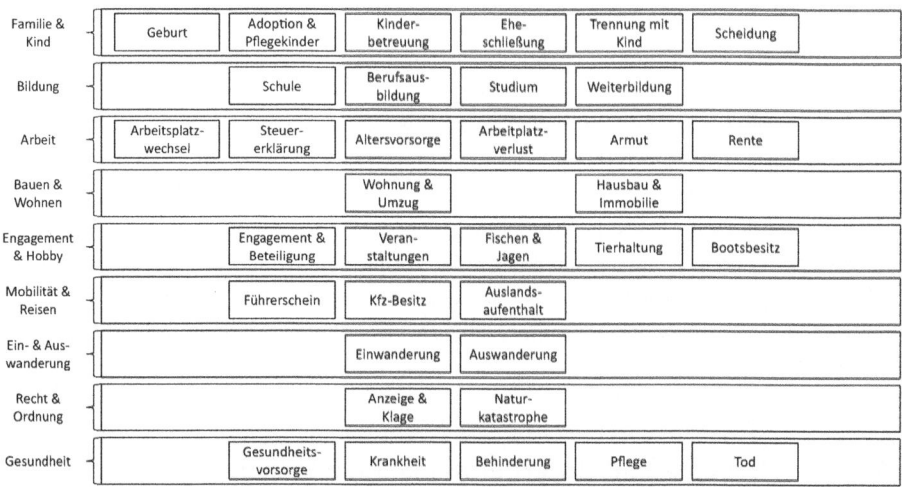

Abb. 6.9 Lebenslagen von Bürgern nach Lebensbereichen (Quelle: eigene Darstellung, angelehnt an [STOC2018, S. 21])

Aufgaben transparenter. Insgesamt sind diese Prinzipien nicht neu und finden auch in der Privatwirtschaft ihre Anwendung. So ist es üblich, dass man beim Buchen eines Fluges auch Angebote für einen Mietwagen oder ein Hotel erhält (Abb. 6.9).

Auch bei der Umsetzung des OZG wird mit dem Lebens- und Unternehmenslagen-prinzip gearbeitet. Im Umsetzungskatalog werden als übergeordnetes Kriterium einzelne

Lebensbereiche (Themenbereiche) gebildet, die wiederum einzelnen Lebenslagen zugeordnet werden. Diesen kann man dann einzelne Leistungen zuordnen. Dabei kann es vorkommen, dass die Leistungen mehreren Lebenslagen zugeordnet werden und deshalb redundant aufgeführt werden [STOC2018, S. 21]. Für die Unternehmenslagen oder Geschäftslagen gilt die gleiche Vorgehensweise. Es werden Themenbereiche gebildet, denen wiederum dann die Unternehmenslagen zugeordnet werden. Der Rahmen, also die genaue Zahl der Themenbereiche kann natürlich variieren, da es Kommunen gibt, die die entsprechenden Leistungen nicht anbieten. Außerdem kann man auch Leistungen der kommunalen Beteiligungen oder anderer externen Organisationen aufnehmen, soweit dem keine rechtlichen Schranken gesetzt sind. Durch das Once-Only-Prinzip wird der Gedanke der Lebens- oder Unternehmenslagen noch erweitert und die Antragsgestaltung wesentlich vereinfacht.

Literatur

[ALLR2020]   cc e-gov: Allriss 4 – Produktbeschreibung. https://www.cc-egov.de/images/Downloads/allris4.pdf. Zugegriffen: 15. Okt. 2020

[BENK2010]   Benkhadda, N.: Verwaltungsmodernisierung durch E-Government. Lang, Berlin (2010)

[BERN2014]   Bernius, S., Kreuzer, S., Warum E-Rechnung? Ökonomische und ökologische Einsparpotenziale in der öffentlichen Verwaltung. In: Leitfaden Elektronische Rechnung in der öffentlichen Verwaltung – Grundlagen, Umsetzungsempfehlungen, Best Practices, S. 34–42. Goethe- Universität Frankfurt, Frankfurt (2014)

[BUCH2013]   Buchholz, L.: Strategisches Controlling, 2. Aufl. Springer-Gabler , Wiesbaden (2013)

[DAPP2016]   Dapp, M., Balta, D., Palmetshofer, W., Krcmar, H., Kuzev, P.: Open Data. The Benefits – das volkswirtschaftliche Potential für Deutschland. Konrad-Adenauer-Stiftung, Berlin (2016)

[DARM2020]   Stadt Darmstadt: Ihre Fragen – unsere Antworten! https://www.digitalstadt-darmstadt.de/buegerbeteiligung/. Zugegriffen: 15. Okt. 2020

[DEMO2020]   Demokratiezentrum Wien: E-Democracy und Liquid Democracy, in: http://www.demokratiezentrum.org/themen/demokratiemodelle/e-democracy-liquid-democracy.html (zuletzt zugegriffen 30.11.2020)

[DIST2018]   Dieste, C.: Potenziale ausschöpfen. Kommune21 3, S. 18–19 (2018)

[FRAN2020a] Stadt Frankfurt: FFM – Frankfurt fragt mich – Das Bürgerbeteiligungsportal der Stadt. www.ffm.de. Zugegriffen: 2. Okt. 2020

[GI2000]   Gesellschaft für Informatik: Electronic Government als Schlüssel zur Modernisierung von Staat und Verwaltung, in: https://fb-rvi.gi.de/fileadmin/FB/RVI/Meldungen/presse_memorandum.pdf (zuletzt zugegriffen 17.10.2020)

[GROS2018]   Groß, S., Hamburg, J., von Mulert, J.: Umsetzung meistern. In: Kommune21 3, 12–13 (2018)

[HESSE2016] Hessische Landesregierung: Strategie Digitales Hessen. https://www.digitalstrategie-hessen.de/img/Digitalstrategie_Hessen_2016_ver1.pdf.. Zugegriffen: 6. Okt. 2020

[KGST2014]   KGSt: Leitbild Bürgerkommune – Entwicklungschancen und Umsetzungs-
                strategie KGSt-Bericht Nr. 3/2014, Köln (2014)
[KLEI2016c]   Klein, M.: Was ist das Lebenslagenmodell? https://www.egovernment-
                computing.de/was-ist-das-lebenslagenmodell-a-658503/. Zugegriffen: 15. Okt.
                2020
[KLEI2017b]   Klein, S., Epp, D., Gruzinski, M.: Modellprojekt zur Einführung der E-Rechnung
                in der Kommunalverwaltung im Landkreis Dahme-Spreewald. Landkreis Dahme
                Spreewald, Berlin (2017)
[KOES2018]   Kösters, H.: Mit Herz und Verstand. In: Kommune21 3, 14–15 (2018)
[LUCK2000]   von Lucke, J.; Reinermann, H.: Speyerer Definition von electronic government.
                Ergebnisse des Forschungsprojektes „Regieren und Verwalten im Informations-
                zeitalter", in: http://www.jornvonlucke.de/ruvii/Sp-Egov.pdf (zuletzt zugegriffen
                15.9.2020)
[LUCK2010]   von Lucke, J., Geiger, C.P.: Open Government Data – frei verfügbare Daten des
                öffentlichen Sektors. Gutachten der Telekom und der Zeppelin-Universität, Fried-
                richshafen (2010)
[MITC2000]   Mitchell W.: e-topia, second edition, MIT-Press, Cambridge 2000
[MUEH2010]   Mühlenkamp, H.: Zur Kosten-Nutzen-Analyse von eGovernment-Projekten. In:
                E-Government - Grundlagen, Instrumente, Strategien, S. 177–193. Gabler-Ver-
                lag, Wiesbaden (2010)
[NITZ2012]   Nitzche, P., Pistoia, A., Elsäßer, M.: Development of an Evaluation Tool for
                Participative E-Government Services: A Case Study of Electronic Participatory
                Budgeting Projects in Germany. In: Administraţie ŞI Management Public
                18, 6–25 (2012)
[PIE2018]   Piesold, R.R.: Kommunales Beteiligungsmanagement. DeGruyter, Berlin (2018)
[ROES2013]   Rössmann, T.: Das Aus für den Bürgerhaushalt. https://www.faz.net/aktuell/
                rhein-main/frankfurt-das-aus-fuer-den-buergerhaushalt-12158569.html.
                Zugegriffen: 20. Okt. 2020
[SCHM2019b]   Schmid, A.: Verwaltungsinformatik und eGovernment im Zeichen der
                Digitalisierung – Zeit für ein neues Paradigma. In: Verwaltung, eGovernment und
                Digitalisierung: Grundlagen, Konzepte und Anwendungsfälle, S. 3–21. Springer-
                Verlag, Berlin (2019b)
[SOMA2020]   Somatos: Mandatos - Digitale Gremienarbeit, in: https://somacos.de/loesungen/
                digitale-gremienarbeit/mandatos/ (zuletzt zugegriffen 1.11.2020)
[STOC2018]   Stocksmeier, D.; Hunnius, S.: OZG-Umsetzungskatalog,. Bundesministerium des
                Inneren, für Bau und Heimat, Berlin (2018)
[THIE2018]   Thiele, J. C., Dopatka, A.: In Kooperation. In: Kommune21 3, 16–17 (2018)
[WEIS2019]   Weiß, J.: Zwischen Alexa und Arbeitsmappe: Was lässt sich aus der Entwicklung
                des E-Governments für die Digitalisierung der öffentlichen Verwaltung lernen?
                In: Verwaltung, eGovernment und Digitalisierung: Grundlagen, Konzepte und
                Anwendungsfälle, S. 67–88. Springer-Verlag, Berlin (2019)
[WIRT2010b]   Wirth, B.; Piehler, R.: E-Government. In: [WIRT2010b], S. 3–18 (2010b)

Organisatorische Einbindung von E-Government

7.1 E-Government als Teil der Verwaltung

Wenn E-Government in einer Kommune erfolgreich etabliert werden soll, sind der Wille der Verwaltungsspitze, die Unterstützung der politischen Entscheidungsträger und die Mitwirkung der Führungskräfte einer Verwaltung von entscheidender Bedeutung. Es muss eine positive digitale Kultur bei allen Mitwirkenden vorhanden sein. Das ist keine Selbstverständlichkeit, da man auch auf Auffassungen trifft, die ein echtes E-Government mit ihren verschiedenen Handlungsfeldern eher als Spielwiese für eine „society of nerds" sieht, als eine Chance die Verwaltung effektiver und effizienter zu gestalten. Häufig scheitert der Aufbau eines E-Government-Systems deswegen an der fehlenden Strategie, aber auch an der fehlenden Priorisierung, fehlenden Ressourcen und der fehlenden Abstimmung der einzelnen Bereiche [SCHM2019b, S. 9 ff.]. Da jedoch der Begriff „Digitalisierung" innerhalb der Bevölkerung positiv besetzt ist und mit Zukunftsorientierung verbunden wird, kann sich kaum ein Politiker die vollkommene Abkehr erlauben. In diesen Fällen reduziert sich häufig die Digitalisierung auf die Präsentation der Kommune in den Social-Media-Kanälen, wie Facebook, Instagram und Twitter. Eine rein auf Marketinggesichtspunkten ausgerichtete Sichtweise des E-Governments wird die nötigen Investitionen eher blockieren, da das höchste Einsparungspotenzial im Binnenbereich der Verwaltung liegt. Hier sind jedoch Investitionen notwendig, die wenig Außenwirkung entfalten und einen Return of Investment erst später bringen. Wenn jedoch die langfristigen Vorteile von der Spitze der Kommunen erkannt werden und diese dann auch die Entwicklung vorantreibt, sind selbst bei kleineren Kommunen Erfolge durchaus möglich, wie man anhand der Stadt Darmstadt erkennen kann. Diese hat 2019 einen Wettbewerb von der Bitkom gewonnen und bezeichnet sich nun als Digitalstadt. Aufgrund der vorher vorhandenen starken Präsenz von Hochschulen und IT-Unternehmen konnte dadurch das Image der Stadt

© Springer-Verlag GmbH Deutschland, ein Teil von Springer Nature 2021
R.-R. Piesold, *Kommunales E-Government*,
https://doi.org/10.1007/978-3-662-63094-5_7

weiter verbessert werden. Neben dem politischen Willen ist eine gute organisatorische Einbindung für den Erfolg der digitalen Transformation und dem Aufbau eines E-Government-Systems zwingend notwendig. Abb. 7.29 zeigt exemplarisch die Einbindung verschiedener Organisationseinheiten.

7.2   Verwaltungsspitze

Eine zentrale Rolle bei der Entwicklung von kommunalen E-Government-Systemen nehmen der Landrat, der Ober- oder Bürgermeister ein. Da die meisten Kommunalverfassungen mittlerweile die Direktwahl der kommunalen Spitzenposition vorsehen, verfügt die gewählte Person über eine spezielle Legitimation. Weiterhin wird ihr das Recht eingeräumt, die Dezernatsaufteilung innerhalb des Kreisausschusses, des Magistrats oder des Gemeindevorstandes vorzunehmen. Natürlich ist sie meistens bei dieser Entscheidung von anderen Gremien, wie politischen Mehrheiten im Parlament, abhängig, aber sie verfügt über eine zentrale Stellung und leitet meistens auch die wichtigsten Verwaltungseinheiten. In größeren Kommunen kann aber der Oberbürgermeister mit weiteren Aufgaben so stark ausgelastet sein, dass die Aufgabe der digitalen Transformation von ihm nicht optimal vorangetrieben werden kann. In diesem Fall sollte ein anderes Mitglied des Gemeindevorstands den Bereich Digitalisierung übernehmen, wobei es natürlich vorteilhaft ist, wenn diese Person auch ein wichtiges Dezernat leitet. Die Einbindung der Führungsperson in den Gemeindevorstand ist aber schon alleine

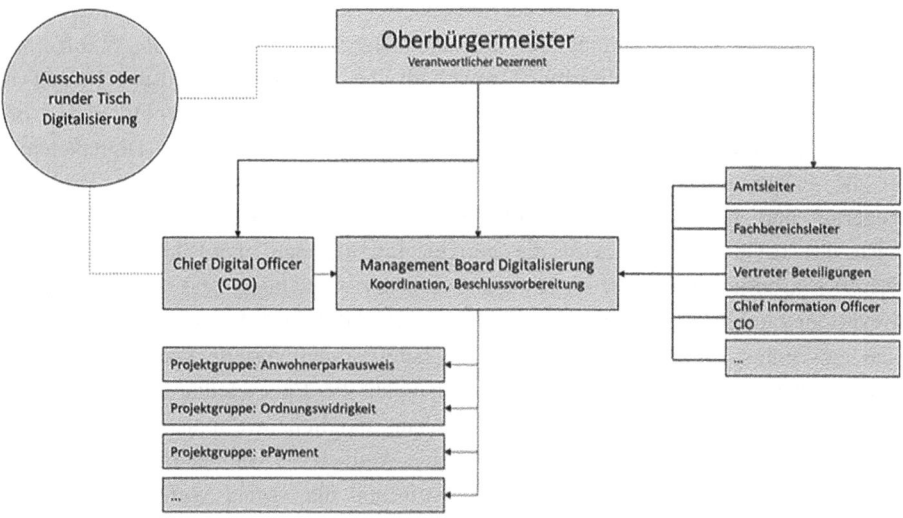

Abb. 7.1 Projektbezogene E-Government-Organisation. (Quelle: eigene Darstellung, angelehnt an [PIE2017c, S. 13])

deswegen wichtig, da es sich um eine dezernatsübergreifende Aufgabe handelt, bei der es immer wieder zu internen Konflikten kommen kann. Diese Konflikte lassen sich natürlich auf der obersten Ebene leichter klären.

7.3   Chief Digital Officer

Aufgrund der zunehmenden Bedeutung der Daten in einem Unternehmen oder in einer Verwaltung hat sich ein neues eigenständiges Aufgabengebiet gebildet. Daten und Informationen werden immer mehr als Vermögenswert oder Asset interpretiert, deren Auswertung von großem Nutzen ist. Aber auch die Frage, wie und wo diese entstehen, wie diese geschützt werden, fällt in den Bereich dieses Aufgabengebiets. Im englischen Sprachgebrauch hat sich der Begriff des „Digital Data Officer" (CDO) herausgebildet, der sich mittlerweile auch im deutschen Sprachraum eingebürgert hat. Der CDO ist nicht mit dem CIO (Chief Information Officer) gleichzusetzen, der sich stärker mit den technischen Aspekten, wie Hardware oder Softwarebestände beschäftigt. Der CIO sollte dementsprechend auch über eine technische Ausbildung oder ein Informatikstudium verfügen, während der CDO verstärkt betriebswirtschaftliche oder verwaltungswissen-schaftliche Kenntnisse haben muss.

7.4   Management Board Digitalisierung

Als zentrale Koordinationsstelle ist ein Gremium einzurichten, in dem die Führungs-kräfte der Verwaltung vertreten sind und die digitale Transformation steuern. Der Begriff Management Board Digitalisierung kann zwar bei einer einfachen Übersetzung zu einer Fehlinterpretation führen, trifft aber die Aufgabe des Gremiums recht gut. Der Begriff Board wird in amerikanischen Unternehmen für Aufsichtsrat und Geschäftsführung deshalb synonym eingesetzt, da das Spitzengremium eines amerikanischen Unter-nehmens ein monistisches System (engl. one-tier) ist. Es gibt nicht die in Deutschland übliche Trennung zwischen Geschäftsführung bzw. Vorstand und Aufsichtsrat, sondern in das operative Geschäft werden Aufsichtsratsmitglieder und externe Personen ein-gebunden. Einem US-Board gehören deshalb neben den Spitzenmanagern des Unter-nehmens, wie dem Chief Executive Officer (CIO), dem Chief Financial Officer (CFO), dem Chief Digital Officer (CDO) und dem Chief Information Officer (CIO), auch Externe, wie Manager anderer Unternehmen, Professoren von Business Schools oder Politikern. [GEIS2006, S. 110]. In einem Management Board für eine Verwaltung sollte der Grundgedanke, dass sowohl interne als auch externe Personen dem Board angehören, aufgegriffen werden. Auf jeden Fall sollten ein oder mehrere Mitglieder des Gemeindevorstandes dem Gremium angehören, da dadurch die Bedeutung sichtbar wird. Außerdem ist die digitale Transformation eine Querschnittsaufgabe, die eigentlich alle Dezernate betrifft. Die Leiter der Ämter, Fachbereiche und Beteiligungen müssen

eingebunden werden, da die digitale Transformation die Digitalisierung deren Fachverfahren betreffen. Inwieweit man noch externe Berater hinzuziehen sollte, hängt auch
von der strategischen Planung an. Falls eine Kommune einen festen Entwicklungs-
partner zur Umsetzung der digitalen Transformation hat, bietet sich eine Integration
eines Vertreters dieses Unternehmens ab. Die Einbindung von Vertretern wissenschaft-
licher Einrichtungen, wie Hochschulen, ist ebenso grundlegend richtig, kann aber an Ver-
gütungssystemen usw. scheitern.

Das Management Board Digitalisierung sollte in einem halb- oder vierteljährlichen
Turnus tagen. Da hier auch die Prioritätenliste der Projekte beschlossen wird, müssen
die Kriterien für deren Auswahl und deren Genehmigung allgemein akzeptiert sein. Die
Kriterien sollten operationalisierbar und gut interpretierbar sein, da so die Vergleichbarkeit leichter ist. Deshalb kann man auf die klassischen Instrumente aus dem Projektmanagement zurückgreifen. Eine Bewertungsmatrix ist hierbei ein geeignetes und
einfaches Verfahren.

7.5   Human Resources

Letztlich kommt es jedoch darauf an, bei der Mehrzahl der Mitarbeiterinnen und Mitarbeiter Interesse für die Projekte zu entwickeln, da diese auch die Digitalisierung
umsetzen müssen und die Programme anwenden müssen. Deshalb ist von erheblicher
Bedeutung, dass eine große Anzahl von Mitarbeitern eingebunden werden. Die Bildung
von Projektgruppen kann eine geeignete Maßnahme sein. Da die Mitglieder der Projektgruppen, die Sollkonzepte und den Kriterienkatalog ausfüllen müssen, sollte es sich
hierbei um Personen handeln, die auch über die notwendigen Kenntnisse verfügen.
Daraus resultiert, dass in der Verwaltungen Personen vorhanden sein müssen, die einen
Bezug zur Digitalisierung haben und prozessorientiert denken können. Dies ist nicht
immer gegeben, da viele Verwaltungsmitarbeiter nach den Grundgedanken einer Aufbauorganisation und dem Prinzip des Bürokratiemodells ausgebildet wurden und auch
jahrzehntelang in einer solchen Organisation gearbeitet haben. Nun sind jedoch spezielle
Fragen zur Ablauforganisation mehr gefragt. Insofern ist die digitale Transformation der
Verwaltung auch eine Frage der Personalentwicklung, da eine digitale Transformation
durch die „Digital Leader" und die „Digital User" als kompetentes Personal einen Schub
erhält [KAZM2019, S. 64]. Diese müssen jedoch vorhanden sein.

7.6   Politische Instanzen

Das Thema Digitalisierung ist ein überaus populäres Thema, dass auch innerhalb der
Politik stark diskutiert wird. Deshalb ist es notwendig, dass die politischen Vertreter
eingebunden werden. Dies sollte u. a. dadurch geschehen, dass eine Kommune eine
Strategie zur digitalen Transformation erarbeitet und beschließt. Sie sollte aber auch

politische Gremien zu dessen Überprüfung beauftragen. Je nachdem wie stark die Einbindung sein soll, kann man einen Ausschuss damit beauftragen oder nur einen runden Tisch bilden, bei dem regelmäßig über den Stand der Entwicklung berichtet wird. Der runde Tisch hat den Vorteil, dass er sich leicht einrichten lässt und man auch bei dessen Besetzung relativ flexibel ist. Der Nachteil ist jedoch offensichtlich, da die Verbindlichkeit fehlt. Ein Ausschuss hat dagegen eine höhere Legitimation und kann auch Entscheidungen, die später in der Gemeindevertretung getroffen wird, vorbereiten. Da es ein Beschlussorgan ist, dürften seine Entscheidungen auch ein höheres Gewicht haben.

Literatur

[GEIS2006]   Geißler, C.: ein Board? Harv. Bus. Manag. 2, 110 (2006). https://heft.manager-magazin.de/EpubDelivery/manager-lounge/pdf/45466561. Zugegriffen: 16. Okt 2020

[KAZM2019]   Kazmerski, U.: Wie lässt sich die Digitalisierung als Innovationsschub in der öffentlichen Verwaltung erfolgreich verhindern?, in: [SCHM2019a], S. 53–66.

[PIE2017c]   Piesold, R.: Leitbild Digitale Offensive 2025, Magistrat der Stadt Hanau, Hanau 2017

[SCHM2019b]   Schmid, A.: Verwaltungsinformatik und eGovernment im Zeichen der Digitalisierung – Zeit für ein neues Paradigma, in: [SCHM2019a], S. 3–21.

Prozessorientierte Verwaltung

8

8.1 Notwendigkeit einer Umstellung

Die Erweiterung einer aufbauorientierten zu einer prozessorientierten Verwaltung ist der wichtigste Baustein für ein E-Government-System. Die Gestaltung der betrieblichen Abläufe mit einem Prozessmanagement ist in der Betriebswirtschaftslehre nicht neu. Insbesondere im Bereich der Produktion liegen jahrzehntelange Erfahrungen vor. Die Übertragung auf die Abläufe der Verwaltung eines Unternehmens war dementsprechend eine logische Konsequenz. Auch für öffentliche Verwaltungen wurde schon seit längerem die Umstellung gefordert und Konzepte entwickelt, wie sie in Kap. 3 dargelegt wurden. Insbesondere die Vorschläge des NPMs und des KSMs haben einen starken Bezug zu einer Prozessorientierung. Allgemein wird dem bisherigen Verwaltungsaufbau eine mangelnde Prozessorientierung unterstellt und gefordert, dass die Ablauforganisation eine prominentere Position im Rahmen der Organisationsgestaltung einnehmen muss [BECK2009, S. 31].

Durch die Prozessorientierung entsteht für die Verwaltung ein Nutzen, der u. a. durch eine Verbesserung der Transparenz resultiert. Durch die Modellierung der Verwaltungsprozesse werden die Abläufe sichtbarer oder transparenter. Das gilt insbesondere dann, wenn diese auch visualisiert werden. Es kann aber auch eine Optimierung der Prozesse erfolgen, da die Problem- und Potenzialidentifikation verbessert wird [BECK2009, S. 65]. Die Optimierung der Prozesse kann auch softwaregestützt erfolgen. Durch die Optimierung der Prozesse wird die gesamte Verwaltung effizienter. Eng verbunden mit der Optimierung der Prozesse ist auch die Komplexitätsreduktion und -beherrschung verbunden. Ein Verwaltungsvorgang steht in der Regel nicht alleine, sondern ist in

© Springer-Verlag GmbH Deutschland, ein Teil von Springer Nature 2021
R.-R. Piesold, *Kommunales E-Government*,
https://doi.org/10.1007/978-3-662-63094-5_8

eine Kette von Abläufen eingebunden. Diese Vernetzung und Verkettung aufzuzeigen und zu optimieren ist eine weitere Aufgabe des Prozessmanagements. Die Akzeptanz für einen Verwaltungsablauf kann ebenso durch die Darstellung des Prozesses erhöht werden, da die Notwendigkeit des Ablaufs erst dem Anwender oder Kunden „bewusst" wird. Daraus resultiert auch, dass die Kommunikation sich insbesondere aus der Visualisierung verbessert. Dies kann für eine Evaluierung ebenso notwendig sein, wie bei der Abstimmung mit anderen Bereichen der Verwaltung. Für die hier vorliegende Problematik ist jedoch von entscheidender Bedeutung, dass die Prozessoptimierung eine notwendige Voraussetzung für die IT-gestützte Gestaltung von Verwaltungsprozessen ist. Kein E-Government-System kann aufgebaut werden, wenn die Verwaltung nicht prozessorientiert denkt. Darin dürfte auch ein Hauptproblem bei der Umsetzung der bisherigen Konzepte liegen, da natürlich eine prozessorientierte „Kultur" innerhalb der Verwaltung vorliegen muss. Dies betrifft sowohl die Mitarbeiter als auch die Leitung der Verwaltung. Ein nicht zu vernachlässigender Effekt bei der Prozessorientierung ist auch die Verbesserung des Datenschutzes. Da der Prozess aufgrund seiner Modellierung auch dokumentiert wird, sind einige Vorgaben aus der EU-DSGVO erfüllt.

8.2   Abgrenzung von Prozess, Vorgang und Projekt

In dem bisherigen Verwaltungshandeln nimmt der Begriff des Verwaltungsaktes eine hervorgehobene Stellung ein. Bei einem Verwaltungsakt handelt es sich grundsätzlich um die Regelung eines Sachverhalts durch den Staat oder durch Körperschaften des öffentlichen Rechts wie z. B. Gemeinden, Städte oder Landkreise. Der Verwaltungsakt wird durch eine Akte dokumentiert, in der auch die dazugehörigen Vorgänge aufgeführt werden. Insofern kann man auch einen Verwaltungsakt in seine einzelnen Vorgänge zerlegen. Innerhalb eines Verwaltungsaktes kommt es häufig zu routinemäßigen Vorgängen. Die Beschreibung von immer wiederkehrende Abläufen ist der primäre Gegenstand eines Prozessmanagements. Dabei wird ein Prozess durch eine Folge von wiederholt ablaufenden Aktivitäten mit messbaren Eingaben, Wertschöpfungen und Ausgaben definiert. Dadurch unterscheidet er sich auch von einem Projekt. Projekte sind einmalige komplexe Vorhaben, die sich in ihre einzelnen Bestandteile, wie Vorgänge, Meilensteine usw., zerlegen lassen (Abb. 8.1).

▶ Unter Prozess wird versteht die kleinste operationalisierbare Einheit eines Verwaltungsaktes verstanden. Es ist somit eine inhaltlich abgeschlossene, zeitliche und sachlogische Folge von Aktivitäten, die zur Bearbeitung eines verwaltungswirtschaftlichen relevanten Objekts notwendig sind [BECK2009, S. 32]. Er untergliedert sich in Prozessbausteine.

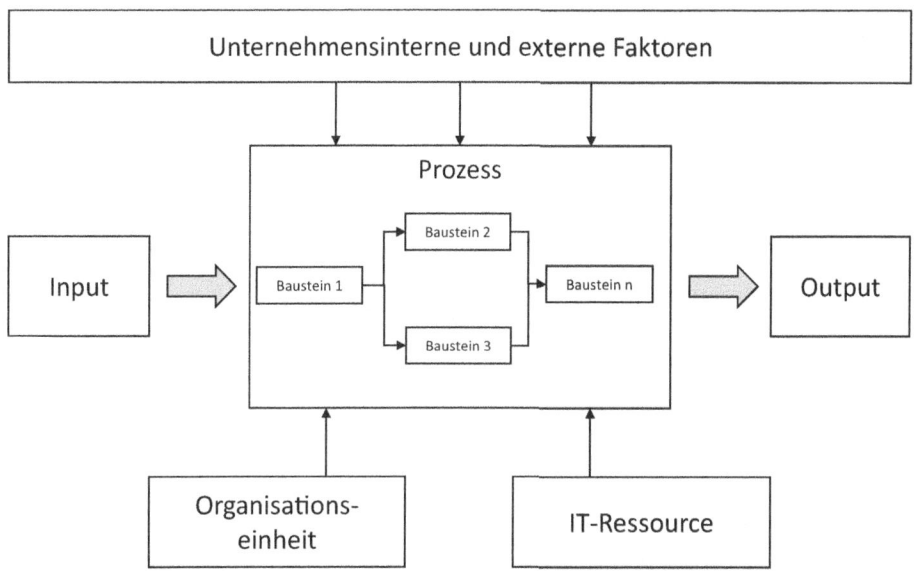

Abb. 8.1 Der Prozess. (Quelle. eigene Darstellung, angelehnt an [SCHW1996, S. 6])

8.3 Arten von Verwaltungsprozessen

Im Prozessmanagement werden drei Kategorien von Geschäftsprozessen unterschieden: Management- oder Führungsprozesse, Kernprozesse sowie Steuerungs- oder Unterstützungsprozesse. Diese Kategorien lassen sich auch auf die öffentliche Verwaltung übertragen. Der Kern- oder Leistungsprozess umfasst alle Tätigkeiten, die der Wertschöpfung eines Unternehmens dienen. Er leitet sich aus der Kernkompetenz einer Organisation ab, die in der Verwaltung primär die eigentlichen Fachverfahren sind, bei denen aufgrund eines Inputs ein Output erzeugt wird. Häufig findet man auch Erweiterungen zu einer Outcome-Steuerung, wie sie in Kap. 3 beschrieben wurde. Die Kernprozesse sind also Prozesse, deren Aktivitäten einen direkten Bezug zum Leistungsauftrag einer Verwaltung besitzen und damit einen Beitrag zu deren Wertschöpfung leisten [BECK2009, S. 33]. Sie haben auch meistens einen Bezug zu den Bürgern, Unternehmen oder anderen Verwaltungen und beinhalten deswegen sowohl in Hinblick auf den Input als auch den Output die Schnittstellen nach außen. Führungsprozesse sind Planungs-, Steuerungs- und Kontrollleistungen, die von den übergeordneten Organisationseinheiten vorgenommen werden. Sie ermöglichen die Kernprozesse und sind Kernaufgaben des Managements. Dabei lassen sich grundsätzlich zwei Typen unterschieden. Zu den strategischen Führungsprozessen gehören Aufgaben, wie die Visions-, Leitbild-und Strategieentwicklung. Diese Aufgaben sind jedoch häufig komplex und treten nicht mit der gleichen Regelmäßigkeit auf, wie die operativen Prozesse. Deswegen werden die strategischen Aufgaben auch eher mit einem

Projektmanagement in Verbindung gebracht. Operative Führungsprozesse dienen der Verwirklichung der strategischen Planung. Sie kommen regelmäßig vor und dienen u. a. auch der Berichtserstattung. Die Support- oder Stützprozesse tragen nur mittelbar zur Wertschöpfung bei, aber sind zur Umsetzung der Kernprozesse notwendig. Stützprozesse können Leistungen innerhalb eines einzelnen Kernprozesses sein. So wird die Abwicklung einer Zahlung einer gebührenpflichtigen Leistung durch einen Stützprozess vollzogen werden. Supportprozesse können aber auch die Handlungsfähigkeit der gesamten Verwaltung sichern. Zu diesen Bereichen gehören beispielsweise das Personalwesen oder die Kredit- und Finanzwirtschaft [Beck2009, S. 35]. Bei diesen Prozessen ist es auch möglich, Leistungen von externen Anbietern einzubinden. Die Regelung des Online-Zahlungsverkehrs ist dabei ein gutes Beispiel.

Der Kernprozess ist das eigentliche Herzstück eines E-Government-Systems. In einer Verwaltung können eine erhebliche Anzahl von Prozessen vorhanden sein. Aufgrund des Umsetzungskatalog des OZGs kann man Rückschlüsse auf den Umfang der Prozesse einer Verwaltung, die zu digitalisieren sind, ziehen (Abb. 8.2).

Bei der Digitalisierung eines Prozesses kommt es erheblich auf den Grad der Strukturiertheit an. Becker unterscheidet drei Arten von Prozessen hinsichtlich ihrer Strukturiertheit [Beck2009, S. 37]. Am einfachsten ist die Transformation eines Prozesses, wenn er vollkommen strukturiert ist, d. h. die Anzahl und Abfolge seiner einzelnen Bearbeitungsschritte, Bearbeiter, Zeiten, Ergebnisse und steuernde Ereignisse sind eindeutig definiert. Solche Prozesse lassen sich relativ leicht formalisieren und transformieren. Dagegen eignen sich unstrukturierte Prozesse wesentlich schwieriger für eine Digitalisierung. Es handelt sich um inhaltlich komplexe Aufgaben,

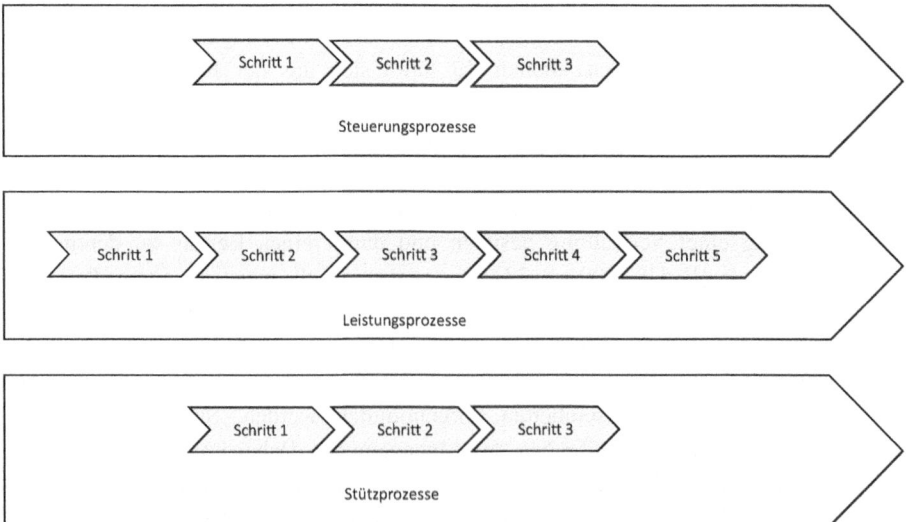

Abb. 8.2 Arten von Prozessen

die eine Vielzahl von nicht vorhersehbaren Parametern umfassen. Gesetzgebungsverfahren könnte man hier hinsichtlich der Aufgabenbereiche des Bundes oder der
Länder anführen. Kommunal wäre eine Bauleitplanung ein komplexes Verfahren. Teil-
strukturierte Prozesse sind der Hauptteil der Kernprozesse einer öffentlichen Verwaltung.
Abschließend kann man festhalten, dass planende Verwaltungsaufgaben überwiegend
unstrukturierte Prozesse sind, während vollziehende Verwaltung tendenziell eher
strukturierte Prozesse sind. Der Übergang ist fließend.

8.4 Prozessanalyse

Bevor man einen Prozess transformieren kann, ist es notwendig verschiedene Phasen
zu durchlaufen. Vorab muss der Istzustand des jeweiligen Prozesses durchgeführt
werden. Diese Analyse ist auch eine Voraussetzung für die Ermittlung von Schwachstellen des bestehenden Prozesses und der Lokalisierung von Verbesserungspotenzialen
[KOCH2011, S. 65]. Für die Durchführung der Ist-Analyse gibt es verschiedene
Erhebungsmethoden und -strategien [KOCH2011, S. 68 f.]. Die wichtigste Methode
ist die Beobachtung und die persönliche Befragung. Der Mitarbeiter führt häufig den
Prozess routinemäßig aus. Darüber hinaus kann auch ein Fragebogen dazu dienen, dass
der Mitarbeiter über seine auszuführende Tätigkeit ein „Protokoll" erstellt. Weiterhin
können auch vorhandene Unterlagen, wie Stellenbeschreibung u. a., ausgewertet werden.
Neben der eigentlichen Analyse der Aktivitäten kann auch festgehalten werden, welche
Interdependenzen zu anderen Prozessen bestehen. Dies betrifft sowohl die Input- als
auch Output-Seite. Eine genaue Protokollierung und Dokumentation des Ist-Zustandes
ist Ausgangspunkt für die nachfolgende Prozessmodellierung.

8.5 Prozessmodellierung

Nach der Identifikation und Analyse eines Prozesses erfolgt im nächsten Schritt seine
Modellierung. Zur Definition des Begriffs-Modell ist es zweckmäßig auf die allgemeine
Modelltheorie von Stachowiak zurückzugreifen [STAC1973, S. 131 ff.]. Bei einem
Modell handelt es sich um ein vereinfachtes Abbild der Realität. Daraus folgt, dass ein
abgebildetes Objekt und sein Modell nicht deckungsgleich sind. Vielmehr wird das
Modell so angepasst, dass es einen gewissen Zweck für den Modellgestalter erfüllt.
Daraus folgt außerdem, dass nicht alle Attribute übernommen werden. Insofern ist die
Modellbildung immer durch das Subjekt geprägt. Insgesamt bestimmen drei Faktoren
die Modellbildung: das Objekt, das Subjekt und der Zweck (Abb. 8.3).

Da es sich bei der Digitalisierung von Ist-Prozessen immer um eine Gestaltungsauf-
gabe und eine Transformation handelt, wird der Soll-Prozess schon bei der Modellierung
mitgedacht. In dieser Hinsicht unterscheidet sich die Modellierung von einer Erkenntnis-
aufgabe, die eine möglichst exakte Abbildung des Ist-Zustandes zum Ziel hätte.

Abb. 8.3 Grundprinzip der
Modellbildung

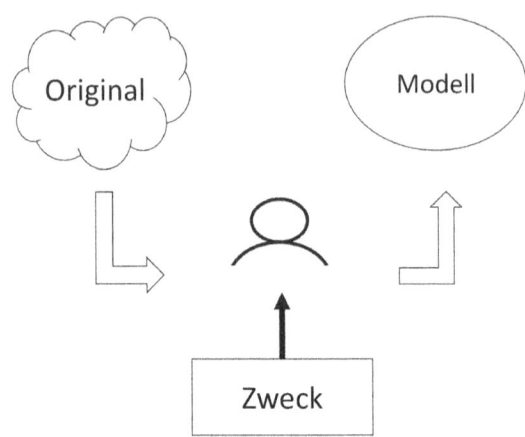

Bei einer Modellierung eines Prozesses spricht man von Prozessmodell, das wiederum aus verschiedenen Elementen besteht. Es gibt Auskunft über die Prozessschritte, die Objekte die bearbeitet werden, die Aufgabenträger, wie Mitarbeiter, Maschinen usw. und mögliche Übergänge zwischen den Prozessschritten [BECK2009, S. 58]. So wird jeder Prozess nach dem EVA-Prinzip (Eingabe-Verarbeitung-Ausgabe) beschrieben. Insgesamt wird so ein Prozessmodul (Abb. 8.4) entwickelt, dass wiederum ein gesamter Prozess oder wiederum ein Teilprozess sein kann [BECK2009, S. 59].

Zur weiteren Modellierung eines Prozessmoduls ist es zweckmäßig, verschiedene Sichten zu verwenden. Scheer hat eine solche Betrachtungsweise für die Architektur von Informationssystemen (ARIS) schon vor über 30 Jahren eingeführt [SCHE1992, S. 18 ff.]. Danach untergliedern diese sich in eine Organisationsicht, eine Datensicht, eine Vorgangs- oder Funktionssicht sowie einer Steuerungssicht [ALLW2007, S. 147]. Die Organisationsschicht beschreibt die Organisationseinheiten, die zur Lösung der Aufgabe des Prozessmoduls notwendig sind. Die Datensicht beschreibt die Daten, die für die Durchführung der Aufgabe herangezogen und eventuell verändert werden. Die Funktionssicht beinhaltet die Aufgliederung der Aktivitäten, welche die Inputs in die gewünschten Outputs transformieren. Die Sicht kann durch eine Analyse von Aufgabenplänen und deren Zergliederung erstellt werden [BECK2009, S. 63]. Nach Scheer gehen durch die Unterteilung des Modells in Sichten Beziehungen zwischen den einzelnen Komponenten verloren. Da aber elementare Zusammenhänge zwischen Daten, Funktionen und Organisationseinheiten bestehen, werden diese in einer eigenen Komponente, der Steuerungssicht, wiedereingeführt [SCHE1992, S. 18]. Becker bezeichnet diese Steuerungssicht auch als integrierende Prozesssicht, da hier die Elemente der anderen Sichten aufgegriffen und in Beziehung gesetzt werden [BECK2009, S. 63]. Im ARIS-Modell fehlt aber letztlich eine Ressourcensicht, die in Abb. 8.5 dargestellt ist. In dieser sollen auch entsprechende Maschinen oder Informationssysteme (Hardware) dargestellt werden.

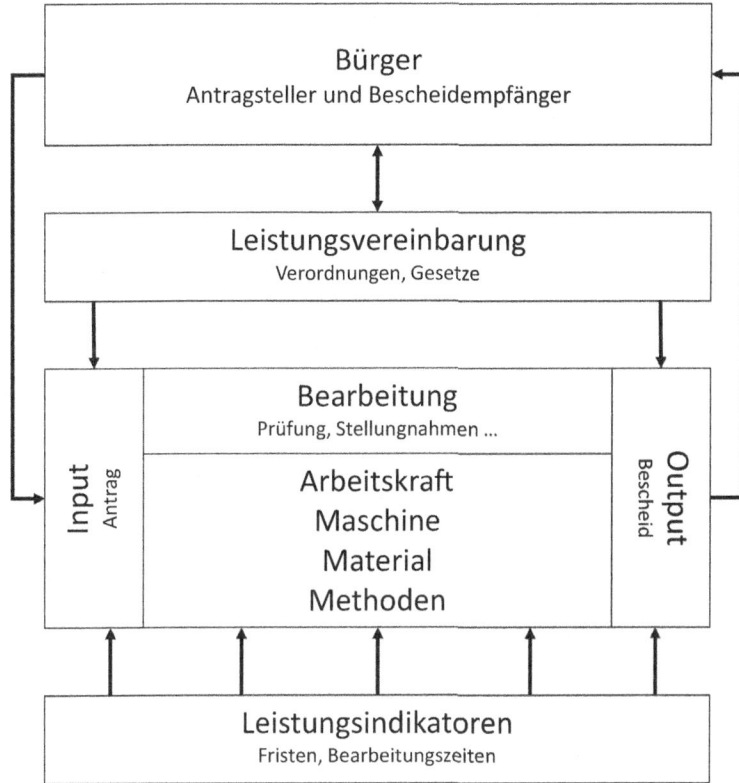

Abb. 8.4 Aufbau eines Prozessmoduls. (Quelle: eigene Darstellung, angelehnt an [BECK2009, S. 59])

Abb. 8.5 Sichten der Architektur integrierter Informationssysteme. (Quelle: eigene vereinfachte und erweiterte Darstellung, angelehnt an [SCHE1992, S. 18])

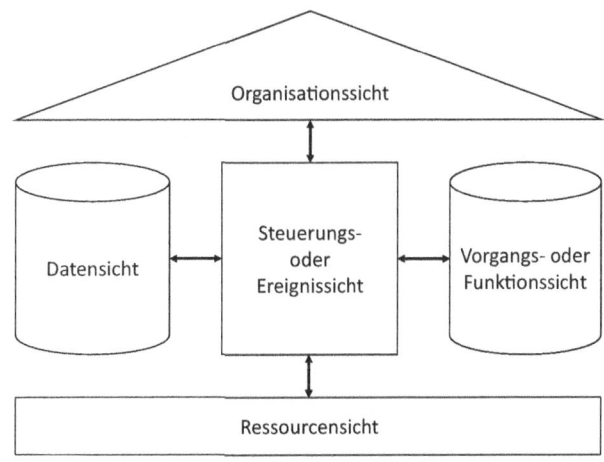

8.6   Methoden der Prozessmodellierung und -implementierung

8.6.1   Ereignisgesteuerte Prozessketten (EPK)

Außer den ereignisgesteuerten Prozessketten gibt es zwar noch weitere Methoden, wie sich Prozesse modellieren lassen. Auf deren Darstellung wird hier aus Platzgründen jedoch weitgehend verzichtet. Ursprünglich basierten die EPKs auf drei Komponenten: die Informationsobjekte, die Funktionen und die Ereignisse. [KELL1992, S. 7 ff.]. Später wurden diese um weitere Komponenten ergänzt, sodass sie auch die Beziehungen der verschiedenen Sichten umfassend darstellen können. Heute haben die EPKs einen festen Platz in der Modellierung im Bereich des industriellen Geschäftsprozess-managements in Theorie und Praxis. Natürlich lassen sich auch Verwaltungsprozesse als EPKs darstellen (Abb. 8.6). Sie können jedoch auch zu recht komplexen Dar-stellungen führen, deren Darstellung wiederum kompliziert ist. Deswegen können auch

Abb. 8.6 Komponenten und Konnektoren einer EPK (Visio)

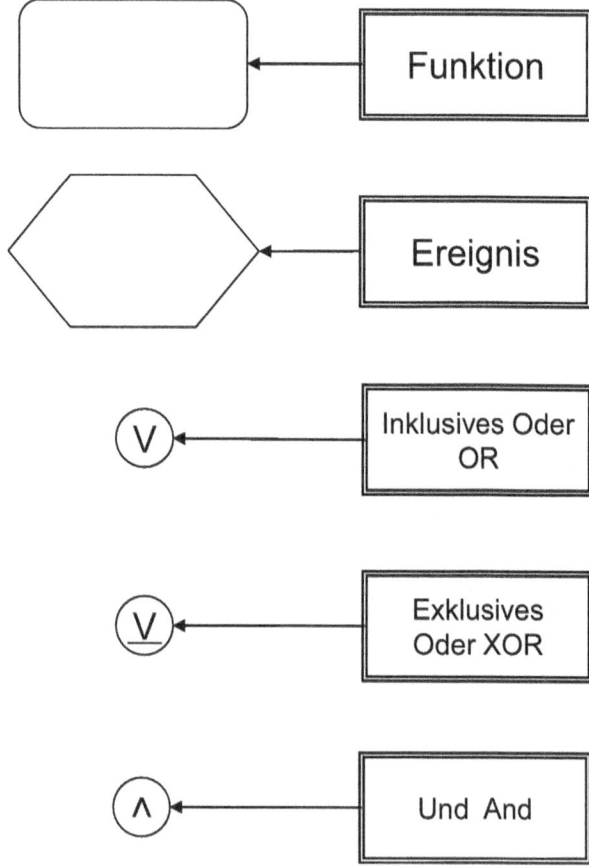

Teillösungen für erste Entwürfe und Schulungsaufgaben sinnvoll sein. Grundlegend verwendet diese Methode die aktive Komponente des „Objektes" und der „Funktion", die passive des „Ereignisses" und Konnektoren [SCHE1998, S. 49 ff.].

Die Komponente „Objekt" wird synonym für die Worte Gegenstand oder Sache verwendet. Dabei kann der Gegenstand realer oder abstrakter Natur sein. [KELL1992, S. 8]. Funktionen transformieren Input- in Outputdaten, indem sie Objekte lesen, verändern, löschen oder erzeugen [KELL1992, S. 9]. Ein Ereignis ist wiederum ein eingetretener Zustand im Informationssystem. Es bildet als passive Komponente einen zeitpunktbezogenen Sachverhalt ab [KELL1992, S. 12]. Zwischen diesen drei Komponenten befinden sich Konnektoren. Die logische UND-Verknüpfung oder Konjunktion bedeutet, wenn beide Aussagenbestandteile, „A" und „B", jeweils wahr sind. Es kann aber auch der Output aus mehreren Bestandteilen stehen, die ebenso ein UND darstellen können. Das logische ODER oder Disjunktion kann in zwei Formen auftreten. Als inklusives ODER oder als exklusives ODER. Beim inklusiven ODER, das auch als nicht-ausschließende Disjunktion, Adjunktion, inklusives Oder bzw. OR bezeichnet wird, sagt aus, dass mindestens eine der beiden beteiligten Aussagen wahr sein muss. Sie ist also nur dann falsch, wenn sowohl A als auch B falsch sind. Das exklusive ODER, dass auch als ausschließende Disjunktion, Kontravalenz, exklusives ODER bzw. XOR bezeichnet wird, ist nur dann wahr, wenn eine der beiden Aussagen wahr ist. Es dürfen nicht beide Aussagen wahr sein. Durch die Verbindung der Komponenten mit den Konnektoren lässt sich der Prozessfluss darstellen. Zur besseren Übersichtlichkeit kann man die Zeichnung mit einem Start und einem Ende versehen.

Die dargestellte EPK in Abb. 8.7 ist stark vereinfacht, da diese anschließend um weitere Komponenten anderer Sichten erweitert werden kann. Diese Darstellung erfordert jedoch eine erweiterte Form der Modellierungsmethode EPK, die als erweiterte Ereignisgesteuerte Prozesskette (EPK) bezeichnet wird. Die in der EPK dargestellten logischen Abläufe eines Geschäftsprozesses mit den Komponenten Objekt, Funktion, Ereignis und Konnektoren werden bei der EPK um die Elemente der Organisations-, Daten- und Leistungsmodellierung erweitert [SCHE1998, S. 61 ff.].

8.6.2   Business Process Model and Notation (BPMN)

Das BPMN ist eine weitere Methode um Geschäftsprozesse zu modellieren und abzubilden. Auch bei der BPMN liegt der Schwerpunkt auf der grafischen Darstellung von Geschäftsprozessen. Sie ist stark verwandt mit der Methode der EPKs und wird deswegen auch als dessen Nachfolger bezeichnet [ALLW2015, S. 10]. Auch BPMN verwendet verschiedene grafische Elemente [ALLW2015, S. 17 ff.]. Die Knoten (Aktivitäten, Objekte, Ereignisse) werden als Flow Objects und die Verbindungen als Connecting Objects bezeichnet. BPNM kennt neben den Sequence Flows (Ablaufverbindungen) auch noch Message Flows (Nachrichtenverbindungen). Die Darstellung erfolgt zumeist horizontal, da die Workflows sich besser und übersichtlicher darstellen

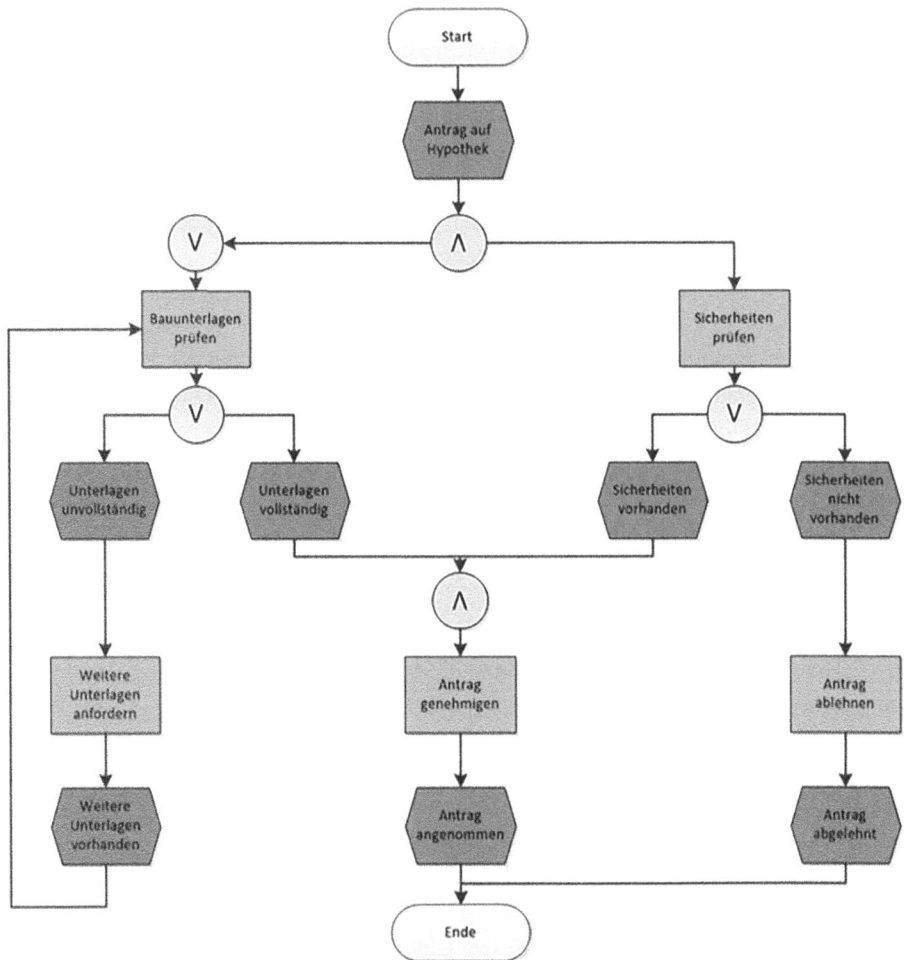

Abb. 8.7 Beispiel einer EPK (Visio)

lassen. Zur besseren Unterscheidung der verschiedenen Sichten werden die Aktoren und
Systeme in Swimlane-Diagrammen (pools and lanes) dargestellt. Darüber hinaus kennt
BPMN noch den Begriff des Artifacts, das sind Elemente wie Data Objects, Groups und
Annotations zur weiteren Dokumentation des Prozesses. Ein Nachteil des Verfahrens ist,
dass die Modellierung teilweise zu komplexen und unübersichtlichen Ergebnissen führen
kann. Es ist deswegen notwendig, dass auch Teilbereiche separat dargestellt oder gar nur
einzelne Sichten hervorgehoben werden. Insbesondere für ungeübte Benutzer kann das
von großem Nutzen sein (Abb. 8.8).

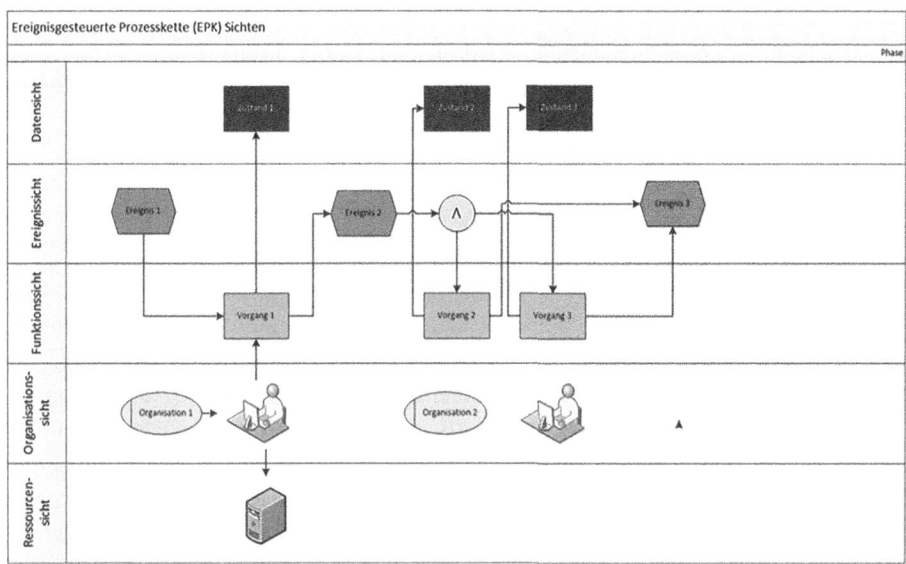

Abb. 8.8   Beispiel eines einfachen Workflows (Visio)

8.6.3   Business Process Execution Language (BPEL)

Mit der Einführung von Methoden der Prozessmodellierung änderten sich auch die
Mittel, wie man die definierten Prozesse implementieren konnte. Die Programmierung
mit traditionellen Programmiersprachen ist aufwendig und setzt meistens sehr gute
Programmierkenntnisse in der Sprache voraus. Dadurch wird die Anwendung auf
einen ganz speziellen Teilnehmerkreis reduziert. Außerdem hatten diese Verfahren
den Nachteil, dass sich Anpassungen aufgrund gesetzlicher Änderungen oder einem
anderen Geschäftsmodell schwieriger realisieren ließen. Deswegen wurden schon
in den 90er Jahren des letzten Jahrhunderts Workflow-Managementsysteme entwickelt. Dadurch wurde die Erstellung und Pflege der Geschäftsprozesse erleichtert.
Durch die vermehrte Einbeziehung von webbasierten Anwendungen erweiterte sich
das Anwendungsgebiet der Geschäftsprozessmodellierung noch weiter. Ursprünglich
wurde die Business Prozess Execution Language für voll automatisierte Prozesse entwickelt. Es handelt sich dabei um eine Sprache, zur workflow-basierten Komposition
von Webservices [LESS2011, S. 9]. Parallel zur Standardisierung von BPEL wurde
das zuvor beschriebene BPMN entwickelt, um eine grafische Gestaltung oder Notation
zu ermöglichen. Damit konnten auch Nichtexperten Geschäftsprozesse modellieren
und kommunizieren, ohne tiefere technische Kenntnisse zu besitzen [LESS2011,
S. 9]. Mit geeigneten Tools ist es möglich aus den BPMN-Modellen BPEL-Prozesse
zu generieren [LESS2011, S. 14 f.]. Insofern ist die Business Prozess Execution
Language eine domänenspezifische, imperative Programmiersprache zur Definition

von Geschäftsprozessen [LESS2011, S. 53]. Ursprünglich wurde diese Sprache primär für Backend-Prozesse entwickelt und ist deshalb für reine Frontendprozesse bzw. der Maskensteuerung von mehrstufigen Formularen (Page-Flows) nur bedingt geeignet [LESS2011, S. 53].

8.6.4 Visualisierung von Prozessen

Zur Analyse, Gestaltung bzw. Optimierung von Geschäftsprozessen ist deren Visualisierung notwendig, wobei die verschiedenen Softwareprodukte zur Modellierung und Visualisierung, wie ARIS, ADONIS usw. unterschiedlich geeignet sind. Insbesondere die Komplexität der Tools vereinfachen bzw. erschweren ihre Anwendung.

Die Visualisierung hat gegenüber der textlichen Beschreibung erhebliche Vorteile. So wird die Transparenz gesteigert, da die Vorgänge einfach und übersichtlich dargestellt werden. Dadurch werden die Beziehungen deutlich besser dargestellt und gleichzeitig leicht erkennbar dokumentiert. Teilweise kann sogar „verborgenes" Wissen sichtbar gemacht werden. Die Darstellung bezieht sich meistens auch nicht nur auf einen Prozess, sondern auf eine Prozesslandschaft, sodass die Zusammenhänge zwischen einzelnen Prozessen klarer aufgezeigt werden. So kann aufgezeigt werden, wie einzelne Prozesse zusammenhängen, was für einzelne Tätigkeiten benötigt wird, wer dafür verantwortlich ist und welche Ergebnisse erzielt werden. Wie schon im Kapitel über EPK beschrieben, werden Geschäftsprozesse in verschiedenen Sichten visualisiert. Dadurch lassen sich die Informationen sehr detailliert ableiten, wie beispielsweise in Form von Ablaufdiagrammen, nach denen Mitarbeiter arbeiten können. Natürlich erleichtert eine vollständige Visualisierung das Erkennen und Beseitigen von Schwachstellen und ermöglicht dadurch auch eine leichtere Optimierung des Prozesses. Prozessmodelle sind deswegen auch nicht nur für den IT-Fachmann nützlich, sondern eignen sich auch für die Mitarbeiter der Fachabteilungen [RUFF2020]. Letztlich erleichtern diese Modelle auch noch die Einhaltung des Datenschutzes, da die Zugriffsmöglichkeiten auf die Daten eindeutig dokumentiert werden (Abb. 8.9).

8.7 Prozessoptimierung

Ein wesentlicher Vorteil der Prozessorientierung und -modellierung einer Verwaltung besteht in der Möglichkeit, die Prozesse zu optimieren. Teilweise wird diese als der wichtigste Grund für die Prozessmodellierung angesehen [LAUE2021, S. 81]. Da die Prozesse schon aufgrund der Modellierung und der Visualisierung relativ transparent dargestellt werden und schon durch die Ist-Analyse in der Regel eine kritische Betrachtung der Ablaufplanung erfolgt ist, erscheint eine Prozessoptimierung naheliegend. Zielsetzung der Prozessoptimierung können vielfältig sein. Neben quantitativen Aspekten, wie Durchlaufzeiten oder Kosten, kann aber auch die Qualität

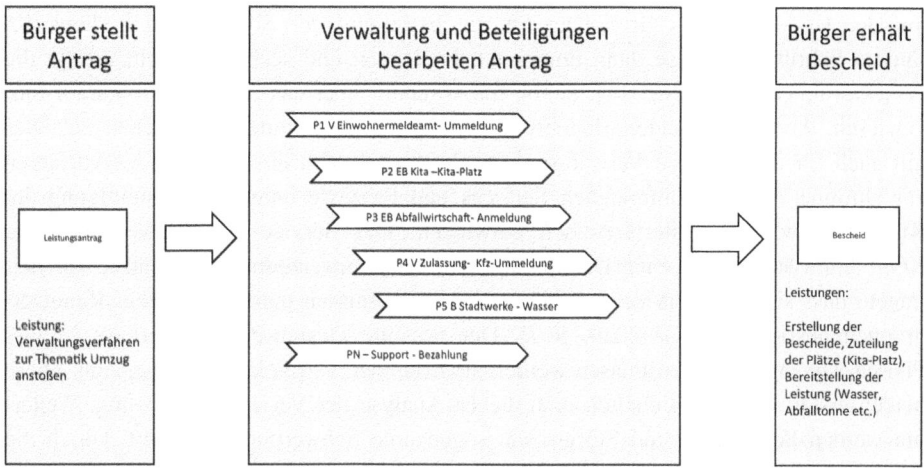

Abb. 8.9 Prozessdarstellung der Lebenslage Umzug. (Quelle: eigene Darstellung, angelehnt an [BMI2012, S. 5])

des Prozessergebnis Ziel der Optimierung sein [LAUE2021, S. 81]. Hinsichtlich der Optimierung und der Digitalisierung von Prozessen liegen zahlreiche Erkenntnisse aus dem Bereich Produktionssteigerung vor. Aber auch hinsichtlich der Verwaltung kann man auf frühere Vorschläge zurückgreifen [SCHE2003]. Koch unterscheidet bezüglich der Optimierung zwischen zwei Ansätzen, der Prozesserneuerung (Revolution) und der Prozessverbesserung (Evolution) [KOCH2011, S. 115]. Außerdem können die Ansätze das gesamte Unternehmen (Business Reengineering) oder nur Teilbereiche (Business Process Reengineering) betreffen [KOCH2011, S. 115]. Aus der bisherigen Betrachtung der Reformansätze zur Verwaltungsmodernisierung kann man eindeutig ableiten, dass die Geschwindigkeit der Umsetzung häufig langsam verläuft. Insofern könnte man davon ausgehen, dass zur Bewältigung der digitalen Transformation eher Verfahren und Methoden des Business Process Reengineering Anwendung finden. Aufgrund der Vorgaben des OZG's werden aber eine erhebliche Anzahl von Prozessen neu konzipiert. Das resultiert auch daraus, dass das OZG nicht nur einzelne Prozesse modellieren und transformieren will, sondern der Prozess soll möglichst medienbruchfrei neugestaltet werden. Es wird nicht nur eine E-Service-Konzeption entwickelt, sondern es soll zu einer Neugestaltung der gesamten E-Administration führen. Dementsprechend kann man von Prozesserneuerungen bei wesentlichen Teilen der Verwaltungen sprechen. Dieses sollten deswegen auch bei der Betrachtung der Prozessoptimierung berücksichtigt werden.

Die KGSt hat einen Vorschlag zur Prozessoptimierung vorgelegt, wobei diese in sechs Schritten vollzogen werden soll. Erstens soll eine Projektvorbereitung vorgenommen werden und daraus ein Projektauftrag entwickelt werden. Hierbei sind auch die Ziele der Prozessoptimierung zu spezifizieren. Im zweiten Schritt wird eine Ist-Analyse vorgenommen, drittens folgt eine Schwachstellenanalyse, die zusammen mit der Ist-Analyse als Grundlage für die Erstellung der Sollkonzeption dient. Im fünften Schritt wird diese dann umgesetzt. Im letzten und sechsten Schritt erfolgt die Projektevaluierung [KGSt2011]. Schon im Abschnitt über das NSM wurde darauf hingewiesen, dass eine Kundenorientierung seitens der Verwaltung anzustreben ist. Dies gilt auch für digitalisierte Verwaltung. Die KGSt hat auch ein umfassendes Verfahren zur Optimierung der kommunalen Services und Prozesse unter Berücksichtigung der Kunden- bzw. Mitarbeiterinteressen entwickelt. Das Service- Design-Verfahren der KGSt umfasst nach eigener Darstellung sämtliche nutzerzentrierte Ansätze, die beitragen, dass sich die Services stärker an den Bedürfnissen unterschiedlicher Benutzergruppen ausrichten [KGSt2020, S. 7]. Der gesamte Design-Prozess verläuft in vier Phasen. Die ersten beiden Phasen werden als Erkunden und Fokussieren genannt. Diese beiden ersten Phasen beinhalten u. a. die Ist-Analyse der Verwaltungsleistung. Weiterhin werden Schwächen und Störgrößen, sogenannte Schwerpunkte, eruiert. Durch die Fokussierung auf vordefinierte Benutzergruppen soll eine Anpassung und Verbesserung der Prozesse ermöglicht werden. Als nächstes schließt sich die Phase Entwickeln an. Dabei sollen anhand der gebildeten Service-Prototypen Sollprozesse entwickelt werden, die dann in der Umsetzungsphase implementiert werden. Insgesamt werden verschiedene Methoden zu einem komplexen Verfahren zusammengefügt, das durch einen Perspektivenwechsel, neuartige Denkweisen und ein umfangreiches Methodenset bestechen soll [KGSt2020, S. 45]. Das Service Design will durch eine erhöhte Benutzerfreundlichkeit auch Akzeptanzprobleme der digitalen Verfahren vermeiden.

Methoden der Prozessverbesserung sind häufig kunden- bzw. mitarbeiterorientiert und werden mit den Ansätzen des kontinuierlichen Verbesserungsprozesses (KVP) oder Kaizen, Total Cycle Time (TCT) und Six Sigma verbunden [KOCH2011, S. 116 ff.]. Alle drei Ansätze versuchen die Mitarbeiter dahinhegend zu motivieren, dass sie ständig versuchen den Arbeitsprozess zu optimieren. Die Ansätze sind auch nicht neu, so wurde der KVP ursprünglich in den 50er Jahren entwickelt und errang eine hohe Aufmerksamkeit Mitte der 90er Jahre bei der Reorganisation der Produktionsprozesse bei der Automobilfertigung in Deutschland. Die grundsätzlichen Fragen bei diesen Ansätzen lauten: „Wer macht was, wann, wie und womit?" und „Wie kann man dies besser machen?". In einem schematisch festgelegten Ablauf werden in Teams die Fragen beantwortet und Verbesserungsvorschläge gemacht. Grundlage ist PDCA- oder Deming-Zyklus. Auch dieser wurde in den 50er Jahren des letzten Jahrhunderts von William Deming entwickelt. Er vertrat die Auffassung, dass jede Aktivität als Prozess aufgefasst und verbessert werden kann. Die Abkürzung PDCA ergibt sich aus den vier Phasen, P für Plan (planen), D für Do (umsetzen), C für Check (überprüfen) und A für Act (verbessern). In der ersten Phase wird eine Ist-Analyse mittels statistischer Verfahren unter Zuhilfenahme der 7-Qualitätswerkzeuge [KOCH2011, S. 119] vorgenommen. Danach wird ein Veränderungsplan entwickelt. In der zweiten Phase werden die betroffenen Mitarbeiter mit dem Plan vertraut gemacht und die geplanten Veränderungen vorgenommen. In der nächsten Phase wird überprüft, wie die Veränderungen gewirkt haben. In der letzten Phase findet eine Überprüfung statt, ob eine Übereinstimmung zwischen SOLL und IST stattgefunden hat. Falls dies erfolgt ist, wird eine Standardisierung des neuen Prozessablaufes vorgenommen, anderenfalls müssen die Veränderungsabläufe wiederholt werden. Da der gesamte Veränderungsprozess kontinuierlich wiederholt wird, ergibt sich auch eine kontinuierliche Verbesserung des eigentlichen betrieblichen Ablaufs oder Prozesses. Die Ansätze für eine Prozessverbesserung können auch hinsichtlich eines E-Governments nützlich sein, da eine Vollautomatisierung der Verwaltung nicht möglich ist. Insofern wird es immer noch zahlreiche Verwaltungsabläufe geben, bei denen Mitarbeiter involviert sind. In diesen Bereichen sind die Verfahren anwendbar.

Ein weiteres Verfahren zur Verbesserung der Prozesse wird als Prozess Mining oder die Prozessanalyse mit Ereignisdaten bezeichnet. Dazu werden Ereignisprotokolle erstellt und die Daten ausgewertet. Ein Ereignisprotokoll ist eine softwaregestützte Aufzeichnung des Prozessablaufs [LAUE2021, S. 166]. Aus den Ereignisprotokollen kann man wiederum eine zielgerichtete Analyse vornehmen und so den Prozess optimieren, in dem man Schwachstellen aufdeckt und eliminiert [LAUE2021, S. 190 ff.].

Insgesamt erfolgen durch die Digitalisierung sehr weitreichende Veränderungen der Verwaltungsabläufe, da die Prozesse weitgehend neu konzipiert werden müssen. Man muss deswegen auch von einer Prozesserneuerung sprechen, die teilweise als „revolutionär" bezeichnet wird [KOCH2011, S. 115]. Aufgrund der großen Anzahl von Verfahren und Prozessen, die verändert werden, kann man davon ausgehen, dass die gesamte Verwaltung davon betroffen sein wird. Deswegen sollte man in Verbindung der Entwicklung von E-Government-Systemen auch eher die Frage beantworten, wie man Konzepte des Business Reengineerings anwenden kann. Dies gilt natürlich auch hinsichtlich der Umsetzung des OZGs. Nur bei einer konsequenten Veränderung der Verwaltungsabläufe werden erst die Synergieeffekte und Effizienzgewinne realisiert werden können, die man sich davon verspricht. Natürlich ist es auch denkbar, dass parallel zu den digitalisierten Prozessen alt hergebrachte Verwaltungsabläufe beibehalten werden. Dies würde jedoch lediglich zusätzliche Kosten verursachen und geringe Kosten-Nutzen-Effekte herbeiführen. Insofern wäre dies für eine Digitalisierung der Verwaltung sogar eher kontraproduktiv.

Für Hammer und Champy, die Anfang der 90er Jahre diesen Ansatz publik gemacht haben, bedeutet Business Reengineering, dass man althergebrachte Vorgehensweisen aufgibt und die Arbeit, die in den Produkten und Dienstleitungen steckt, aus einem neuen Blickwinkel betrachtet. Daraus resultiert ein fundamentales Umdenken und radikales Neudesign von Unternehmen oder wesentlichen Unternehmensprozessen. Das Resultat ist demnach Verbesserungen in entscheidenden, heute wichtigen und messbaren Leistungsgrößen in den Bereichen Kosten, Qualität, Service und Zeit, [KOCH2011, S. 120] [HAMM1999, S. 47 f.]. Der ursprüngliche Ansatz enthält vier konzeptionelle Merkmale. Erstens fragt man sich „was sein sollte" und nicht „was ist". So soll ein fundamentales Überdenken stattfinden. Es erfolgt eine konsequente Infragestellung der bisherigen Verfahren. In Anbetracht der Tatsache, dass weitgehend die Prozesse nicht nur angepasst, sondern medienbruchfrei gestaltet werden sollen, ist diese Vorgehensweise richtig. Aus dem ersten Merkmal folgt das zweite. Es wird ein radikales

Redesign gefordert. Die bisherigen Bearbeitungsabläufe sollen keine Berücksichtigung mehr finden und die Aufgaben gänzlich anders bewältigt werden. Je radikaler der Wandel vollzogen wird, desto besser seien die langfristigen Perspektiven in Hinblick auf die Wettbewerbsfähigkeit und Schaffung von Kundennutzen. Das dritte Merkmal hat eine Kunden- und Prozessorientierung zum Ziel. Beide Ziele werden auch schon bei den Vorschlägen zur Verwaltungsreform seit Jahren angeführt, sodass das dritte Merkmal auch im Hinblick auf die Situation der öffentlichen Verwaltung Anwendung finden dürfte. Insgesamt geht das Business Reengineering davon aus, dass sich die Durchlaufzeiten halbieren lassen. Ebenso wird eine Effizienz- und Qualitätssteigerung prognostiziert. Die Basis des Ansatzes bildet ein stärkerer Einsatz von Informationstechnologien [KOCH2011, S. 121] [HAMM1999]. Insgesamt findet ein umfassendes Change Management statt, bei dem man nach Österle drei Transformationsebenen vorfindet [OEST2007, S. 77]. In der ersten Ebene findet die Entwicklung einer Geschäftsstrategie statt, die die Rahmenbedingungen für ein Unternehmen schaffen soll. In Hinblick auf die kommunalen Verwaltungen müssen diese angepasst werden. In der zweiten Ebene, der Prozessebene, werden die Aufgabenträger bestimmt und die Unternehmensprozesse und deren Leistungen bestimmt. Durch das OZG wird diese Ebene den Kommunen teilweise aus der Hand genommen. Denn die Länder bestimmen primär die zu digitalisierenden Prozesse. Auf der dritten Ebene, die sich mit den Informations- und Kommunikationssystemen beschäftigt, sollte eine kundenorientierte Informationsverarbeitung aufgebaut werden, die die beiden ersten Ebenen unterstützt. Als ein weiterer deutschsprachiger Vertreter wird August-Wilhelm Scheer angeführt, der mit seinem Softwaretool ARIS ein umfassendes Werkzeug zur Prozessmodellierung geschaffen hat. Als Ziele werden im Allgemeinen eine Erhöhung der Qualität, eine Reduzierung der Durchlaufzeiten und eine Reduktion der Kosten angeführt, die aufgrund der Kunden- bzw. Serviceorientierung auch noch eine höhere Kundenzufriedenheit und Akzeptanz und damit ein Imagegewinn zur Folge hat. In Hinblick auf die Anwendung zur Transformation einer kommunalen Verwaltung gibt der Ansatz wichtige Denkanstöße. Mit dem OZG geben Bund und Länder weitgehend einen erheblichen Teil der betroffenen Verfahren und Prozesse vor. Sie bestimmen nicht nur den Umsetzungskatalog, sondern gestalten häufig die Prozesse in den eingesetzten Entwicklungseinrichtungen neu. In dieser Hinsicht müssen die Kommunen diese Prozesse, die in einer Prozessbibliothek wahrscheinlich gebündelt werden, in ihre Verwaltung implementieren. Die Entwicklung der Geschäftsstrategie, die auch den Umfang des Change Managements definiert, bleibt Aufgabe der Kommunen. Ebenso müssen die Kommunen ihre Informationssysteme anpassen.

8.8   Reifegradmodell zur Prozessumsetzung

Zur Beurteilung des Erfolgs für die Entwicklung oder Transformation eines Prozesses können Reifegradmodelle herangezogen werden. Mit diesen Modellen soll gemessen werden, wie gut die Prozesse definiert sind und wie erfolgreich diese umgesetzt wurden.

Dazu werden die Prozesse einem vordefinierten Reifegrad zugeordnet, wobei ein höherer Reifegrad bedeutet, dass ein Prozess besser definiert und implementiert wurde. Grundsätzlich muss dazu der Prozess gut dokumentiert und seine Zielerreichung auch operationalisierbar bzw. messbar sein. Dazu kann es zweckmäßig sein, wenn entsprechende Kennzahlen vorliegen. Der Einsatz von Reifegradmodellen ist zwar Aufwendung und verursacht Kosten, hat jedoch den Vorteil, dass nicht nur eine sehr gute Dokumentation des Prozesses vorliegt, sondern dass man auch ein Benchmarking durchführen kann. Dieses kann dazu dienen, dass man Teilbereiche einer Kommune untereinander vergleichen oder aber einen interkommunalen Vergleich durchführen kann. Letztlich kann es auch die Attraktivität und das Image der Kommune erhöhen. Bekannte Verfahren aus dem Bereich Softwareentwicklung sind Spice (Software Process Improvement and Capability Determination) oder CMMI (Capability Maturity Model Integration), die sehr ähnlich sind [JAKO2020a]. Deswegen wird im Folgenden lediglich auf SPICE eingegangen. SPICE ist ein zertifiziertes Verfahren, mit dem man Anforderungen an Prozesse bzw. an die Art, wie Prozesse überprüft werden, messen kann [JAKO2020b]. SPICE (Abb. 8.10) beinhaltet zwei Dimensionen, wobei die „Prozess-Dimension" der Kennzeichnung und Auswahl der zu bewertenden Prozesse dient. Die ausgesuchten Prozesse werden dahin gehend näher spezifiziert, indem jeder Prozess einen Namen und ein eindeutiges Label (ID) erhält. Des Weiteren werden das Ziel und der Zweck des Prozesses sowie dessen Ergebnisse dokumentiert. Schließlich werden der Input und der Output des Prozesses festgelegt. Die Qualität der Vernetzung der Prozesse lässt sich durch Konsistenzchecks durchführen, so kann beispielsweise kontrolliert werden, ob ein Prozess den korrekten Output liefert, den ein anderer Prozess als Input benötigt [JAKO2020b]. Insgesamt bildet das Prozessmodell die Summe der in die Bewertung einfließenden Prozesse ab. Die „Befähigungsgrad-Dimension" dient der Bestimmung und Bewertung inwieweit die Organisation zur Ausführung der Prozesse befähigt ist. Aus dieser leitet sich dann auch der Reifegrad ab, der wiederum 6 Stufen bzw. Levels einnehmen kann. Bei der Stufe 0 (unvollständig oder incomplete) sind die Durchführung und die Ergebnisse des Prozesses nicht erkennbar. Dagegen wird bei Stufe 1 (durchgeführt oder performed) der Prozess lediglich ohne Planung oder

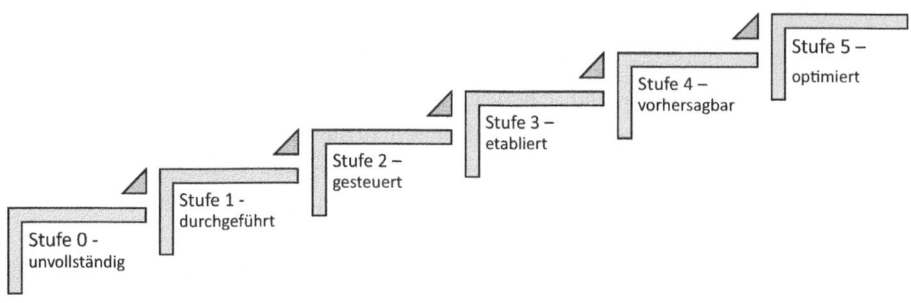

Abb. 8.10   Stufen beim SPICE-Verfahren

Dokumentation durchgeführt, wobei zumindest der Input und Output erkennbar ist. Bei Stufe 2 (gemanagt oder managed) wird der Prozess und die dazugehörige Aktivität ebenso geplant wie die verantwortlichen Personen zugeteilt werden. Wenn vordefinierte Standards und Prozeduren, die übernommen bzw. angepasst werden können, existieren, ist die Stufe 3 (etabliert oder established) erreicht. Die Stufe 4 (vorhersagbar oder predictable setzt Metriken voraus und ermöglicht die Vorhersage von Prozessaufwand und Prozessergebnis. Bei der letzten und höchsten Stufe 5, (optimierend oder optimizing) wird fortlaufend optimiert [JAKO2020b].

Um nun eine Gesamtbewertung herbeizuführen, ist die Bestimmung des Prozessmodells und deren Umsetzung zu überprüfen. Stufe 0 und Stufe 1 sind natürlich bei allen Kommunen erreicht. Man kann auch davon ausgehen, dass die Verfahren einer Leistungs- bzw. Ergebnissteuerung unterliegen. Spätestens aber bei der Stufe 4 bzw. Stufe 5 wird es erhebliche Unterschiede geben. Der OZG-Umsetzungskatalog mit einer Auswahl spezifischer kommunaler Prozesse wäre geeignet, um Verfahren zur Überprüfung des Reifegrades durchzuführen.

8.9   Prozesskostenrechnung

Die Prozessorientierung hat noch einen weiteren Vorteil, da man auch eine Prozesskostenrechnung durchführen kann. Die Anwendung von Kostenrechnungssystemen hat in der öffentlichen Verwaltung noch nicht eine so lange und ausgeprägte Tradition wie beispielsweise in der Industrie. Die Kameralistik, die noch vor wenigen Jahren das vorherrschende Finanzplanungs- und Buchführungssystem der öffentlichen Verwaltung war, kannte so gut wie überhaupt keine Kostenrechnung. Aber auch gegenwärtig sind die Kostenrechnungssysteme ausbaufähig. Die Prozesskostenrechnung ist zwar ein neueres Verfahren, wurde aber auch schon vor über 30 Jahren entwickelt. Wie alle Kostenrechnungssysteme versucht sie, Kostentransparenz zu schaffen, einen effizienten Ressourcenverbrauch sicherzustellen, die Kapazitätsauslastung aufzuzeigen, die Ermittlung von Kalkulationssätzen für Gebühren zu verbessern und damit strategische Fehlentscheidungen zu vermeiden [HORV1992, S. 504]. Grundsätzlich ist die Prozesskostenrechnung eine Vollkostenrechnung und bedient sich der traditionellen Kostenarten- und Kostenstellenrechnung. Sie versucht die indirekten Kosten über Schlüsselverfahren auf die einzelnen Prozesse zu übertragen. Schon der Grundgedanke, dass man auch die Planungs-, Steuerungs- und Überwachungsaufgaben durch eine Dekomposition in Prozesse und Teilprozesse zerlegen und diesen Kosten zuordnen kann, erhöht nach Horvath die Transparenz der indirekten Leistungsbereiche und ist die Voraussetzung für eine stellenbezogene und leistungsabhängige Kostenplanung und -kontrolle unter Einbeziehung indirekter Kosten [HORV1992, S. 504].

Eine Transformation der bisherigen analogen in digitale Prozesse verändert auch die Kostenstruktur. Wenn man davon ausgeht, dass bei vollautomatisierten, digitalen Prozessen die variablen Grenzkosten gegen Null gehen [RIFK2014, S. 104 ff.], wird eine

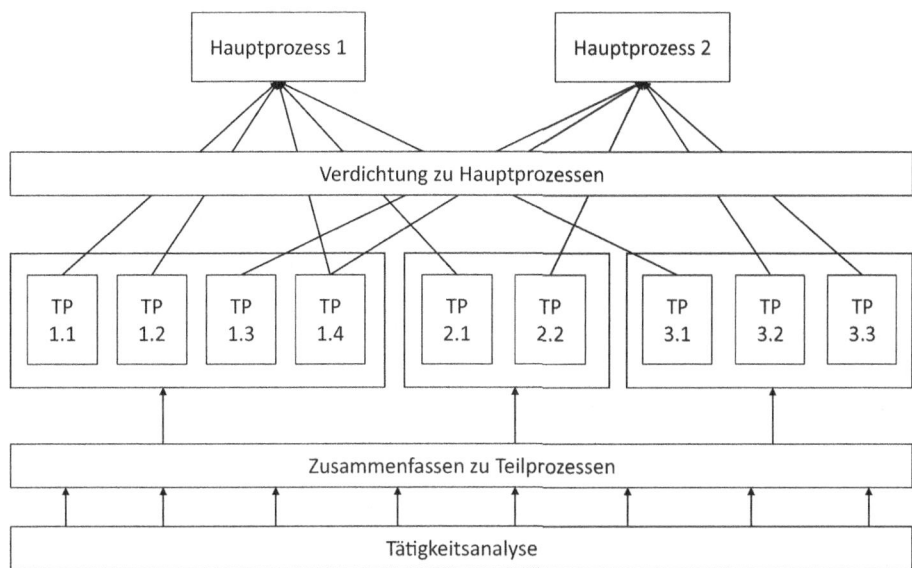

Abb. 8.11 Kosten-Aggregation von Hauptprozessen. (Quell: [HORV1992, S. 509])

Tab. 8.1 Einfaches Umlageverfahren bei der Prozesskostenrechnung

Prozesskostenrechnung

Prozess		Maßgrößen	Kosten pro Prozess (€)	Fall-zahl	Plan-kosten (€)	Prozess-kosten-satz (lmi) (€)	Umlage-satz (lmn) (€)	Gesamt-prozess-kosten-satz (€)
Anwohner-park-ausweis erstellen	Lmi	Anzahl Anträge	6.94	1800	12,492.00	6.94	4.79	11.73
Prozess 2	Lmi	Anzahl Ordnungs-widrig-keiten		20.000	30,000.00	1.50	1.03	2.53
Prozess 3	Lmi	Anzahl Ein-sprüche		2000	30,000.00	15.00	10.35	25.35
Gesamt lmi-Prozesse					72,492.00			
Abteilung leiten	Lmn				50,000.00			

Verrechnung der indirekten Kosten noch wichtiger, da sie die eigentlichen Kostentreiber sind. Bei einer Erhöhung der Fallzahlen, werden die Skaleneffekte noch deutlicher. Das dürfte auch für teilautomatisierte Prozesse mit gewissen Einschränkungen gelten.

Ähnlich wie bei der Entwicklung von den Prozessen können die Teilprozesse aggregiert werden. Die Vorgehensweise wird als Prinzip der Hauptprozessverdichtung bezeichnet und ist in Abb. 8.11 dargestellt.

Die Verrechnung der direkten und der indirekten Kosten wird durch ein Umlageverfahren erreicht. Dazu werden zwischen leistungsmengeninduzierten (lmi) und leistungsmengenneutralen (lmn) Prozessen unterschieden. Die lmi-Prozesse kann man dem jeweiligen Prozess direkt zuordnen. Dies gilt auch hinsichtlich der Aggregation zu Hauptprozessen. Die lmn-Prozess-Kosten werden dann mithilfe einfacher Umlageverfahren, wie in Tab. 8.1 dargestellt, oder über komplexere Verfahren verrechnet.

Literatur

[ALLW2007]   Allweyer, Th.: Geschäftsprozessmanagement – Strategie, Entwurf, Implementierung, Controlling. W3L, Herdecke (2007)
[ALLW2015]   Allweyer, Th.: BPMN 2.0 business process model and notation, 3. Aufl. BOD – Books on Demand, Norderstedt (2015)
[BECK2009]   Becker, J., Algermissen, L., Falk, Th.: Prozessorientierte Verwaltungsmodernisierung, 2. Auf. Springer, Berlin (2009)
[BMI2012]   Bundesministerium des Inneren: FIM – E-Government mit Zukunft. Berlin. https://www.bmi.bund.de/SharedDocs/downloads/DE/veroeffentlichungen/ themen/moderne-verwaltung/foederales-informationsmanagement.html   (2012). Zugegriffen: 4. Okt 2020
[HAMM1999]   Hammer, M.; Champy, J.: Business Reengineering, Heyne-Verlag, München 1999
[HORV1992]   Horvath, P.: Controlling, 4. Aufl. Verlag Vahlen, München (1992)
[JAKO2019]   Jakob, T.: E-Government in Deutschlandin: [BUSC2019], Seite 191–224
[KELL1992]   Keller, G. E., Nüttgens, M., Scheer, A.W.: Semantisches Prozeßmodellierung auf Grundlage Ereignisgesteuerter Prozessketten, [SCHE1992b]
[KGSt2011]   KGSt: Von der Prozessoptimierung zum Prozessmanagement. In sechs Schritten zum optimalen Prozess, KGSt-Bericht 3/2011, Köln (2011)
[KGSt2020]   KGSt: Services design: Services und Prozesse nutzerzentriert gestalten – eine methodische Erweiterung der Prozessoptimierung, KGSt-Bericht Nr. 05/2020, Köln (2020)
[KOCH2011]   Koch, S.: Einführung in das Management von Geschäftsprozessen. Springer, Berlin (2011)
[LAUE2021]   Laue, R., Koschmider, A., Fahlland, D. (Hrsg.): Prozessmanagement und Prozess-Mining. De Gruyter, Berlin (2021)
[LOOS2007]   Loos, P., Krcmar H. (Hrsg): Architekturen und Prozesse – Strukturen und Dynamikin Forschung und Unternehmen. Springer, Berlin 2007
[LESS2011]   van Lessen, T., Lübke, D., Nitzsche, J.: Geschäftsprozesse automatisieren mit BPEL. dpunkt, Heidelberg (2011)
[OEST2007]   Österle H.: Business Engineering – Geschäftsmodelle transformieren, in: [LOOS2007], Seite 71–84

[RIFK2014]   Rifkin, J.: Die Null-Grenzkosten-Gesellschaft: das Internet der Dinge, kollaboratives Gemeingut und der Rückzug des Kapitalismus. Campus, Frankfurt (2014)

[RUFF2020]   Ruffing, B.: Der stetige Trend zur Visualisierung – auch oder doch nicht im BPM? https://prozessmaler.de/visualisierung/ (2020). Zugegriffen: 12. Sept 2020

[SCHE1992]   Scheer, A.W.: Architektur integrierter Informationssysteme, 2. Aufl. Springer, Berlin (1992)

[SCHE1998]   Scheer, A.W.: Wirtschaftsinformatik, 2. Aufl. Springer, Berlin (1998)

[SCHE2003]   Scheer, A.W., Kruppke, H., Heib, R.: E-Government. Springer, Berlin (2003)

[SCHW1996]   Schwickert A., Fischer K: Der Geschäftsprozess als formaler Prozess – Definition, Eigenschaften, Arten. Arbeitspapiere WI Nr. 4. Gießen. https://geb. uni-giessen.de/geb/volltexte/2004/1703/pdf/Apap_WI_1996_04.pdf   (1996). Zugegriffen: 3. Dez 2020

[STAC1973]   Stachowiak, H.: Allgemeine Modellbildung. Springer, Berlin (1973)

Strategisches Management

9

9.1 Partner bei der Entwicklung

Eine Kommune kann die digitale Transformation ohne Partner kaum bewältigen, deshalb sollte sie sich schon im Vorfeld externe Partner suchen. Die organisatorischen Veränderungen innerhalb der Verwaltung wurden im vorherigen Kapitel erörtert. In Abb. 9.1 werden in einer Vierfeldmatrix weitere Partner vorgeschlagen.

Der wichtigste externe strategische Partner sollte ein Unternehmen aus der IT-Branche sein, dass Erfahrungen in der digitalen Transformation bei Kommunen vorweisen kann. Der Vorteil eines Unternehmens als strategisch externer Partner ist, dass die Sichtweisen und Perspektiven erweitert werden. Natürlich bieten sich hier besonders Unternehmen an, die schon länger mit den Kommunen kooperieren. In einigen Ländern sind aus den regionalen Gebietsrechenzentren solche eigenständigen Unternehmen entstanden, an denen überwiegend die Länder und die Kommunen beteiligt sind. Ein Beispiel für solche Unternehmen ist die ekom21. Sie entsprang aus den hessischen Gebietsrechenzentren, die 1972 durch den ehemaligen hessischen Ministerpräsidenten Albert Osswald gegründet worden sind. In den Arbeitsgruppen der kommunalen Spitzenverbände arbeiten Vertreter dieser Unternehmen mit. Ein weiterer Vorteil ist, dass diese eigene Hausmessen durchführen, die auch für Workshops genutzt werden. Die Auswahl sollte jedoch gut vorbereitet sein, da die strategische Partnerschaft über Jahre bestehen kann. Ebenso ist es wichtig, welche Produkte und Dienstleistungen das Unternehmen anbietet.

Eine Zusammenarbeit mit einer oder mehreren Hochschulen hat den Vorteil, dass man auch potenzielles Personal akquirieren kann. Das ist aber nicht der Hauptnutzen einer Kooperation. Vielmehr verfügen Hochschulen über hochqualifiziertes Personal und über leistungsstarke Institute, die in der Forschung arbeiten. Deshalb sind die Sichtweisen von Hochschulen auch immer etwas langfristiger angelegt. Außerdem sind

© Springer-Verlag GmbH Deutschland, ein Teil von Springer Nature 2021
R.-R. Piesold, *Kommunales E-Government*,
https://doi.org/10.1007/978-3-662-63094-5_9

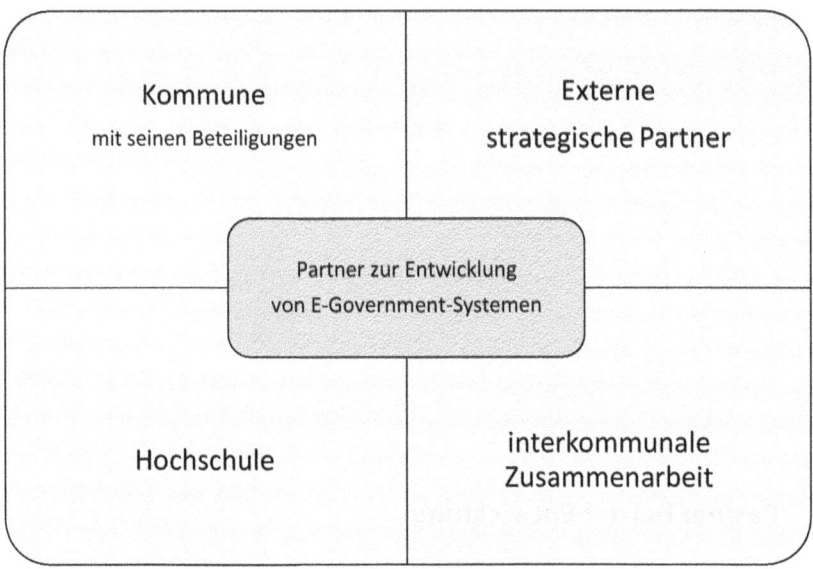

Abb. 9.1   Partner bei der Entwicklung von E-Government-Systemen

Hochschulen heute fast immer international ausgerichtet. Die Sichtweise beschränkt
sich deswegen nicht nur auf die nationale Situation oder gar auf die regionalen Gegeben-
heiten. Ein Kritikpunkt an gebietskörperschaftsbezogenen Digitalisierungsstrategien ist,
dass es sich häufig um Symbolpolitik handelt [SCHM2019b, S. 12], da die langfristige
Strategie fehlt. Dies kann mit der Einbindung einer Hochschule vermieden werden.
Die Einbindung von Hochschulen ist eine Strategie um die Sichtweise zu erweitern,
aber auch die interkommunale Zusammenarbeit ist vorteilhaft. Kommunen stehen nur
indirekt, über Gewerbesiedlungen oder Bevölkerungszuwachs, in Konkurrenz. Insofern
wird eine interkommunale Zusammenarbeit auch nicht durch eine Wettbewerbssituation
gestört. Grundsätzlich kann die interkommunale Zusammenarbeit durch freiwillige
Kooperationen erfolgen. So können Kommunen regelmäßige Treffen und Meetings ver-
einbaren, in denen sie ihre Projekte besprechen und abstimmen. Solche regelmäßigen
Treffen haben auch den Vorteil, dass man ein abgestimmtes Verhalten gegenüber Unternehmen oder übergeordneten Behörden hat. Eine weitere interkommunale Zusammenarbeit entsteht, in dem sich die Kommune an Arbeitsgruppen des Landkreistages,
Städtetages oder Städte und Gemeindebundes beteiligt. Alle kommunalen Spitzenver-
bände haben Arbeitsgruppen für wichtige Verwaltungsreformen eingerichtet, insofern
gibt es auch Untergruppierungen, die sich mit der Frage E-Government beschäftigen.
Der Erfahrungsaustausch ist in diesen Gruppen gut, zumal sich auch Vertreter der
Landesbehörden an den Sitzungen beteiligen. Dadurch haben die Kommunen die
Möglichkeit, auf Gesetzgebungsverfahren Einfluss zu nehmen bzw. erhalten frühzeitig
von den Vertretern des Landes in diesen Arbeitsgruppen Informationen über geplante
Gesetzgebungsverfahren.

Eine weitere Möglichkeit, Informationen über die Entwicklungen im Bereich E-Government zu erhalten, ist eine Beteiligung bei der KGSt. Dieser Fachverband wurde 1949 in Köln gegründet und stand von an Anfang an in enger Zusammenarbeit mit dem Deutschen Städtetag. Heute gehören ihm über 2100 ordentliche Mitglieder an, die auch dem Landkreistag oder dem Städte- und Gemeindebund angehören. Damit ist der Fachverband sehr gut in der kommunalen Familie vernetzt. Die KGSt versteht sich als Verband, der sich primär mit Fragen des kommunalen Managements beschäftigt und dazu zählt explizit die digitale Transformation. Eine Mitgliedschaft und die regelmäßige Teilnahme an den Veranstaltungen der KGSt kann deswegen zur Entwicklung und Umsetzung einer Strategie zur digitalen Transformation zielführend sein.

Insgesamt wird die digitale Transformation die interkommunale Zusammenarbeit steigern, da sie nur gelingen kann, wenn Verfahren standardisiert werden. Das setzt jedoch voraus, dass sich Kommunen untereinander absprechen und beispielsweise Prozessbibliotheken entwickeln, auf die sie gemeinsam zugreifen können. Das Beispiel Anwohnerparkausweis ist hierfür exemplarisch. So hat die Stadt Frankfurt ihre Verfahren zur Beantragung oder Verlängerung des Anwohnerparkausweises in Civento entwickelt und anderen Kommunen zur Verfügung gestellt. Mehrere andere Städte, wie beispielsweise die Stadt Offenbach oder die Stadt Hanau haben ihre Verfahren angepasst und die Softwarelösungen weitgehend übernommen. Das Verfahren der Prozessbibliotheken kann auch länderübergreifend angewendet werden.

9.2 Strategische Management – die Vision

Die etymologischen Wurzeln des Begriffs „Strategie" lassen sich aus dem griechischen Wort „stratos" (Heer) und „agein" (führen) ableiten. Daraus entwickelte sich dann das Wort „Strategia" [KREI2018, S. 23]. Dabei basieren Strategien überwiegen auf dem Herbeiführen von Ungleichgewichten, um einen Sieg herbeizuführen [GAEL2005, S. 5 f.]. Dieser ursprüngliche, militärische Aspekt involviert natürlich einen sehr starken Konkurrenzgedanken, der bei der öffentlichen Verwaltung kaum vorhanden ist. Der Begriff wurde später über die Spieltheorie in die Wirtschaftswissenschaften übernommen und erhielt auch eine umfassendere Bedeutung [WELG2017, S. 17]. Im Public Management wird ebenfalls ein Strategie-Begriff verwendet, der alle Elemente umfasst, welche die große Richtung des Handelns angeben [SCHE2014, S. 21]. Als Ausgangspunkt für das weitere Managementhandeln werden somit Visionen, Aufgaben und Ziele gebildet. Für Peter Drucker bedeutet strategisches Handeln so „das richtige zu tun", wobei er unterstellt, dass erfolgreiche Manager eben visionär sind [DRUC1990, S. 30 ff.]. Dabei hat der Gedanke der Vision immer auch etwas Antizipatives oder Zukunftsorientiertes in sich. Eine Strategie zu entwickeln bedeutet deshalb immer, dass man nicht reaktiv auf zukünftige Ereignisse reagiert, sondern seine Handlung an zu erwartende Ereignisse vorher ausrichtet. Man gewinnt dadurch Zeit und kann seine Ressourcen effizienter einsetzen. Eine der ersten Übertragung des Strategiebegriffs auf die Betriebswirtschaftslehre wurde durch die Harvard Business School in den 50er Jahren vorgenommen [BUCH2013, S. 233 f.]. Dieser hatte schon die Erweiterung um eine Zielkomponente vorgenommen. Danach besteht die Unternehmensstrategie aus vier Bestandteilen. Erstens einer Bestimmung der Zwecke und Ziele, zweitens aus der Festlegung der Betätigungsfelder, drittens aus der Unternehmenspolitik und viertens aus den strategischen Unternehmensplänen. Schon früh wurde zwischen der Formulierung und der Implementierung der Ziele unterschieden [ANDR1987, S. 22]. Heute kann man zumindest fünf verschiedene Phasen des strategischen Managements unterscheiden, die jeweils komplexe Verfahren beinhalten [WELG2017, S. 199 ff.]. Dadurch wird die strategische Planung zu einem hoch komplexen Verfahren (Abb. 9.2).

Für Buchholz ist das strategische Management aber nur die höchste von sieben Stufen der Unternehmenssteuerung [BUCH2013, S. 7 ff.]. Hier wird auch der Strategiebegriff aber dahin gehend erweitert, dass nicht der Zeithorizont isoliert betrachtet wird und die Entwicklungen antizipiert werden, sondern es werden auch die Erfolgspotenziale, die sich daraus ergeben untersucht. Eine Organisation handelt dann strategisch klug, wenn es sich Erfolgspotenziale sichert oder aufbaut [GAEL2005, S. 26 ff.].

Das operative Handeln wird als ein Mittel angesehen, diese strategischen Visionen zu erreichen [MANN1990, S. 9]. Insgesamt werden dadurch zwei große Teilbereiche definiert, der strategische und der operative Bereich. Der strategische Bereich besteht aus dem Strategischen Management, der strategischen Planung und dem strategischen Controlling. Der operative Bereich untergliedert sich in operative Planung, operatives Controlling, Kosten und Leistungsrechnung sowie Finanzbuchhaltung. Der strategische

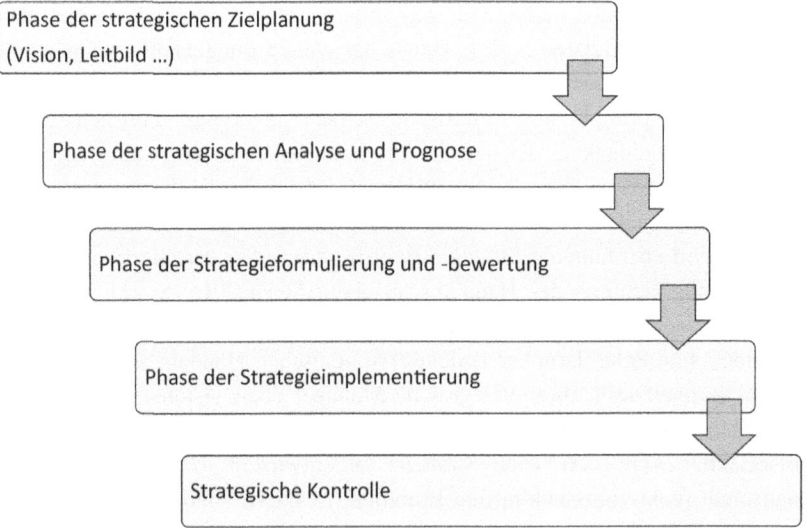

Abb. 9.2 Phasen der strategischen Planung

Bereich wird wiederum nicht isoliert betrachtet, sondern steht in Beziehung zum operativen. Deswegen ist es auch notwendig, dass die strategische Planung, die die Vorgaben oder Visionen des strategischen Managements umsetzen soll, ihre Ziele operationalisierbar oder überprüfbar macht. Peter Drucker wird die Vorgabe nachgesagt, dass man letztlich nur steuern kann, was man auch messen kann.

Das strategische und das operative Management kann man natürlich in eine Organisationseinheit zentral zusammenfassen. Es lassen sich aber auch getrennte und dezentrale Organisationseinheiten bilden. So hat das Land Hessen ein Ministerium, dass primär die strategischen Planungen durchführt, gebildet. Das Hessische Ministerium für Digitale Strategie und Entwicklung (HMinD) ist jedoch Bestandteil der Staatskanzlei. Die operative Umsetzung des kommunalen Teils des OZGs erfolgt im Hessischen Ministerium des Inneren und für Sport (HMdIS), das wiederum für die Kommunalaufsicht zuständig ist. Ob diese Aufteilung zweckmäßig ist, wird sich noch zeigen müssen.

Abschließend lässt sich festhalten, dass eine strategische Planung, die über mehrere Jahre angelegt ist, notwendig ist. Schmidt gelangt zu der Erkenntnis, dass der Aufbau eines E-Government-Systems zwar an der fehlenden Priorisierung, den fehlenden Ressourcen oder der fehlenden Abstimmung der einzelnen Bereiche scheitert, aber auch häufig an der fehlenden Strategie [SCHM2019b, S. 9 ff.]. Es gibt zahlreiche Beispiele, wie Kommunen eine Strategie zur digitalen Transformation entwickeln können. Auf jeden Fall sollte diese auch durch die politischen Gremien beschlossen werden. So hat die Stadt Frankfurt ihre digitale Strategie durch Magistratsbeschluss im Jahr 2013 [FRAN2013] und die Stadt Hanau die „digitale Offensive 2025" durch Stadtverordnetenbeschluss 2017 [PIE2017c] beschlossen. Neuere Untersuchungen weisen darauf hin, dass die Mehrzahl, d. h. 59 % der deutschen Kommunen mittlerweile Digitalisierungsstrategien haben oder planen [LEMM2020, S. 3 f.].

9.3 Analysen zur Wirtschaftlichkeit

9.3.1 Kosten-Nutzen-Analyse

In § 6 des Gesetzes über die Grundsätze des Haushaltsrechts des Bundes und der Länder (Haushaltsgrundsätzegesetz – HGrG) werden Maßnahmen zur Wirtschaftlichkeit und Sparsamkeit, Kosten- und Leistungsrechnung gefordert. Neben dem allgemeinen Hinweis, dass beim Aufstellen des Haushaltsplans die Grundsätze der Sparsamkeit und Wirtschaftlichkeit zu beachten sind, wird in Satz 2 des § 6 HGrG explizit verlangt, dass für alle finanzwirksamen Maßnahmen angemessene Wirtschaftlichkeitsuntersuchungen durchgeführt werden müssen. Auch in der Verordnung über die Aufstellung und Ausführung des Haushaltsplans der Gemeinden (Gemeindehaushaltsverordnung – GemHVO) wird diesem Aspekt Rechnung getragen. Nach § 12 GemHVO müssen Kommunen, bevor sie Investitionen von erheblicher Bedeutung beschließen, unter mehreren in Betracht kommenden Möglichkeiten durch einen Wirtschaftlichkeitsvergleich,

mindestens einen Vergleich der Anschaffungs- oder Herstellungskosten und Folgekosten, die für die Gemeinde wirtschaftlichste Lösung ermitteln. Das gilt natürlich auch
für Digitalisierungsprojekte, zu denen der Aufbau von E-Government-Systemen zählt. Es
ist deshalb zu empfehlen, die Wirtschaftlichkeitsanalyse auch strategisch, also langfristig
auszurichten.

9.3.2   Nutzen-Kosten-Betrachtungen

Im Zusammenhang mit der Überprüfung der Wirtschaftlichkeit von E-Government-
Systemen wird man immer wieder mit dem Begriff des Nutzens konfrontiert. Dies
resultiert schon alleine daraus, dass sowohl die Bürger einer Kommune, als auch die Mitarbeiter einer Verwaltung einen Nutzen erkennen müssen, damit sie die digitale Transformation akzeptieren. Damit ist der Nutzen eine Grundvoraussetzung für den Erfolg der
Digitalisierungsstrategie und dessen Untersuchung schon unabhängig von der Frage der
Wirtschaftlichkeit zweckmäßig. Dem Nutzen steht in der Regel ein Aufwand entgegen.
Grob vereinfacht kann man bei einer gesamtwirtschaftlichen Betrachtung drei Verfahren
unterscheiden. Es handelt sich erstens um die Kosten-Nutzen-Analyse (KNA), zweitens
um die Nutzwert-Analyse (NWA) und drittens um die Kosten-Wirksamkeit-Analyse
(KWA), die eine aufsteigende Komplexität aufweisen.

9.3.2.1 Kosten-Nutzen-Analyse (KNA)

Einfache Kosten-Nutzen-Betrachtungen basieren auf den Grundlagen der Kosten-und
Leistungsrechnung (KLR), die in der Betriebswirtschaftslehre eine lange Tradition hat.
Hier gibt es auch zahlreiche Verfahren, deren Anwendung unterschiedlich komplex
ist. Im vorherigen Abschnitt wurde kurz auf die Prozesskostenrechnung eingegangen,
deren Bezug zur prozessorientierten Verwaltung am stärksten ist. In der KLR arbeitet
man mit den Begriffen Aufwand, Kosten, Ausgabe und Auszahlung, wobei der Unterschied zwischen Aufwand und Kosten für eine Kosten-Nutzen-Analyse relevant ist. Der
Unterschied besteht in Form der Zusatzkosten bzw. des neutralen Aufwandes. Auch
wenn der Begriff der Kosten umgangssprachlich häufiger verwendet wird, erscheint
der Begriff des Aufwandes bei einer Wirtschaftlichkeitsanalyse zweckmäßiger zu sein.
Die Versuche einen Nutzen zu definieren ist dagegen wesentlich umständlicher. Die
Theorien des Nutzens basieren auf einer langen Tradition und kommen zu stark unterschiedlichen Ergebnissen [SAMU1998, S. 108 f.]. Für eine Wirtschaftlichkeitsanalyse
sollte jedoch der Nutzen messbar oder operationalisierbar sein. Grundsätzlich kann man
zwischen utilitaristischem (funktionaler), hedonistischem und symbolischem Nutzen
unterscheiden, wobei er in der Volkswirtschaft sehr subjektiv interpretiert wird. Die Wirtschaftssubjekte streben eine Nutzenmaximierung an, wobei der Nutzen zwar nicht nur
monetär sein muss. Durch die Einführung eines Preises wird er aber zu einem monetär
bewertbaren Gut und ist somit leichter operationalisierbar. Volkswirtschaftlich betrachtet
betrifft er immer mehrere Wirtschaftssubjekte, was im Bereich des E-Governments

die Stadtgesellschaft oder die Stakeholder der Stadt sind. Betriebswirtschaftlich wird der Nutzen häufig auf ein Objekt, z. B. Produkt, Projekt oder Prozess bezogen. Für die weitere Betrachtung kommt primär der ökonomische Nutzen in Betracht, da man diesen auch relativ einfach operationalisieren kann. Der ökonomische Nutzen ergibt sich aus dem Preis-Leistungs-Verhältnis (PLV). Da jedoch bei der Bereitstellung öffentlicher Leistungen häufig eine Preisermittlung schwierig ist, kann man auf die Kosten zurückzugreifen. Der Begriff der Leistung wird durch den Nutzwert ersetzt, sodass sich zur Bestimmung der Wirtschaftlichkeit ein Quotient aus Kosten und Nutzwert ergibt. Dabei ist der Nutzwert der tatsächliche oder potenzielle subjektive Nutzen, den man aus dem Erwerb oder der Schaffung eines Produktes oder einer Dienstleistung im Hinblick auf seine gesetzten Ziele erlangt. Auf die Vorteile des E-Governments wurde schon mehrfach hingewiesen. So entsteht ein etwaiger Nutzen aus einem E-Government-Prozess u. a. durch Einsparung von Personalkosten, Senkung von Personalnebenkosten, Senkung der Fehler- und Nachbearbeitungsquote, Senkung von Sachkosten oder Senkung von Overheadkosten. Der nicht monetäre Nutzen, wie Imageverbesserung, ist jedoch schwerer messbar. Der Nutzwert könnte sich auch durch zusätzliche Einnahmen, wie Online-Gebühren oder Benutzerentgelte, erhöhen. Da sich dies jedoch auf die Akzeptanz kontraproduktiv auswirken könnte, erscheinen höhere Gebühren für konventionelle Verfahren zweckmäßiger. Diese wirken sich jedoch nur bei einem Vergleich der analogen und digitalen Verfahren aus. Etwaige zusätzliche Kosten eines E-Government-Prozesses ergeben sich aus dem Ausbau von Infrastrukturmaßnahmen, wie der Breitbandversorgung, zusätzliche Kosten für Hard- und Software, zusätzliche Wartungs- und Pflegekosten, zusätzlichen Planungs- und Consultingkosten, Implementierungskosten, Transaktionskosten und natürlich Kosten für die Personalschulung. Da eine Wirtschaftlichkeitsuntersuchung immer auch den Faktor Zeit berücksichtigen muss, wird ein Gegenwarts- oder Barwert ermittelt. Dieser Begriff entspringt aus der Finanzmathematik, wobei er den Wert wiedergibt, den jetzige und zukünftige Zahlungen in der Gegenwart besitzen. Die Ermittlung wird durch eine Abzinsung der zukünftigen Zahlungen und anschließendes Summieren ermittelt.

$$GW = \sum_{t=0}^{T} (N_t - K_t) * (1 + i)^{-t}$$

Formel 1: Gegenwarts- oder Barwert

Betriebswirtschaftlich ist die Mindestvoraussetzung, dass der Wert positiv ist oder der Quotient aus Nutzen und Kosten größer 1 ist.

$$\sum_{t=0}^{T} N_t (1 + i)^{-t} - \sum_{t=0}^{T} K_t (1 + i)^{-t} > 0 \quad \textbf{oder} \quad \frac{\sum_{t=0}^{T} N_t (1 + i)^{-t}}{\sum_{t=0}^{T} K_t (1 + i)^{-t}} > 1$$

Formel 2: Mindestvoraussetzung für die Wirtschaftlichkeit

Bei kommunalen Leistungen lassen sich jedoch reine betriebswirtschaftliche Betrachtungen nur bedingt vornehmen, da die Daseinsvorsorge und gesetzliche Bestimmungen auch nicht wirtschaftliche Leistungen erfordern. Zur Bewertung eines Vorhabens kann man aber durch Heranziehung einer oder mehrerer Alternativen einen Vergleich ziehen. So lässt sich auch ein wertmäßiger Vergleich zwischen einem digitalen und analogen Prozesse aufgrund des unterschiedlichen Aufwandes vornehmen.

$$GW\_P_{dig} > GW\_P_{ana}$$

Formel 3: Entscheidungskriterium digitaler oder analoger Prozess

Man könnte sogar eine Reihenfolge oder Prioritätenliste hinsichtlich der zu digitalisierenden Prozesse erstellen, sodass der Prozess mit dem höchsten GW zuerst realisiert wird.

9.3.2.2 Nutzwertanalyse (NWA)

Wie bereits dargestellt, umfasst der Nutzen jedoch häufig noch Faktoren, die nicht monetär sind. Man kann in diesem Zusammenhang auch von weichen Faktoren oder Attributen sprechen. Diese sind häufig subjektiv geprägt und es erscheint schwierig zu sein, diesen einen metrischen oder kardinalen Skalenwert zuzuordnen. Die Nutzwertanalyse (NWA) ist ein Verfahren, dass bei Entscheidungen helfen soll, die auf komplexen Sachverhalte basieren. Grundlage der Nutzwertanalyse ist eine additive multiattributive Wertefunktion, mit der mehrere Alternativen bewertet und verglichen werden. Die Bewertung der verschiedenen Attribute geschieht durch Zuordnung von Punkten. Anschließend werden diese mit einem Gewichtungsfaktor des jeweiligen Attributs multipliziert und danach werden die gewichteten Punkte addiert. Die Alternative mit dem höchsten Wert hat den höchsten Nutzen. Die Darstellung erfolgt in der Regel mittels einer Tabelle.

Im Beispiel aus Tab. 9.1 hätte der Prozess 1 die höchste gewichtete Punktzahl erreicht und würde die höchste Priorität aufweisen. Kritik an dem Verfahren wird insbesondere in der Ermittlung des Punktesystems gesehen, das sehr schnell auch sehr subjektiv werden kann. Deswegen werden bei der praktischen Anwendung der Nutzwertanalyse zur Findung der Gewichtungsfaktoren und der Zuordnung der Punkte komplexe Methoden durchgeführt.

9.3.2.3 Kosten-Wirksamkeits-Analyse (KWA)

Ein weiteres Verfahren zur Bestimmung der Wirtschaftlichkeit ist die Kosten-Wirksamkeits-Analyse. Dabei werden die Kosten monetär, z. B. durch Marktpreise oder der KLR erstellt, während der Nutzen sowohl anhand quantitativer als auch qualitativer Merkmale berechnet wird. Bei der Durchführung der KWA werden zunächst die Kostenkriterien betrachtet und die Kosten bestimmt. Eine Gewichtung der Kosten unterbleibt. Ähnlich wie bei der NWA wird der Nutzen oder die Wirksamkeit durch unterschiedliche Attribute bestimmt und gewichtet. Eine Addition der Werte von Wirksamkeit (Nutzen) und Kosten unterbleibt jedoch, vielmehr erhält man eine Kosten-Wirksamkeits-Kennziffer, in dem

Tab. 9.1 Beispiel der Entscheidungsmatrix einer Nutzwertanalyse

Nutzwertanalyse

	Gewichtung	Prozess 1		Prozess 2		Prozess 3	
		Ungewichtet	Gewichtet	Ungewichtet	Gewichtet	Ungewichtet	Gewichtet
Fallzahlen	30	8,0	2,4	1,0	0,3	3,0	0,9
Einsparpotential	50	6,0	3,0	2,0	1,0	3,0	1,5
Imageverbesserung	20	6,0	1,2	3,0	0,6	4,0	0,8
	100	20,0	6,6	6,0	1,9	10,0	3,2

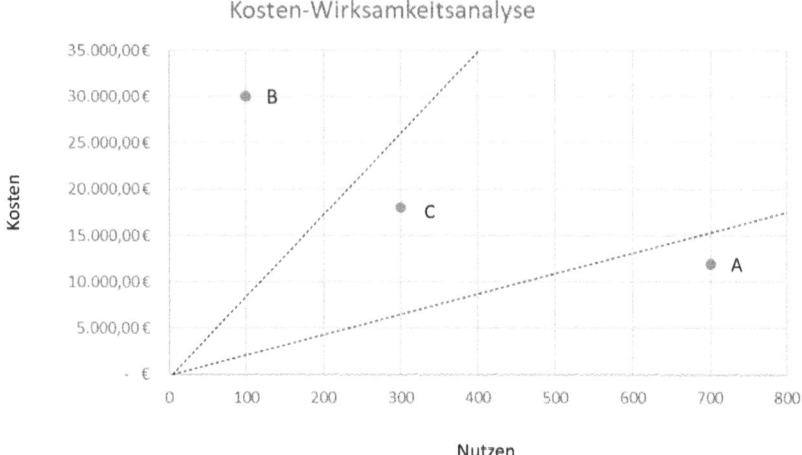

Abb. 9.3 Grafische Darstellung der KWA

man die beiden Werte in Relation setzt. Durch die Kennziffern lässt sich eine Rang-
folge oder Prioritätenliste erstellen, wobei als Entscheidungsregel gilt, dass der kleinste
Kosten-Wirksamkeits-Quotient am vorteilhaftesten ist. Auch die KWA kann grafisch dargestellt werden.

Im Beispiel aus Abb. 9.3 wäre die Reihenfolge B, C und A. Auch die KWA wird
hinsichtlich der schwierigen Bestimmung der qualitativen Attribute ähnlich der NWA
kritisiert.

9.3.3   Portfolio-Prozessanalyse

Die Portfolioanalyse der Boston Consulting Group hat eine hohe Popularität im Bereich
des strategischen Controllings. Das Ende der 60er Jahre des letzten Jahrhunderts entwickelte Verfahren ist besonders aufgrund seiner Marktwachstum-Marktanteils-Matrix
bekannt. Die Analyse geht davon aus, dass es in einem Unternehmen immer ein Bündel
von Investitionsentscheidungen gibt. Dabei werden die Geschäftseinheiten nach ihrer
Stärke und Bedeutung vier Quadranten zugeordnet. Die vier Quadranten werden sehr
anschaulich als Cash Cows, Stars, Fragezeichen oder arme Hunde benannt. Als Entscheidungsgrundlage zur Erstellung einer Prioritätenliste lässt sich die Darstellungs-
weise gut verwenden. Insofern kann man diese auch auf den Bereich der Digitalisierung
von Geschäftsprozessen anwenden. Analog der Nutzwertanalyse kann man die
Dimensionen Nutzen und Kosten als Entscheidungsgrundlage heranziehen. Der Unterschied besteht jedoch darin, dass die Darstellung einer weiteren Dimension bei der
BCG-Portfolie-Matrix möglich ist. Diese wird durch die Blasengröße im Diagramm

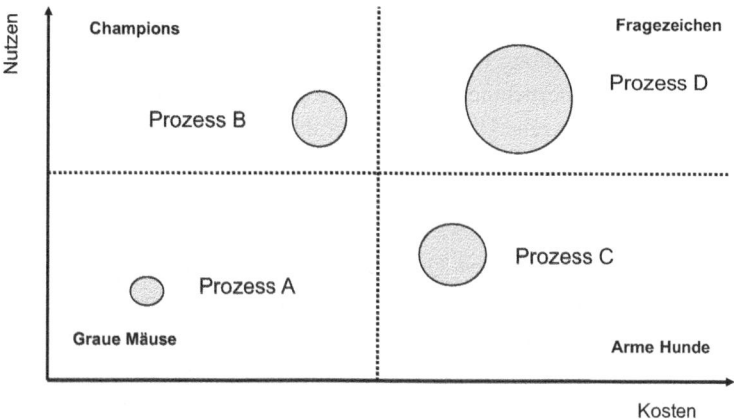

Abb. 9.4 Modifizierte BCG-Portfolio-Matrix für Verwaltungsprozesse

geschaffen. In Hinblick auf Verwaltungsprozesse lassen sich die Fallzahlen heranziehen. Verwaltungsprozesse, deren Transformation einen hohen Nutzen mit sich bringt und gleichzeitig geringe Kosten verursacht, könnte man als Champions bezeichnen. Prozesse, deren Umwandlung einen geringen Nutzen bei gleichzeitig hohen Kosten hat, wären dann arme Hunde, deren Transformation sich nicht lohnen würde. Die beiden anderen Quadranten sind dann Fragezeichen (hoher Nutzen, hohe Kosten) und graue Mäuse (geringer Nutzen, geringe Kosten). Der Prozess mit der höchsten Fallzahl wäre in dem jeweiligen Quadranten zu priorisieren. Abb. 9.4 stellt ein einfaches Beispiel mit vier Verwaltungsprozessen dar.

9.3.4 SWOT-Analyse

Die SWOT-Analyse ist ein Verfahren aus dem Controlling, um Schwachstellen im Unternehmen zu erkennen. Das Verfahren wurde zwar schon in 60er Jahren des letzten Jahrhunderts an der Harvard Business School entwickelt, aber die eigentliche Idee geht wahrscheinlich noch viel weiter zurück. SWOT steht für Strengths (Stärken), Weaknesses (Schwächen), Opportunities (Chancen) und Threats (Risiken). Dabei geht das Verfahren von einer internen und externen Betrachtung aus. Primär wurde die Analyse entwickelt, um eine Strategie für ein Unternehmen oder eine Organisation zu entwickeln. Durch die Bestimmung der eigenen Stärken und Schwächen in Verbindung mit einer Analyse der Chancen und Risiken entwickeln sich Handlungsempfehlungen für das Management. Prinzipiell ist die Methode auch im kommunalen Bereich anwendbar [PIE2018, S. 155]. Dabei geht das Verfahren von einer internen und externen Betrachtung aus, die man auch als Umweltperspektive und Unternehmensperspektive in unserem Fall Verwaltungsperspektive bezeichnen kann [BAM2012,

S. 378]. In der SWOT-Analyse werden dementsprechend die Stärken und Schwächen des Unternehmens oder Verwaltung (Verwaltungsperspektive) im Hinblick auf die Chancen und Risiken aus dem Unternehmerumfeld (Umweltperspektive) analysiert [ALTE2019, S. 227]. Natürlich ist auch eine Übertragung auf den Bereich der Prozessanalyse ebenso denkbar [FLEI2020] wie auf den gesamten Bereich der digitalen Transformation. Die Chancen und Risiken, die mit der digitalen Transformation verbunden sind, wurden ja schon eingehend diskutiert (Abb. 9.5).

Insgesamt ergibt sich für jeden Quadranten eine spezielle Fragestellung, die man auf den jeweiligen Prozess ausdehnen und mit den allgemeinen Herausforderungen der Digitalisierung verbinden kann. Aus den Fragen leiten sich dann auch vier unterschiedliche Strategien ab. S-O-Strategien, d. h. Strategien, die Stärken einsetzen um die Chancen zu nutzen und so noch stärker zu werden. Es kann beispielsweise ein effizienter und effektiver Prozess durch die Digitalisierung noch effizienter werden. Natürlich gibt es auch W-O-Strategien, die versuchen die Schwächen durch die Chancen auszugleichen oder S-T-Strategien, die den Risiken mit den Stärken begegnen wollen. Nicht zuletzt sind natürlich auf W-T-Strategien denkbar, d. h. die versuchen die Schwächen angesichts der Risiken zu minimieren [BAMB2012, S. 381].

Abb. 9.5 SWOT-Analyse

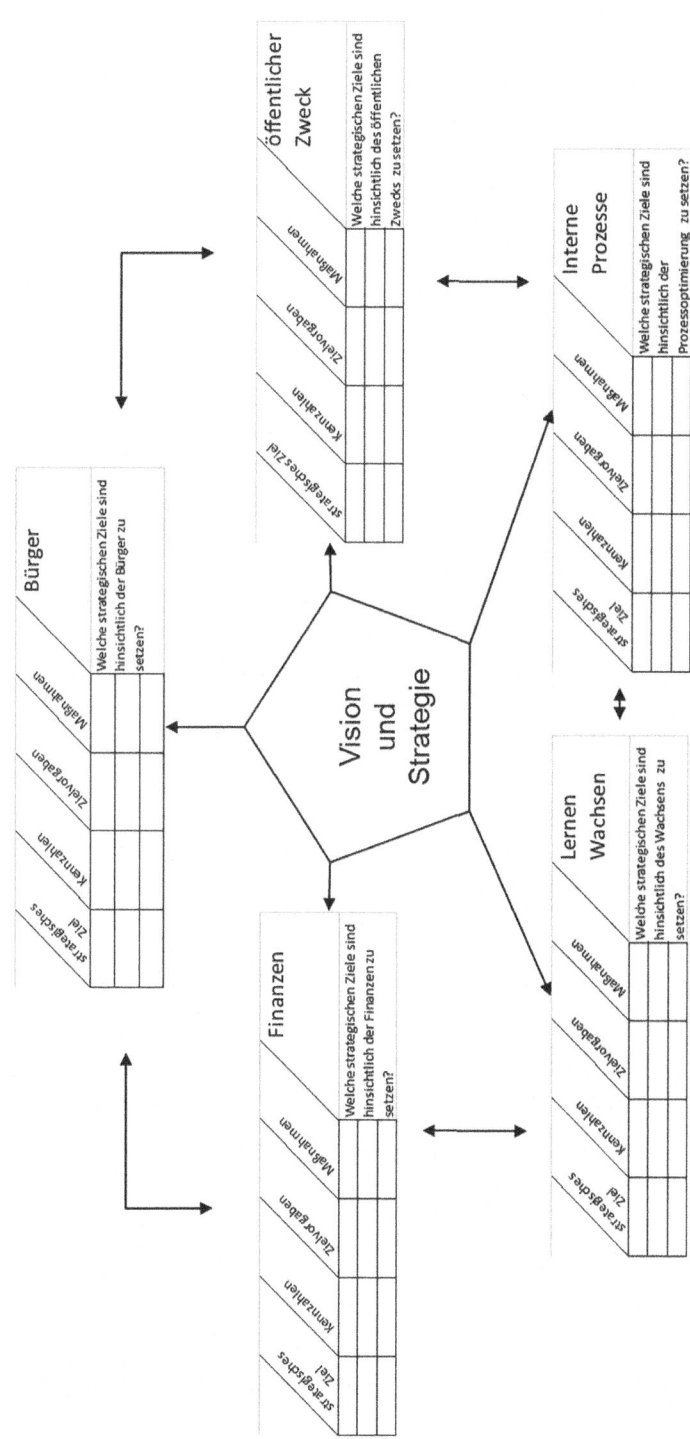

Abb. 9.6 BSC für den öffentlichen Sektor

9.3.5 Balanced Scorecard

Mit der Balanced Scorecard (BSC) wurde in den 90er Jahren des letzten Jahrhunderts ein umfangreiches Verfahren zur Leistungsmessung von Unternehmen durch Robert Kaplan und David Norton entwickelt [KAPL2018, S. VII]. Die BSC ist ein komplexes Verfahren und wurde speziell zur Leistungsmessung von Geschäftsstrategien entwickelt. Damit erhebt es auch den Anspruch, ein zusammenhängendes und quantifizierbares System für Messgrößen verschiedener Dimensionen zu sein, das zur Umsetzung strategischen Handelns und zur Messung der Effektivität bzw. Effizienz eines Unternehmens oder eines Geschäftsbereichs dient [PIE2018, S. 167]. Die BSC wurde eigentlich für den privatwirtschaftlichen Sektor entwickelt, kann aber nach Kaplan auf den öffentlichen Sektor übertragen werden [HALD2011, S. V.]. Kaplan sieht sogar die Möglichkeiten, die sich aus der Anwendung einer BSC zur Verbesserung des Managements von staatlichen und Non-Profit-Unternehmen ergeben als noch größer an [KAPL2018, S. 173]. Grundsätzlich lassen sich damit auch Strategien zur Digitalisierung von Verwaltungsprozessen bewerten.

Ausgehend von einer Vision wird eine Gesamtstrategie definiert. Die BSC untersucht in ihrer ursprünglichen Form vier Perspektiven, mit denen man die Aktivitäten des Unternehmens bewerten sollte. Die BSC besteht aus einer Kundenperspektive, einer Finanzperspektive, einer internen Perspektive und einer Innovationsperspektive (Lern- und Wachstumsperspektive). Dazu werden jeweils Kennzahlen entwickelt. Für die Anwendung auf dem öffentlichen Sektor ist es vorteilhaft, das Wort Kunde durch Bürger zu ersetzen und eine weitere Perspektive hinsichtlich des öffentlichen Zwecks hinzuzufügen [PIE2018, S. 167]. Für jede Perspektive werden die strategischen Ziele (Objectives) definiert und Kennzahlen (Measures) festgelegt. Die Zielvorgaben (Targets) sind operative, messbare Größen, die das Ergebnis darstellen, das erreicht werden soll. Daraus lassen sich die Maßnahmen (Initiatives) ableiten. Zur besseren Darstellung wird von Kaplan und Norton eine Strategy Map vorgeschlagen [KAPL2004], in der die wichtigsten Ursache-Wirkung-Beziehungen visualisiert werden [HALD2011, S. 27]. Zwischen den einzelnen Perspektiven werden noch die Wechselwirkungen analysiert. Wie bereits erwähnt, werden den einzelnen Perspektiven Kennzahlen zugeordnet. Tab. 9.2 enthält Beispiele für Kennzahlen.

Tab. 9.2 Kennzahlen für eine BSC des öffentlichen Sektors

Perspektive	Allgemeine Kennzahlen
Finanzwirtschaftliche Perspektive	ROI, ROCE, Budget, Kosten
Bürgerperspektive	Zufriedenheit, Akzeptanz
Interne Perspektive	Qualität, Durchlaufzeit,
Innovationsperspektive	Mitarbeiterzufriedenheit, Automatisierungsgrad
Perspektive öffentlicher Zweck	Bezug zur Daseinsvorsorge

Die finanzwirtschaftliche Perspektive wird häufig mit Kennzahlen aus dem Finanz-
controlling gemessen. Eine Übertragung dieser Kennzahlen auf den öffentlichen Sektor
ist scheinbar unmöglich, da die Gewinnorientierung nicht besteht oder auch viele Fachverfahren nicht kostendeckend gestaltet werden können. Aber auch die Frage, wie hoch
die Bezuschussung ist, kann aufschlussreich sein. Außerdem sind diese Kennzahlen dann
anwendbar, wenn man die kommunalen Beteiligungen in die Betrachtung mit einbezieht
und eine Kommune als Konzern betrachtet [PIE2018, S. 41 ff.].

Literatur

[ALTE2019]   Alter, R.: Strategisches Controlling, 3. Aufl. DeGruyter, Oldenbourg, Berlin
             (2019)
[ANDR1987]   Andrews, K.R.: The Concept of Corporate Strategy, 3. Aufl. Richard D. Irwin,
             Homewood (1987)
[BAMB2012]   Bamberger, I., Wrona, T.: Strategische Unternehmensführung , 2. Aufl. Vahlen,
             München (2012)
[BUCH2013]   Buchholz, L.: Strategisches Controlling, 2. Aufl. Springer-Gabler, Wiesbaden
             (2013)
[DRUC1990]   Drucker, P.: Die Chance des Unternehmens, 3. Aufl. Heyne, München (1990)
[FRAN2013]   Stadt Frankfurt: E-Government-Strategie, Vorlage M81 zur Stadtverordnetenver-
             sammlung, Frankfurt (2013)
[GAEL2005]   Gälweiler, A.: Strategisches Unternehmensführung. Campus, Frankfurt (2005)
[HALD2011]   Haldemann, T., Heike, M., Bachmann, M.: Balanced Scorecard in der
             öffentlichen Verwaltung. Haupt, Bern (2011)
[KAPL2004]   Kaplan, R., Norton, D.: Strategy Maps: Der Weg von immateriellen Werten zum
             materiellen Erfolg. Schäffer-Poeschel, Stuttgart (2004)
[KAPL2018]   Kaplan, R.S., Norton, D.P.: Balanced Scorecard. Schäffer-Poeschel, Stuttgart
             (2018)
[KREI2018]   Kreikebaum, H., Gilbert, D.U., Behmam, M.: Strategisches Management, 8. Aufl.
             Kohlhammer, Stuttgart (2018)
[LEMM2020]   Lemmer, K.: Digital vorangehen, Eine Studie zum Stand der Digitalisierung
             deutscher Kommunen, FOKUS und Kompetenzzentrum Öffentliche IT
             (BMIBH). Berlin (2020)
[MANN1990]   Mann, R.: Strategisches Controlling. In: Mayer, E. (Hrsg.) Handbuch
             Controlling, S. 91–116. Schäffer-Poeschel, Stuttgart (1990)
[PIE2017c]   Piesold, R.: Leitbild Digitale Offensive 2025. Magistrat der Stadt Hanau, Hanau
             (2017)
[PIE2018]   Piesold, R.R.: Kommunales Beteiligungsmanagement. DeGruyter , Oldenbourg
             (2018)
[SAMU1998]   Samuelson, P.A.: Volkswirtschaftslehre , 15. Aufl. Ueberreuter, Wien (1998)
[SCHM2019b] Schmid, A.: Verwaltungsinformatik und eGovernment im Zeichen der
             Digitalisierung – Zeit für ein neues Paradigma. In: Schmid, A. (Hrsg.) Ver-
             waltung, eGovernment und Digitalisierung: Grundlagen, Konzepte und
             Anwendungsfälle, S. 3–21. Springer, Berlin (2019)
[SCHE2014]   Schedler, K.; Proeller, I.: New Public Management, 5. Auflage, UTB-Verlag,
             Bern – Stuttgart – Wien 2014
[WELG2017]   Welge, M., Al-Lahman, Eulerich, M.: Strategisches Management, 7. Aufl.
             Springer Gabler, Wiesbaden (2017)

Technische Komponenten eines E-Government-Systems

10

10.1 Die Fraunhofer FOKUS E-Government-Referenzarchitektur

Es ist wahrscheinlich eine Binsenweisheit, aber E-Government-Systeme sind komplex. Wenn man sich dem Thema des Aufbaus solcher Systeme widmen möchte, ist es sinnvoll, sie systematisch in einzelne Komponenten zu zerlegen und deren Interdependenzen zu betrachten. Das Fraunhofer FOKUS hat für den Bereich E-Government eine speziell ausgerichtete Referenzarchitektur entwickelt. Sie ist zur besseren Übersicht auf funktional zusammenhängende Bereiche gegliedert [ZIES2014, S. 24]. Abb. 10.1 zeigt die Referenzarchitektur.

10.2 Zugangstechnologie

Der Zugang zu Verwaltungsleistungen unterlag schon immer Veränderungen, aber das Internet hat in den letzten 30 Jahren das Kommunikationsverhalten deutlich beeinflusst. Unternehmen wie Google oder Amazon gewährleisten, dass der Mensch im 24/7 – also schlichtweg immer oder auch rund um die Uhr – auf eine Dienstleistung oder ein Angebot zugreifen kann. Es besteht dementsprechend die ständige Bereitschaft bzw. Verfügbarkeit einer Dienstleistung oder eines Angebotes. So wie man Flüge nachts buchen kann, erhält man auch Ergebnisse einer Suchanfrage oder kauft sich eben ein Buch rund um die Uhr. Für die Verwaltung in Deutschland gilt das nicht. Eine 24/7-Verfügbarkeit ist lediglich in sehr wenigen Teilbereichen realisiert. Diese Diskrepanz zwischen privatwirtschaftlichen Unternehmen und staatlichen Dienstleistungen verstärkt das negative Image der Verwaltung, dass noch unter den starren Strukturen des Bürokratiemodells leidet und primär papierbasierte Formulare verwendet. Das verstärkt den Verdacht, die Verwaltung in Deutschland sei nicht zeitgemäß, möglicherweise ineffizient

© Springer-Verlag GmbH Deutschland, ein Teil von Springer Nature 2021
R.-R. Piesold, *Kommunales E-Government*,
https://doi.org/10.1007/978-3-662-63094-5_10

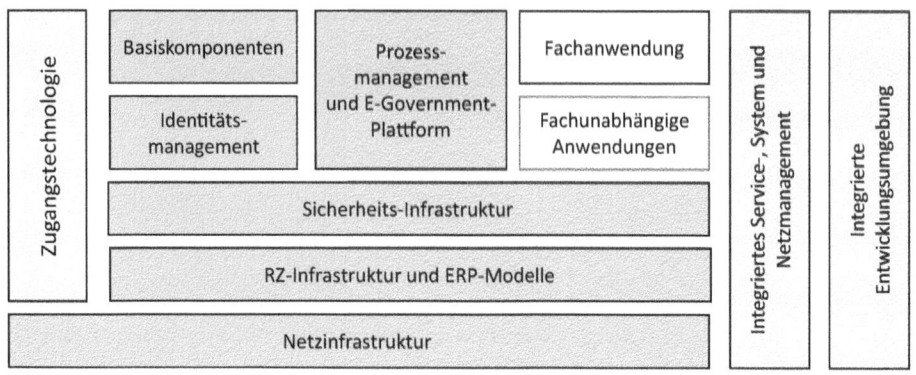

Abb. 10.1 Fraunhofer FOKUS E-Government-Referenzarchitektur. (Quelle: [FRAU2010, S. 14])

und ineffektiv [WEIS2019, S. 67]. Deshalb ist die Modernisierung der Schnittstelle vom Bürger zur Verwaltung von hoher Wichtigkeit, da die Bürger eben an eine moderne Verwaltung auch die gleichen Ansprüche stellen, wie gegenüber Unternehmen aus der Realwirtschaft.

Bei der Beantwortung der Frage, wie sich eine optimale Ausgestaltung der Zugangstechnologie erreichen lässt, muss das Beziehungsgeflecht des E-Government berücksichtigt werden, wie es in Abschn. 6.4 dargestellt wurde. Die Bürgerinnen und Bürger stellen die Majorität der Nutzer eines E-Government-Systems dar, deshalb erzielen auch Maßnahmen, die deren Zugang zur Verwaltungsleistungen betreffen, die höchste Aufmerksamkeit. Es ist deshalb nicht verwunderlich, dass C2G Formen politisch am stärksten diskutiert werden und die Außenwirkung der E-Government-Systeme im Fokus der Diskussion stehen. Da die Bürgerinnen und Bürger zudem noch zunehmend die 24/7-Regelung als Norm ansehen, ist eine Zugangstechnologie für die Verwaltung, die dies garantiert, eine Notwendigkeit für eine hohe Akzeptanz des E-Governments. Das Beziehungsgeflecht B2G unterliegt nicht diesen öffentlichkeitswirksamen Bedingungen. Unternehmen arbeiten zwar schon häufiger in einem 24/7-Betrieb, der auch zu den Grundprinzipien von Industrie 4.0 gehört. Hierbei sind jedoch primär die Produktionsbedingungen und die Lieferketten betroffen, während das Management und die Verwaltung nicht im 24/7-Betrieb arbeiten und damit auch keinen derartigen Zugang zu den öffentlichen Verwaltungen benötigen. Man kann aber davon ausgehen, dass ein digitaler Zugang auch im Beziehungsgeflecht B2G erforderlich ist. Für die externen Verwaltungen und damit dem Beziehungsgeflecht G2G gilt natürlich ähnliches. Die eigenen Mitarbeiter einer Verwaltung beschränken sich auf die üblichen Arbeitszeiten der jeweiligen Verwaltung. Im Übrigen gelten hier ähnliche Bedingungen wie beim externen Beziehungsgeflecht G2G. Technisch werden die Zugänge durch eine spezielle Arbeitsplatz-Infrastruktur für die Mitarbeiter ermöglicht. Diese wichtige Komponente der Verwaltungs-IT erlaubt den Mitarbeitern intern den Zugriff auf die Daten und Programme. Verschiedene Arbeitsplatzlösungen sind möglich, ebenso wie

Thin-Client-Server-Modelle, Intranet oder geschlossene Internetlösungen. Es besteht aber auch die Möglichkeit, den Zugriff vom Home-Office über VPN-Technologie zu realisieren.

Für das B2G-Beziehungsgeflecht gibt es sehr verschiedene Zugangstechnologien. Die „klassisch analogen" Zugangsverfahren existieren immer noch und werden auch zukünftig vorhanden sein. Darunter versteht man den Telefonkontakt, den postalischen Weg und auch das Fax. Die Bedeutung der letzten beiden Verfahren dürfte jedoch in absehbarer Zeit deutlich zurückgehen. Einerseits sind diese Verfahren teuer und das Fax stellt eine Technologie dar, die überholt ist und wahrscheinlich vollkommen verschwinden wird. Der persönliche Besuch im Bürger- oder Stadtladen oder der Besuch auf dem Amt wird natürlich auch weiterhin von Bedeutung sein. Insofern werden Bürger- oder Stadtläden nicht überflüssig, ihre Bedeutung wird sich aber auch reduzieren. Die einheitliche Behördennummer 115 ist sogar ein Beispiel dafür, wie diese Dienste verbessert werden können. Insgesamt kann man festhalten, dass man auch weiterhin „analoge" Verfahren zur Verfügung stellen muss, da nicht alle Bürger digitale Verfahren präferieren und manche Dienstleistungen auch nicht digitalisierbar sind. Die Bürger- oder Stadtläden erhalten teilweise durch die Digitalisierung neue Bedeutung, da dort schon seit Jahren internetbasierte Zugänge geschaffen werden. Diese Selbstbedienungsterminals werden insbesondere für Personen eingerichtet, die nicht über einen eigenen Internetzugang verfügen. Teilweise können damit aber auch spezielle Verwaltungsleistungen ermöglicht werden. So bietet die Bundesdruckerei ein Self-Service-Terminal an, mit dem der Bürger Ausweise beantragen kann. Das Selbstbedienungsterminal unterstützt aber nicht nur den Antragsprozess für Ausweisdokumente und Führerscheine. Es ermöglicht ebenso, dass das biometrische Foto direkt am Gerät aufgenommen und zusammen mit den Fingerabdrücken und der Unterschrift medienbruchfrei und qualitätsgesichert in das Behördennetzwerk übertragen wird. Damit wird die Wartezeit der Bürger verkürzt und der Bürger- oder Stadtladen entlastet. Für ein E-Government ist primär wichtig, dass das Gerät für zusätzliche Bürgerdienste und für das Zutrittsmanagement genutzt werden kann. Dadurch können auch Sachbearbeiter von Routinetätigkeiten im Antragsprozess entlastet wurden [BUDR2020, S. 8].

Die Verwendung von Self-Service-Terminals als Zugangstechnologie für Verwaltungsleistungen aller Art, wie sie im OZG beschrieben sind, kann aber nur eine Zwischenlösung für Personengruppen sein, die über keinen eigenen Internetanschluss verfügen oder spezielle Beratungen brauchen Diese Terminals greifen i. d. R. auf die gleichen Portale zu, wie man sie auch mit anderen internetfähigen Geräten aufrufen kann. Eine digitale Transformation, die eine medienbruchfreie Bereitstellung von Verwaltungsleistungen ermöglichen möchte, wird jedoch auf Internet- bzw. Intranet-Seiten setzen, die von verschiedenen Devices aufgerufen werden können. Aus technologischer Sicht haben sich dabei verschiedene Lösungen ergeben, die auch parallel angeboten werden. Eine sehr einfache und bewährte Technologie sind E-Mail- oder De-Mail-Formate, die allgemein sehr bekannt sind. Der Einsatz von E-Mails ist mittlerweile Standard. Bei den einfachen E-Mails tauchen jedoch häufig Datenschutz und

Datensicherheitsprobleme auf, sodass zusätzlich Verschlüsselungen gefordert werden. Insgesamt sind E-Mails nicht geeignet, einen sicheren vertrauenswürdigen und nachweisbaren Geschäftsverkehr zu garantieren. Sie werden zwar schon häufig angewendet, der Gesetzgeber sieht sie aber nicht als ausreichend. § 2 EGovG verpflichtet deshalb jeder Behörde, dass der Zugang über das De-Mail-Verfahren angeboten wird. Dieses Verfahren ist im De-Mail-Gesetz (De-Mail-G) näher spezifiziert. Dabei basiert das De-Mail-Verfahren auf den bekannten E-Mail-Komponenten, die aber um Sicherheitsaspekte ergänzt werden. Der gesicherte Transport erfolgt größenteils über eine TLS-Verschlüsselung, d. h. eine Ende-zu-Ende-Verschlüsselung. Weiterhin erfolgt eine sichere Identitätsfeststellung (De-Ident) beispielsweise durch eine Anmeldung mittels elektronischem Personalausweis, wobei der Benutzer hier jedoch über Zusatzgeräte verfügen muss. De-Mail-Verfahren sollen auch noch über De-Safe-Möglichkeiten verfügen, die eine vertrauenswürdige Dokumentenablage ermöglichen. Der Anbietermarkt für DeMail-Konten ist aufgrund der Akkreditierungsverpflichtung der Provider kleiner und die Kosten höher. Insgesamt kann man feststellen, dass die De-Mail-Verfahren zumindest unter der Bevölkerung nicht weit verbreitet sind.

Sehr weit verbreitet sind auch Zugänge über einfache und komplexere Formulare. Diese Möglichkeit des Zugangs wurde schon in der ersten Entwicklungsstufe des E-Governments realisiert. Viele Verwaltungsleistungen basieren auf Anträgen, die als Formulare vorstrukturiert sind. Es ist deswegen relativ leicht, die ursprünglich papierbasierten Anträge elektronisch beispielsweise als PDF-Formulare zur Verfügung zu stellen, sodass der Bürger sich diese vorab zu Hause ausdrucken kann. Adobe ermöglichte schon 1993 das sogenannte Portable Document Format (PDF). Das PDF-Format ist sehr weit verbreitet und gestattet auch ein print@home-Verfahren, d. h. der Bürger kann sich sein Dokument zu Hause selbst ausdrucken. Das PDF-Format hat den Vorteil, dass der Endnutzer keine teure Software benötigt. PDF-Formulare können in vier verschiedene Arten verwendet werden. Die älteste Form ist natürlich, dass der Bürger das Formular ausdruckt und per Hand ausfüllt und es dann auf herkömmlichen Wegen per Post oder Fax versendet. Etwas komfortabler ist es, wenn der Bürger das Formular ausfüllt und dann ausdruckt. Hierbei erfolgt der Versand aber auch auf herkömmlichen Wege. Wesentlich effizienter ist die Form, dass das Formular am Rechner ausgefüllt wird und dann über eine HTTP-Verbindung, z. B. über Webbrowser, versendet wird. Eine der häufigsten Formen ist jedoch, dass das Formular ausgefüllt wird und dann das elektronisch ausgefüllte Formular per E-Mail versendet wird. Eine Erweiterung erfahren die PDF-Formate dahin gehend, dass sie sowohl aus XML-Formaten generiert als auch in Extensible Markup Language (XML-Formate) umgewandelt werden können. XML wurde speziell 1998 vom World Wide Web Consortium (W3C) für den plattform- und implementationsunabhängigen Austausch von Daten zwischen Computersystemen, insbesondere über das Internet, entwickelt. Die Stadt Frankfurt am Main verfügt aktuell über rund 200 PDF-Antragsformulare, die teilweise online an die Stadt Frankfurt am Main übersandt werden können.

Eine wesentliche Verbesserung für ein effizientes E-Government stellen spezielle webbasierte Zugangstechnologien, beispielsweise über Portale dar. Diese müssen noch verschiedene mobile und multimediale Endgeräte unterstützen. In diesem Zusammenhang spricht man auch von einem responsiven Webdesign. Neben dieser auf das Webdesign abzielenden Technologie ist jedoch die Architektur der Portale von großer Bedeutung. Portale sind Anwendungssysteme, die Anwendungen, Prozesse und Dienste integrieren. Ursprünglich wurden einfache Einstiegsseiten einer Internetsuchmaschine als ein Portal bezeichnet. Seit Anfang des Jahrtausends verändert sich jedoch die Definition hin zu multiplen Anwendungen, in welcher Inhalte, Dienste und Funktionen integriert und zudem benutzerspezifisch angepasst werden. Durch die Einführung eines Portals werden letztlich Geschäftsprozesse elektronisch unterstützt und deren Abwicklung optimiert. Die Integration in die Backend-Systeme sorgen dabei für einen medienbruchfreien Prozessfluss und sind ein unabdingbares Kriterium für ein Portal [KIRC2004, S. 3]. Mithilfe des OZG versucht die Bundesregierung zurzeit Portalverbünde aufzubauen. Bei Anwendung des heutigen Portalbegriffs resultiert daraus, dass auch die Backend-Systeme der Verwaltungen einbezogen werden. Zur Realisierung solcher komplexen Systeme wendet man spezielle Rechnernetzarchitekturen, wie beispielsweise die SOA-Architektur (serviceorientierte Architektur), an. Darauf wird in Abschn. 10.4 näher eingegangen.

Eine interessante Erweiterung der Zugangstechnologie ist die Integration sogenannter intelligenter Online-Assistenten oder Chatbots. Hier gibt es eine Vielzahl von Systemen, die in unterschiedlicher Weise, Anliegen und Anfragen vorher filtern und dann weiterleiten oder diese ganz eigenständig beantworten. Auch ist die Art und Weise der Kommunikation sehr unterschiedlich. Es gibt Systeme, die möglichst eine Form der natürlichen Sprache verwenden, um so auch einen persönlichen Bezug herzustellen. Hier gibt es aus dem Bereich des E-Commerce zahlreiche Beispiele, aber auch im Alltag haben sich Systeme wie Alexa, Siri oder Watson durchgesetzt. Der Aufwand für diese Chatbots ist jedoch nicht unerheblich und einige Autoren meinen, dass dieser elegante digitale Zugang zur öffentlichen Verwaltung – eine Alexa vom Amt – nur einen kleinen Beitrag dazu zu leisten kann, das Potenzial der Digitalisierung für eine Modernisierung der öffentlichen Verwaltung zu nutzen [WEIS2019, S. 68]. Deshalb sollte auch hier eine Kosten-Nutzen-Analyse einbezogen werden. Selbstverständlich dienen diese Systeme natürlich auch dazu, eine gewisse Außenwirkung zu erzielen. Es gibt aber auch einfachere Systeme, die erst gar nicht versuchen, wie natürliche Personen zu wirken. Eine Vorabfilterung von Anfragen wird jedoch in den nächsten Jahren Standard werden. Auf die Frage, wie künstliche Intelligenz diese Funktionen erweitern kann, wird in Abschn. 12.2 eingegangen.

Nicht unerwähnt sollen hier auch die Captcha (completely automated public turing test to tell computers and humans apart) bleiben. Diese werden verwendet, um festzustellen, ob ein Computer oder ein Mensch eine Anfrage generieren möchte. Insbesondere Roboteranfragen können zu einer erheblichen Belastung werden. Mittels der kleinen Bilder, die Captchas erzeugen, lässt sich zumindest dieses Problem reduzieren. Captchas haben auch zahlreiche Nachteile. So können sie kaum barrierefrei gestaltet werden, sodass auch natürliche Personen mit Behinderung schon bei den üblichen Formen Schwierigkeiten bekommen können. Wesentlich schwieriger ist jedoch, dass KI-Systeme gerade bei der Mustererkennung immer besser werden, sodass die Captchas komplexer werden müssen, wenn sie ihre Wirksamkeit beibehalten wollen. Das führt dazu, dass die Captchas dann auch nicht mehr von natürlichen Personen gelöst werden können. Die Folge ist eine Reduktion der Benutzerfreundlichkeit der angebotenen Anfragen, was wiederum zu Akzeptanzproblemen führt.

10.3 Identitätsmanagement

Ein effizientes und benutzerfreundliches E-Government-System benötigt nicht nur medienbruchfreie Zugangstechnologien, sondern auch ein sicheres und vertrauens-würdiges Identitätsmanagement. Auch wenn beide Komponenten unmittelbar zusammenhängen, kommt dem Identitätsmanagement eine besondere Bedeutung zu, da es für die Akzeptanz der Anwendungen entscheidend ist. Ein unbefriedigendes oder kompliziertes Verfahren wirkt eher abstoßend und führt dazu, dass das Verfahren nicht angewendet wird. Weiterhin finden zahlreiche Überprüfungen der Richtigkeit einer Identität statt, sodass es sich bei dem Identitätsmanagement um eine eigenständige Komponente handelt.

In dezentralen offenen Systemen ist die Bestimmung der Identität besonders wichtig, da der Zugang wesentlich erleichtert wird und die Zahl der teilhabenden Personen hoch ist. Dadurch kann es auch zu erheblichem Missbrauch kommen. Andererseits meinen auch viele Menschen, dass gerade das Internet eine hohe Anonymität aufweist. Dabei sind nicht nur kommerzielle Anbieter von Internetdiensten interessiert, die Persönlich-keit des Benutzers zu erkennen. Daraus lassen sich Persönlichkeitsprofile ableiten, die wiederum vielfältig genutzt werden können. Für ein E-Government-System ist zurzeit jedoch der erste Aspekt von Interesse, insbesondere deswegen, da die Frage der Identi-tätsfeststellung bisher nicht befriedigend beantwortet ist [RIED2019, S. 23].

Die Bürger verwenden heute zahlreiche Authentifizierungssysteme um Internetdienste zu nutzen. Diese gehen von sehr einfachen Verfahren, wie sie beispielsweise in Spielen, Chat-Programmen usw. verwendet werden, über komplexere Verfahren, von denen einige beim elektronischen Handel angewendet werden, bis zu sehr komplexen Identitäten, wie z. B. die von den Finanzämtern verwendete Elster-Plattform. Leider kann man jedoch festzustellen, dass durch die zunehmende Komplexität des Authentifizierungsverfahrens die Benutzerfreundlichkeit sinkt.

Im Normalfall wird eine Person ein Benutzerkonto bei einem Anbieter oder Dienst-leister anlegen. Auch das Anlegen des Benutzerkontos erfolgt teilweise mit unter-schiedlichen Angaben und mit verschiedenen Sicherheitskonzepten. Der Bürger hat in diesem Fall eine weitreichende Palette von Konten und Passwörtern, die er verwenden muss. Außerdem tritt der Effekt ein, dass die betreffende Person für jeden Anbieter ein unbeschriebenes Blatt und eine „eigenständige" Person ist. Es gibt keine Bezüge unter den angelegten Profilen. Das kann Vorteile mit sich bringen, da auch eine gewisse Form der „Anonymität" gewährleistet sein kann. So kann sich der Benutzer u. a., mit falschem Namen und einer freien E-Mail_Adresse anmelden. Es hat aber auch Nachteile, da er eben im Netz vielfach auftaucht. Natürlich könnte dieser Effekt auch beim öffentlichen Dienst eintreten, wenn sich der Bürger mehrfach anmelden muss. Zur Vermeidung dieses Effektes wird eine digitale Identität vorgeschlagen. Der Benutzer wäre in diesem Fall Besitzer in einer digitalen Identität, die Teile ihrer realen Identität auf die elektronische Welt abbildet. Diese könnte u. a. Name, Adresse und die Kreditkarteninformation enthalten, die er bei allen Diensten zum Zwecke der Identifizierung und Authentifizierung einsetzt [KUNZ2003, S. 9]. Je nachdem welche Anforderungen ein Internetdienst erfordert, kann der Benutzer einige Angaben zur Weitergabe freigeben oder sperren. Digitale Identitäten benötigen jedoch eine Identitätsstruktur bzw. ein Identitätsmanagement, das privat oder staatlich geregelt sein kann. Riedel schlägt eine digitale staatliche Identität vor, die den Vorteil hätte, dass die Kerndaten nicht bei Medienbetreibern, kommerziellen Plattformen, Banken etc. mehr oder weniger kontrolliert „herumvagabundieren" würden. In diesem Zusammenhang wird auch auf Estland verwiesen, wo jeder, der einen Personalausweis bekommt, auch gleichzeitig mit einer elektronischen Identität ausgestattet wird [RIED2019, S. 25]. Natürlich gibt es auch private Anbieter, wie beispielsweise das Unternehmen Verimi, das speziell für den öffentlichen Sektor Lösungen anbietet.

Der Benutzer speichert bei einem Identitätsmanagement seine Daten in ein zentrales Benutzerkonto ab, dass dann wiederum zur Anmeldung und Abrechnung bei unterschiedlichen Anbietern verwendet wird. So tritt der Effekt ein, dass ein Benutzerkonto für mehrere Anwendungen und Dienstleistungen verwendet werden kann (Abb. 10.2).

Die digitale Identität leitet sich daraus ab, dass eine eindeutige Zuordnung zu einer Person oder einem Objekt gewährleistet ist. Der Begriff Identität beschreibt somit die Gesamtheit der Eigentümlichkeiten eines Subjektes oder Objektes, mit dem es sich von anderen unterscheidet. Da wir mit E-Government-Systemen primär natürliche und juristische Personen behandeln, wird hier verlangt, dass eine Person als Entität betrachtet werden muss. Die dafür notwendigen verschiedenen Attribute werden im Identitätsmanagementsystem verwaltet. Dabei könnte die Identität mittels eines eindeutigen Attributs schon bestimmt werden, wenn dies vorhanden ist. Solche eindeutigen Attribute könnten staatlich zugeordnete Kombinationen aus Zahlen und Buchstaben,

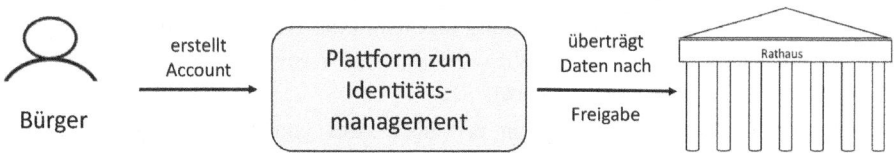

Abb. 10.2 Grundidee Identitätsplattform

wie Personalausweisnummer, oder sogar natürliche, nicht veränderbare Attribute sein. Zu diesen Eigenschaften zählt beispielsweise der genetische Fingerabdruck eines Lebewesens, dessen Wahrscheinlichkeit der Übereinstimmung zwischen zwei Menschen etwa $1:10^{10}$ beträgt [KUNZ2003, S. 42]. Man könnte aber auch auf Stimmerkennung oder andere biologischen Attribute, wie die Ausprägung der Iris, zurückgreifen. Natürlich sind aber auch weitere Attribute, Eigenschaften oder Parameter notwendig, damit spezielle Dienstleistungen freigegeben werden können. Der Bürger tritt in vielfältigen Rollen auf und sollte selbst entscheiden, zu welchem Zeitpunkt er welche Daten zur Verfügung stellen möchte. Durch diese Steuerungsmöglichkeit der Datenverbreitung wird der Nutzer bei der Trennung verschiedener Lebensbereiche und dem Agieren in unterschiedlichen Rollen unterstützt [KUNZ2003, S. 42]. Hieraus entspringt schon einmal eine Aufgabe des Identitätsmanagements. Es muss die Daten sichern, schützen und bedarfsgerecht weitergeben, wenn die Einwilligung des Bürgers vorliegt. In diesem Zusammenhang ist ein Identitätsdiebstahl zu verhindern. Die Bündelung der Daten hat aber noch einen weiteren Vorteil und stellt auch ein weiteres Betätigungsfeld des Identitätsmanagements dar. Es muss die Integrität der Daten gewährleisten. Beispielsweise sollte bei einer Änderung der Telefonnummer bei allen Transaktionen, bei denen dieses Attribut verlangt wird, sichergestellt sein, dass die Änderung übernommen wurde. Selbstverständlich ist eine Hauptaufgabe des Identitätsmanagements, dass eine Authentifizierung erfolgen kann. Hier muss eine eindeutige Identifizierung erfolgen, um bestimmte Rechte und Dienste zuordnen zu können. Ein wichtiger Aspekt ist aber auch, dass die Identifizierbarkeit nur dann gegeben sein darf, wenn dies vom Nutzer erlaubt ist. Es muss darüber hinaus auch die Möglichkeit der Pseudonymisierung vorhanden sein. Diese pseudonymisierte Identität birgt jedoch die Gefahr, dass durch die in der Identität enthaltenen Attribute indirekte Rückschlüsse auf den Benutzer vorgenommen werden können. Es gibt dementsprechend zwischen vollständiger Anonymität und eindeutiger Identifizierung eine große Bandbreite von Abstufungen [KUNZ2003, S. 42].

Auch im Bereich der elektronischen Identifizierung strebt die EU eine Harmonisierung und erweiterte Sicherheitsstandards innerhalb der 28 EU-Staaten an. Mit der eIDAS-Verordnung über elektronische Identifizierung und Vertrauensdienste (EU) Nr. 910/2014, die 2016 in Kraft trat, schaffte die EU einen einheitlichen Rahmen, der als Verordnung verbindliche, europaweit geltende Regelungen in den Bereichen „Elektronische Identifizierung" und „Elektronische Vertrauensdienste" schaffte. Die Verordnung regelt speziell die Erstellung, Überprüfung und Aufbewahrung von qualifizierten elektronischen Signaturen, Zeitstempeln, Siegeln, Website-Authentifizierung und die Zustellung von elektronischen Einschreiben. Durch die Zertifizierung erhalten Anbieter die nach der eIDAS-Verordnung arbeiten, eine Bestätigung über den sicheren Umgang mit Kundendaten. Das erhöht wiederum das Vertrauen der Bürger hinsichtlich des jeweiligen Verfahrens [EIDAS2014].

Auch für Deutschland wird schon seit über zwei Jahrzehnten an einem einheitlichen Identitätsmanagement gearbeitet. So gibt es private Lösungen, wie das Produkt von Verimi, das u. a. einen Zugang zum Servicekonto des Freistaats Thüringen anbietet.

Das Produkt verifiziert die Daten und stellt diese gemäß des eIDAS-Level für digitale Verwaltungsleistungen zur Verfügung. Dadurch könnte der Bürger auch auf OZG-Verwaltungsleistungen zugreifen. Bei einer staatlichen Lösung kann der elektronische Personalausweis als Basis für das Identitätsmanagementsystem verwendet werden. Die derzeitig verfügbaren Lösungen, wie der elektronische Personalausweis mit Lesegerät, sind jedoch keine akzeptable Lösung, da sie umständlich und mit zusätzlichen Kosten verbunden sind. Vereinzelt versuchen deutsche Städte eigene begrenzte Identitäts-managementsysteme aufzubauen, die jedoch häufig lediglich städtische Benutzerkonten sind. Die Stadt Nürnberg stellt mit „Mein Nürnberg" eine eigene Lösung bereit. Der Bürger kann sich mit der eID-Funktion des elektronischen Personalausweises oder des elektronischen Aufenthaltstitels anmelden. Dazu benötigt er ein Kartenlesegerät und eine APP, die eine PIN bereitstellt. Erst wenn der Bürger mittels der PIN das Lesen von Daten aus dem Personalausweis oder dem elektronischen Aufenthaltstitel autorisiert, erfolgt die Übertragung. Neben dieser Möglichkeit, kann sich der Bürger auch direkt bei der Stadt Nürnberg registrieren lassen, um dann ein herkömmliches Login-Verfahren durch-führen zu können. Lösungen, die jedoch von einer Kommune ausgeben werden, haben aber gegenüber einem einheitlichen Identitätsmanagementsystem den Nachteil, dass sie regional begrenzt sind. Weiterhin sind sie teilweise umständlich. So kommt es zu einem Akzeptanzverlust hinsichtlich der E-Government-Systeme. Neben einer einheitlichen Zugangsidentität bleiben viele Fragen, wie viele zusätzliche Informationen über einen Menschen weitergegeben werden können, offen. Auch hier wird eine Zustimmung des Bürgers unabdingbar zu sein.

Eine digitale ID-Bestimmung ist aber auch nur ein Schlüsselfaktor zum Erfolg medienbruchfreier digitaler Prozesse [RIED2019, S. 29]. Insofern werden auch neue Kommunikationsmöglichkeiten, wie Chatbots für die Verwaltung an Bedeutung gewinnen. Jedoch würde allein ein solcher eleganter und digitaler Zugang zur öffentlichen Verwaltung – eine Alexa vom Amt – nur einen kleinen Beitrag dazu leisten, das Potenzial der Digitalisierung für eine Modernisierung der öffentlichen Verwaltung zu nutzen [WEIS2019, S. 68]. Wahrscheinlich würden diese Eingabemöglichkeiten ohne weiteren zusätzlichen Nutzen, wie etwa ein Zeitgewinn bei der Bearbeitung, dem Auf-bau eines E-Government-Systems mehr Schaden als Helfen. Deswegen ist immer die gesamte Prozessbearbeitung zu betrachten und zu optimieren.

10.4 Prozessmanagement und E-Government-Plattform

Schon in Kap. 8 wurde auf die grundlegende Bedeutung einer prozessorientierten Ver-waltung eingegangen. E-Government-Systeme sind prozessorientiert und damit eine wesentliche Komponente für das Prozessmanagement innerhalb des Systems. Dazu ist es notwendig, dass nicht nur die Prozesse erkannt, modelliert und gegebenenfalls optimiert werden, sondern sie müssen auch implementiert werden. In Verbindung mit der Umsetzung von Geschäftsprozessen in vernetzten, dezentralen Systemen hat sich seit der Mitte der 90er Jahre der Begriff Dienstorientierung eingebürgert. Diese kann dabei über Serviceorientierte Architekturen (SOA) auch technisch realisiert werden. Innerhalb der SOA-Infrastruktur ist das Prozessmanagementsystem (PMS) oder Business Process Management (BPM) ein wesentliches Element. Mit dieser Komponente, nach der eine standardisierte Prozessbeschreibung beispielsweise der Fachverfahren erfolgte, wurde die automatisierte Steuerung der Prozessabläufe durch eine technische Verknüpfung einzelner Systeme und Dienste ermöglicht.

Außerdem lassen sich mit dem Business-Process-Management-System die eigentlichen Prozessabläufe überwachen. Dieses Monitoring oder Business Activity Monitoring ermöglicht auch die Optimierung einzelner Prozessabläufe. Für den Betrieb einer SOA-basierten E-Government-Infrastruktur sind weitere Komponenten im Bereich einer sogenannten Prozess-Middleware erforderlich, wie beispielsweise Application-Server, Verzeichnis- und Transformationsdienste, Adapter-Lösungen für Anwendungen ohne entsprechende Service-Schnittstellen etc. [FRAU2010, S. 45]. Die SOA ist lediglich eine Möglichkeit zur Darstellung, Implementierung und Optimierung von Geschäftsprozessen. Insofern könnte die Komponente des Prozessmanagements auch mit anderen Verfahren gelöst werden.

10.5   IT-Infrastruktur

Normalerweise sind die IT-Strukturen einer Kommune über Jahre hinweg gewachsen. Deshalb haben größere Kommunen meistens auch eine erhebliche heterogene IT-Landschaft, die zu großen Anpassungsproblemen führt. Diese resultieren nicht nur daraus, dass die IT-Strukturen für aufbauorientierte Organisation geschaffen wurden, sondern sie sind auch schlichtweg veraltet. Der Übergang zu einer ablauf- oder prozessorientierten Organisation sollte aber auch entsprechende IT-Strukturen bereitstellen. Eine Vielzahl von nicht kompatiblen Programmen oder eine heterogene IT-Landschaft erschwert die Umstellung erheblich. Die Beseitigung redundanter, veralteter oder gar inkompatibler Strukturen ist natürlich nicht die eigentliche Aufgabe bei der Gestaltung von E-Government-Systemen, sondern eine permanente Aufgabe der IT-Strategie einer Kommune. Diese wird von den CIO und den entsprechenden IT-Abteilungen geplant und umgesetzt, betrifft aber die gesamte Verwaltung insgesamt. Die Umstellung auf Softwareprodukte, die auf HANA-Technologie aufbauen, seien hier nur als Beispiel angeführt.

Die Effizienz eines E-Government-Systems kann aber durch die bestehende IT-Landschaft erheblich beeinflusst werden, was wiederum das Ergebnis der Kosten-Nutzen-Analyse verändern kann. Deshalb ist im Rahmen der Entwicklung von E-Government-Systemen auch die Entwicklung der IT-Strukturen zu überprüfen und speziell auf die Notwendigkeit der digitalen Transformation anzupassen. Insofern sind die Strategien beider Bereiche dementsprechend abzustimmen (Abb. 10.3).

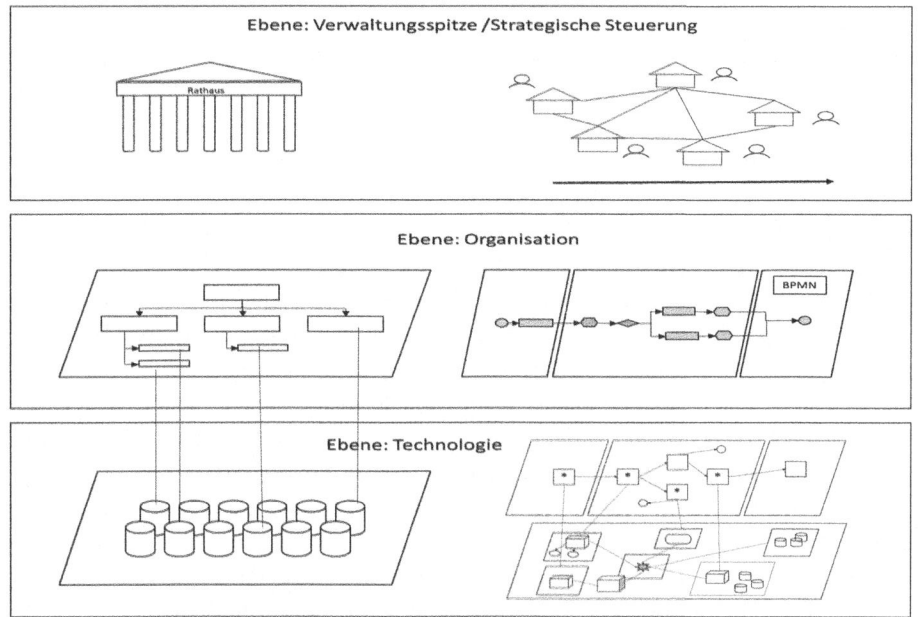

Abb. 10.3 Silo-Fachanwendungen versus prozessorientierter Aufbau. (Quelle: eigene Darstellung, stark angelehnt an [STRI2014, Folie 10])

Aufbauorientierte Verwaltungen neigen zu einem Silodenken. Die Daten der Ämter, Fachbereiche oder Beteiligungen werden häufig in eigenen Datenbanken abgespeichert, die keine Verknüpfungen zulassen. Eine prozessorientierte Organisation versucht das Silo-Denken auch innerhalb der IT-Landschaft zu überwinden.

10.6 Sicherheitsstruktur

Seitdem es elektronische Datenverarbeitung gibt, also seit über 70 Jahren, hat die Sicherheit von Daten und Anwendungen für alle Anwender eine hohe Bedeutung. In den letzten Jahrzehnten hat sie jedoch noch an Bedeutung gewonnen, da die IT-Strukturen immer stärker vernetzt werden. Stand-Alone-Systeme sind eben leichter zu schützen als vernetzte Computer, die mit anderen kommunizieren. Im Internet of Things wird die Vernetzung noch stärker werden, womit der Bereich Cybersicherheit an Bedeutung gewinnen wird. Neben den bereits weiter oben aufgeführten Sicherheitskonzepten, wie Authentifizierung, Zugangskontrolle und Identitätsmanagement, sind noch weitere wichtige strukturelle Maßnahmen wichtig, die zur Sicherheit des gesamten Systems beitragen.

Das Bundesamt für Sicherheit in der Informationstechnik (BSI) hat entsprechende Standards entwickelt, die auch bei einem kommunalen E-Government-System berücksichtigt werden sollten. Dazu gehören unter anderem die Räumlichkeiten, in denen die Hardwarekomponenten stehen, etwaige Backup-Systeme, Virtual Private Networks (VPN), Firewalls, Virenschutzprogramme genauso wie Maßnahmen zur Personenkontrolle, wie beispielsweise Zugriffs- und Zugangsbeschränkungen zu Räumen, Computern und Speichermedien [ZIES2014, S. 27]. Das BSI hat darüber hinaus auch Compliance-Vorgaben für sichere und funktionale IT als Mindeststandards entwickelt [BSI2020a]. Aufgrund der erweiterten Sicherheitsbedarfe im Bereich Internet sollten noch weitere Standards zur Internetsicherheit ausgearbeitet werden. Da bei der Kommunikation und Verwaltung von Daten, u. a. beim Zahlungsverkehr, aufgrund von Fehlern der entsprechenden informationstechnischen Systeme, ein Bruch der Vertraulichkeit, der Verlust oder eine Verfälschung von Daten und meistens wirtschaftliche Nachteile drohen, hat das BSI zudem noch formale Methoden für die Zuverlässigkeit, Vertrauenswürdigkeit und Korrektheit von Softwaresystemen veröffentlicht. Hier werden auch Aspekte des Datenschutzes angesprochen, die in der EU-Datenschutz-Grundverordnung (EU-DSGVO), dem Bundesdatenschutzgesetz oder der Datenschutzgesetze der Länder speziell geregelt werden. Für die Datensicherheit sind aber auch Aspekte der Ausfallsicherheit des Rechenzentrums von hoher Bedeutung. Dazu zählen auch eine ausfallsichere Stromversorgung. Insgesamt wird die Ausfallsicherheit nach den Telecommunications Infrastructure Standard for Data Center (Tier) klassifiziert. Die Aspekte der Datensicherheit und des Datenschutzes speziell für E-Government-Systeme werden im Kap. 11 beschrieben.

10.7 Basiskomponenten

Als Basiskomponenten werden Anwendungen und Leistungen verstanden, die in mehr als einem Ressort benötigt werden [MAYE2010, S. 353]. Sie stellen „elementare" funktionale Bausteine einer E-Government-Infrastruktur dar, deren Funktionen (Dienste) in verschiedenen Geschäftsprozessen potenziell in gleicher Weise eingebunden bzw. als „Dienst" genutzt werden können [FRAU2010, S. 45 f.]. Darunter fallen Geoinformationssysteme (GIS), Dokumentenmanagementsysteme (E-Akte), die virtuelle Poststelle (VPS/OSCI) und natürlich auch das E-Payment. Eine weitere interessante Basiskomponente ist der Formular-Server, der jedoch aufgrund der Entwicklung von Portalen an Bedeutung verlieren wird. Diese Komponenten haben den Vorteil, dass sie einmal implementiert werden und dann als Stützprozesse in die Fachprozesse eingebunden werden können.

10.7.1 Exkurs: E-Payment

Aufgrund des § 4 eGovG des Bundes müssen Behörden die Einzahlung von Gebühren oder die Begleichung sonstiger Forderungen durch Teilnahme an mindestens einem im elektronischen Geschäftsverkehr üblichen und hinreichend sicheren Zahlungsverfahren ermöglichen, falls diese im Rahmen eines elektronisch durchgeführten Verwaltungsverfahrens anfallen. Da dieser Paragraf von den Ländern weitgehend übernommen wurde, gilt dies auch für die Kommunen. Da Überweisungen bereits weitgehend online getätigt werden können, ist die gesetzliche Vorgabe bereits dann erfüllt, wenn die Behörde diese Zahlungsmöglichkeit in den elektronischen Verwaltungsprozessen angibt [BMI2013, S. 19]. Eine solche Reduktion auf ein Verfahren hält aber keiner empirischen Analyse stand. Aktuell können die Zahlungen durch Online-Überweisungen, EC-Karte und andere Bankleistungen erfolgen. Die Bürger verwenden aber öfter auch Zahlungsmöglichkeiten mittels Kreditkarte oder führen ihren Zahlungsverkehr über kommerzielle Payment-Service-Provider durch. Laut einer Studie der Universität Regensburg aus dem Jahr 2018 ermöglichen lediglich 14 % der Kommunen die Begleichung von Forderungen durch Vorkasse per Überweisung oder nachträglich nach Rechnungsstellung durch eine normale Überweisung. 29 % gestatten die Abwicklung des Zahlungsverkehrs mit Paypal und 53 % akzeptieren Kreditkarten. 82 %, also die überwiegende Anzahl der Kommunen, bieten die Bezahlung per giropay auf ihren Internetseiten an [IBI2018, S. 8]. Auch die Frage, mit welchen Endgeräten der Bürger die Zahlung vornehmen kann, ist wichtig. Wenn man die Entwicklungen des privaten E-Commerce berücksichtigt, kann man festhalten, dass die entsprechenden Zahlungen über sämtliche Endgeräte ermöglicht werden sollten, die über eine Internetverbindung verfügen [KLEI2016]. Aufgrund der Entwicklung des digitalisierten Zahlungsverkehrs sind die Zahlungsmöglichkeiten vielfältig, selbst kryptographische Zahlungsmittel, wie Bitcoin, könnten in Betracht kommen. Diese Digitalwährungen finden jedoch zurzeit aufgrund verschiedener Gründe im Bereich E-Government keine Anwendung.

Die technische Umsetzung der Integration von E-Payment-Möglichkeiten in den Workflow der Fachanwendungen stellt kein übermäßiges Problem dar. Vielmehr gilt es die Vor- und Nachteile abzuwägen. Neben den gesetzlichen Bestimmungen, denen die Kommunen natürlich entsprechen müssen, sollte eine weitere Kosten-Nutzen-Analyse vorgenommen werden. Dazu sind natürlich die wirtschaftlichen Rahmenbedingungen und genauen Konditionen wichtig. Grob kann man feststellen, dass als Hauptnachteil die Verteuerung des Zahlungsverkehrs angeführt wird. Insgesamt sollte man aber die Total Cost of Payment betrachten [SEID2014]. So können generell durch das Zahlungsverfahren Folgekosten oder indirekte Kosten anfallen. Neben den Gebühren oder dem Disagio des Dienstleisters entstehen auch Mindereinnahmen durch Zahlungsausfälle. Das Risiko, dass man Zahlungsausfälle hinnehmen muss, variiert bei jedem Zahlungsverfahren, beispielsweise beträgt das Risiko eines Zahlungsausfalles bei Kreditkartenzahlung 0,4 % und bei der Rechnungszahlung 1,1 %. Bei dem Lastschriftverfahren kann die Zahlung noch Wochen nach Zahlungseingang wieder abgebucht werden [Seid2014]. Neben dieser Reduzierung der Ausfallkosten haben E-Payment-Verfahren weitere Vorteile. So wird die Schnelligkeit der E-Payment-Verfahren hervorgehoben. Während bei Überweisungen oder Bankeinzugsverfahren mehrere Tage bis zum Zahlungseingang vergehen, verkürzt sich der gesamte Prozess bei den E-Payment-Verfahren. Dadurch wird auch der Gesamtprozess in seiner Effizienz positiv verändert. Als weiterer Vorteil wird der Imagegewinn für die Kommune, die Reduktion der Fehler beim Zahlungsverkehr und die Reduzierung des Arbeitsaufwandes für die Verwaltung angeführt [IBI2018, S. 9].

10.7.2 Exkurs: E-Akte

Da E-Government-Systeme auf einem bestehenden Programmbestand aufbauen, brauchen sie entsprechende Schnittstellen. Die daraus entstehenden Probleme sind in Abschn. 10.5 angerissen worden. Eine zentrale Rolle spielt in öffentlichen Verwaltungen die HKR-Software, d. h. die Programme mit denen man das Haushalts-, Kassen- und Rechnungswesen durchführt. Neben der SAP AG oder der MACH AG gibt es noch zahlreiche andere Anbieter für entsprechende Software. Die HKR-Systeme sind relativ lange schon im Einsatz und weit entwickelt. Durch die zunehmende Digitalisierung kommt immer stärker noch eine zusätzliche Frage auf, die die Aktenführung bzw. die Archivierung betrifft.

Die Aktenführung ist ein fundamentaler Bestandteil jeglicher Verwaltungstätigkeit und dessen Ursprünge reichen weit zurück. Bereits im Römischen Reich hatte die Akte eine herausragende Stellung. Die damalige Unterscheidung zwischen den magistratischen acta, den Befehlen, und den senatorischen acta, den Protokollen, zeigt, dass die Akte verschiedene Bedeutungen hat. Aber auch die Form der Aufbewahrung der Akten sowie das Recht, jene einsehen zu dürfen, sind bedeutende Grundlagen für die Entwicklung der Aktenführung, die in der römischen Zeit entstanden ist. Eine Akte ist somit nicht nur eine Sammlung, die Auskunft über das Geschehene dokumentieren soll, sondern hat eine hohe rechtliche Bedeutung [VISM2011, S. 79 ff.]. Insofern ist die Aktenführung auch kein triviales Problem, wie eine reine Papieraufbewahrung, sondern unterliegt erheblichen Rechtsnormen. Öffentliche Verwaltungen verfügen über sehr große Bestände papierbasierter Akten, deren Lagerung erhebliche Kosten verursacht und deren Führung aufwendig ist. Deshalb wird zunehmend die Überführung in ein Dokumentenmanagement-System (DMS) oder einer E-Akte angestrebt. Die Überführung des Aktenbestandes in ein DMS ist ein aufwendiges und teures Unterfangen, da es sich bei der korrekten und rechtskonformen Führung von Akten um ein komplexes Verfahren handelt. Die Konzeption der E-Akte baut auf der bisherigen papierbasierten auf. Nach dem Deutschen Landkreistag ist die elektronische Akte (E-Akte) eine logische Zusammenfassung sachlich zusammengehöriger oder verfahrensgleicher Vorgänge und/oder Dokumente, die alle aktenrelevanten E-Mails, sonstigen elektronisch erstellten Unterlagen sowie gescannten Papierdokumente umfasst und so eine vollständige Information über die Geschäftsvorfälle eines Sachverhalts ermöglicht. Die E-Akte gliedert sich wie die papierbasierte typischerweise in Akte, Vorgang und Dokument. Akte, Vorgang und Dokument werden Schriftgutobjekte genannt. Damit gibt sie den formalen inhaltlichen Rahmen der enthaltenen Vorgänge und Dokumente hierarchisch vor, von dem Vorgänge und Dokumente nicht abweichen dürfen. Zur besseren Gliederung wird sie mit

Metadaten, wie beispielsweise Aktenzeichen, Aktentitel, Laufzeit usw., beschrieben. Die kleinste Sammlung von zusammengehörenden Dokumenten aus der Bearbeitung eines Geschäftsvorfalls ist der Vorgang. Er ist eine Teileinheit einer Akte. Das Dokument umfasst normalerweise papiergebundene oder elektronisch erstellte Objekte, wie Fax, E-Mail, Datenbankauszüge und andere Dateien. Das Dokument bildet die kleinste logische Einheit eines Vorgangs und kann aus einem oder mehreren Einzelobjekten (Schriftstücke, zum Beispiel PDF- oder Office-Dateien, Bilder) bestehen. Mit der elektronischen Aktenführung soll ein medienbruchfreies Arbeiten ermöglicht werden, wobei Medienbruchfreiheit bedeutet, dass die Verwaltungsleistung durchgängig auf elektronischem Weg erbracht wird [LAND2017, S. 3]. Damit folgten die elektronischen Akten weitgehend der Struktur der physischen Akten und bestehen aus Aktendeckblättern, Laschen und Registern [KLEI2016b]. Die Vorteile der E-Akte überwiegen jedoch, da man mit der digitalen Aktenführung eine erhöhte Revisionssicherheit erreichen kann. Das resultiert u. a. daraus, dass man die Aufbewahrungs- und Löschfristen leichter einhalten kann. Auch werden Veränderungen in der Akte besser dokumentiert. Dadurch ist die E-Akte auch fälschungssicherer. Sie ist auch sicherer, da sie durch die Datensicherungskonzepte der Verwaltung geschützt ist. Die elektronische Akte verursacht aber auch weniger Kosten, da sie u. a. wesentlich weniger Platz verbraucht. Aber der Hauptvorteil liegt darin, dass diese Art der Aktenführung eine medienbruchfreie Arbeit ermöglicht. Die E-Akte ist zudem leichter verwendbar, sie kann sogar gleichzeitig von mehreren Mitarbeitern verwendet werden und ist leicht erweiterbar. Insgesamt hat sie auch den Vorteil, dass mit ihr im Remote-Betrieb gearbeitet werden kann [TIPU2017].

Akten kommen in allen Bereichen der Verwaltung vor, deshalb stellt die Aktenführung eine Basiskomponente dar. Man findet sie genauso in der allgemeinen Verwaltung, in der Finanzverwaltung, in der Schulverwaltung, im Sozialwesen sowie im Bauwesen. Die hohe Bedeutung des Aktenwesens in den Kommunalverwaltungen kann man schon daran messen, dass sie im Rechtsstreit als Nachweis sehr wichtig ist. Eine unzureichende Aktenführung ist ein gefährlicher Organisationsmangel, der besonders dann seine fatalen Folgen zeigt, wenn ein falsch abgelegtes Schriftstück nicht mehr gefunden wird. Deshalb gibt es klare gesetzliche Vorschriften (Aufbewahrungsfristen) und Aktenpläne [HUET2019]. Aufgrund der großen Bedeutung der Akte unterliegt schon die papierbasierte Akte zahlreichen rechtlichen Regelungen. Die E-Akte basiert natürlich auch auf den allgemeinen rechtsstaatlichen Grundsätzen einer ordnungsgemäßen Aktenführung. Insofern besteht ein Gebot der Aktenmäßigkeit, d. h. die Behörden sind verpflichtet, Akten zu führen. Es besteht ebenso das Gebot der Vollständigkeit und Nachvollziehbarkeit, d. h. alle wesentlichen Verfahrenshandlungen sind vollständig und nachvollziehbar abzubilden. Weiterhin besteht das Gebot wahrheitsgetreuer Aktenführung, d. h. alle wesentlichen Verfahrenshandlungen sind wahrheitsgemäß aktenkundig zu machen und es besteht das Gebot der Aktenauthentizität und -integrität, d. h. Aktenteile dürfen nicht nachträglich entfernt oder verfälscht werden.

Aufgrund der Bedeutung der Akte wurde ihre elektronische Variante in den §§ 6–8 eGovG des Bundes geregelt. Diese Paragrafen sind weitgehend von den Ländergesetzen übernommen worden. Nach § 6 eGovG sollen die Behörden des Bundes ihre Akten elektronisch führen, außer wenn das Führen elektronischer Akten bei lang-fristiger Betrachtung unwirtschaftlich ist. Weiterhin ist durch geeignete technisch-organisatorische Maßnahmen nach dem Stand der Technik sicherzustellen, dass die Grundsätze ordnungsgemäßer Aktenführung eingehalten werden. Damit gelten alle bis-herigen Regelungen der Aktenführung. Hessische Kommunen werden jedoch nicht aus-drücklich zur elektronischen Aktenführung verpflichtet, da sich z. B. auch § 7 HGovG ausschließlich auf Behörden des Landes bezieht. In den E-Government-Gesetzen der übrigen Länder gibt es entsprechende Regelungen. § 7 eGovG gibt Auskunft hinsicht-lich der Überführung der papierbasierten Akte. Wenn Behörden ihre Akten elektronisch führen, sollen die Papierdokumente in elektronische Dokumente übertragen und in einer elektronischen Akte aufbewahrt werden. Dabei ist sicherzustellen, dass die Über-tragung in die elektronischen Dokumente nach dem Stand der Technik vorzunehmen ist. Die elektronischen Dokumente sollen mit den Papierdokumenten bildlich und inhaltlich übereinstimmen, wenn sie lesbar gemacht werden. Von der Übertragung der Papierdokumente in elektronische Dokumente kann abgesehen werden, wenn die Übertragung unwirtschaftlich ist. Weiterhin sollen übertragene Papierdokumente ver-nichtet oder zurückgegeben werden, sobald eine weitere Aufbewahrung nicht mehr aus rechtlichen Gründen oder zur Qualitätssicherung des Übertragungsvorgangs erforder-lich ist. § 9 eGovG regelt das Akteneinsichtsverfahren. Danach kann jede Behörde, die Akten elektronisch führt und wenn ein Recht darauf besteht, die Akteneinsicht dadurch gewähren, dass sie die elektronischen Dokumente übermittelt oder einen Aktenausdruck zur Verfügung stellt. Sie kann die elektronischen Dokumente auf einem Bildschirm wiedergeben oder einen elektronischen Zugriff auf den Inhalt der Akten gestatten.

Die Übertragung der papierbasierten Akten in elektronische Akten ist schon auf-grund der Quantität der Akten aufwendig. Üblicherweise erfolgt diese mit den bekannten Methoden des Projektmanagements. Es muss ein Pflichtenheft und ein Projektplan erstellt werden, der auch die wesentlichen Meilensteine umfasst. Durch die Zuordnung der Ressourcen kann dann auch ein kritischer Pfad und die Verantwortungsbereiche definiert werden. Die Auswahl, mit welchem Anbieter eines DMS man zusammen-arbeiten möchte, ist von zentraler Bedeutung, da die Zusammenarbeit umfangreich und langfristig ist sowie mit ihm die Projektschritte abgesprochen werden. Der Deutsche Landkreistag hat verschiedene, idealtypische Phasen zur Einführung der digitalen Akte beschrieben [LAND2017, S. 5 ff.]. Diese wurden in Abb. 10.4 zusammengefasst und mit einem Zeitstrahl versehen.

Bei der digitalen Akte ist eine eindeutige Bestimmung des Arbeitsablaufs vorteil-haft, da nur so die digitalen Geschäftsvorgänge auch über Workflows abgebildet werden können. Dazu ist es zweckmäßig, die geregelten Abläufe und Handlungsweisen in der digitalen Sachbearbeitung in einer Geschäftsordnung verbindlich zu festzulegen. Dadurch kann die Aktenführung auch teilweise automatisiert werden. Aus der klaren Ablaufplanung und Prozessdefinition resultiert eine umfassende Vorgangssteuerung.

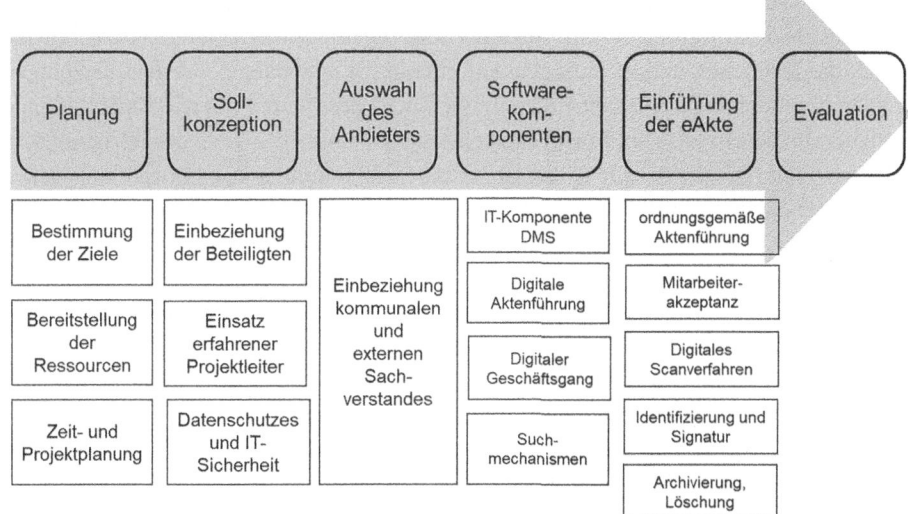

Abb. 10.4 Prozessphasen zur Einführung der E-Akte

10.8 Fachanwendungen

Fachanwendungen in E-Government-Systemen sind Programme, die Fachverfahren der Verwaltung vollkommen oder teilweise digitalisieren und automatisieren. In einer Verwaltung kommen hunderte Fachverfahren vor, die sehr unterschiedlich spezifiziert sind. Das OZG-Gesetz hat schon die meisten Fachanwendungen, die man digitalisieren kann, in ihren Umsetzungskatalog aufgenommen. Darüber hinaus gibt es noch zahlreiche weitere Fachverfahren, die in einzelnen Kommunen, wie ein Citypass, angewendet werden. Schwierig in diesem Zusammenhang ist u. a., dass die bestehenden Fachanwendungen an die jeweilige IT-Infrastruktur angepasst sind und die Programmstruktur nicht von einer Kommune zur nächsten Kommune kompatibel ist [ROMB2010, S. 39 f.]. Weiterhin werden oft nur Teile der Fachverfahren mit IT-Technologien bearbeitet, sodass kein Workflow vorhanden ist, den man vollständig ohne Anpassung digitalisieren könnte. Bisher haben die Schwierigkeiten bei der Umsetzung dazu geführt, dass die Implementierung der Fachanwendung ein langwieriger Prozess war. Deswegen wäre auch eine Kommune bei der Implementierung von Fachanwendungen überfordert. Man versucht das bei der Umsetzung des OZG zu umgehen, indem man Prozessbibliotheken aufbaut. In diesem Fall wird das Fachverfahren prozessorientiert in einem Workflow einer Fachanwendung umgewandelt, der wiederum an die jeweilige Verwaltung angepasst werden muss.

Die Entwicklung der Fachanwendungen wird in verschiedenen Phasen vollzogen. So beginnt man in der Regel mit einer Ist-Analyse des jeweiligen vorhandenen Fachverfahrens. Hierbei werden die Spezifika der jeweiligen Kommune identifiziert. Danach werden die fachlichen und technischen Anforderungen unabhängig von den derzeitigen Fachverfahren definiert. Aus den Erkenntnissen der Phase 1 und 2 wird ein Sollzustand abgeleitet. In dieser Phase wird dann auch entschieden, wie viele Teile des jetzigen Fachverfahrens übernommen werden oder ob es eine vollkommene Neuentwicklung geben soll. Aus der Sollkonzeption kann der Workflow abgeleitet werden, der anschließend mit Hilfe von Standardprogrammen, wie beispielsweise Civento, programmiert wird. Für die Umsetzung kann man auf die verschiedenen Verfahren des Software Engineerings, wie das Wasserfallmodell, Spiralmodell oder agile Softwareentwicklung, zurückgreifen (Abb. 10.5).

Zur Transformation der Fachverfahren in Fachanwendungen des E-Government-Systems sind Projektteams zu bilden, wie sie in Kap. 7 beschrieben wurden. Die Federführung bei der Umsetzung sollte in den Zuständigkeitsbereich der jeweiligen Fachämter fallen, da die Mitarbeiter die Fachanwendungen auch benutzen müssen.

10.8.1 Exkurs: Anwohnerparkausweis

Das Fachverfahren Anwohnerparkausweis stellt ein besonderes Fachverfahren dar, weil dieses vollständig digitalisiert werden kann, da selbst der Bescheid automatisiert generiert werden kann. Da eine Person das Anrecht auf einen Bewohnerparkausweis hat, wenn diese Halter eines Pkws ist sowie ihr Wohnsitz innerhalb der Zone des ausgewiesenen Bewohnerparkplatzes fällt, hat die Verwaltung bei diesen Fachverfahren keinen Entscheidungsspielraum. Wenn die Bedingungen erfüllt sind, muss der Anwohnerparkausweis ausgestellt werden. Der Prozess kann deswegen als vollständig automatisierter Verwaltungsakt realisiert werden. Der Anwohnerparkausweis ist deshalb ein sehr gutes Beispiel, wie Fachverfahren in eine digitale Fachanwendung umgesetzt werden können.

Schon vor dem OZG-Gesetz haben verschiedene Städte, wie die Städte Frankfurt, Kassel oder Hanau, die Fachanwendungen entwickelt und umgesetzt. Bei den genannten hessischen Städten wurde das Projekt in Zusammenarbeit mit der ekom21 umgesetzt.

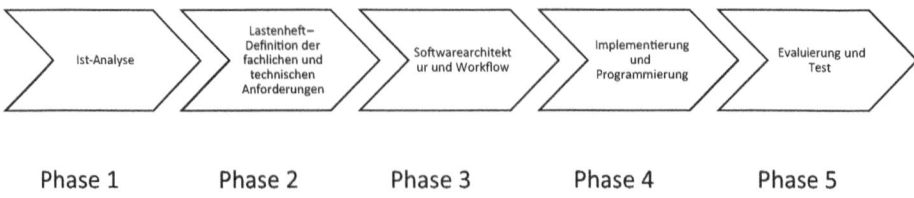

Abb. 10.5 Phasen der Entwicklung von Fachanwendungen

Die Stadt Frankfurt war federführend an der Entwicklung des Workflows beteiligt. Die meisten Städte hatte schon vor dem OZG eigene digitale Strategien entwickelt und beschlossen. Zur Umsetzung wurden Pilotprojekte gesucht. Die Beantragung des Anwohnerparkausweises stellte ein geeignetes Fachverfahren dar, da es viele Komponenten umfasst, die für einen vollautomatisierten Prozess notwendig sind. Die Fallzahl lag in Frankfurt bei ca. 40.000 Anträgen pro Jahr. In den beiden kleineren Städten war die Zahl kleiner. Außerdem konnte man den Personalaufwand relativ leicht bestimmen, sodass auch eine Kosten-Nutzen-Analyse vollzogen werden konnte. In den meisten Städten wurde dieses Fachverfahren vorher weitgehend händisch unter Verwendung von teilweise veralteten IT-Komponenten vorgenommen. Die Bürgerinnen und Bürger mussten zur Beantragung und Abholung des Ausweises den Stadtladen aufsuchen. Die Entwicklung der voll digitalisierten Fachanwendung wurde mit dem Antrags- und Fallmanagementsystem Civento in Zusammenarbeit mit den Städten und der ekom21 umgesetzt. Ziel war es, den Prozess vollständig von der Antragstellung über die eventuell notwendige Sachbearbeitung bis hin zur Bescheid-Erstellung durchgängig online zu ermöglichen. Durch diese vollständige Digitalisierung des kompletten Prozesses erhöht sich der Nutzen für die Kommune. Tab. 10.1 enthält eine fiktive Kosten-Nutzen-Kalkulation für den Prozess.

Mittels dieser einfachen Rechnung kann eine reduzierte Kosten-Nutzen-Analyse vorgenommen werden, die aber schon aufzeigt, dass sich die Umstellung auch aus ökonomischen Gründen rentiert.

Wie in Abschn. 10.3 dargestellt, ist die Authentifizierung oder das Identitätsmanagement ein großes Problem bei der Digitalisierung der Fachanwendungen. Häufig scheitert die Umstellung an einer elektronischen Identität (eID) bzw. die Bürger wenden das Verfahren nicht ausreichend oft an. Das elektronische Zulassungsverfahren iKFZ ist in vielen Kommunen ein negatives Beispiel hierfür. Der Anwohnerparkausweis hat

Tab. 10.1 Vereinfachte Beispielrechnung Anwohnerparkausweis

Beispielrechnung — Anwohnerparkausweis

Kosten des Softwareproduktes			Einsparungspotential in Stunden		Einsparpotential in Euro	
Einwohner		100000	Zeitaufwand in Minuten	8	Kosten pro Mitarbeiter	50.000,00 €
Grundpreis für die Software	0,12 €	12.000,00 €	Anzahl der Fälle/Monat	150	Arbeitsstunden pro Jahr	1500
Consulting und Einrichtung		14.000,00 €	Anzahl der Fälle/Jahr	1800	Kosten pro Stunde	33,33 €
Anschaffungskosten		26.000,00 €	Zeitaufwand in Minuten	14400	Sachkosten pro Stück	2,50 €
Wartung pro Jahr	24%	2.880,00 €	Zeitaufwand in Stunden	240		
			Onlinequote	100%		
			Einsparungspotential	240	Einsparpotential/Mitarbeiter	8.000,00 €
					Einsparpotential/Sachkosten	4.500,00 €
					Einsparpotential/Gesamt	12.500,00 €

Jahr	Ausgaben	Ersparnis	Überschuss	Kummuliert
1	26.000,00 €	12.500,00 €	- 13.500,00 €	- 13.500,00 €
2	2.880,00 €	12.500,00 €	9.620,00 €	- 3.880,00 €
3	2.880,00 €	12.500,00 €	9.620,00 €	5.740,00 €
4	2.880,00 €	12.500,00 €	9.620,00 €	15.360,00 €
5	2.880,00 €	12.500,00 €	9.620,00 €	24.980,00 €
6	2.880,00 €	12.500,00 €	9.620,00 €	34.600,00 €
7	2.880,00 €	12.500,00 €	9.620,00 €	44.220,00 €
8	2.880,00 €	12.500,00 €	9.620,00 €	53.840,00 €
9	2.880,00 €	12.500,00 €	9.620,00 €	63.460,00 €
10	2.880,00 €	12.500,00 €	9.620,00 €	73.080,00 €

jedoch den Vorteil, dass er für ein zugelassenes Kraftfahrzeug gilt und der Antragsteller in einem bestimmten Bezirk wohnen muss. Diese Faktoren begünstigen das Verfahren, da keine zusätzliche Prüfung durch einen Sachbearbeiter mehr nötig ist. Bei einem voll digitalisierten Fachverfahren muss auf eine Unterschrift verzichtet werden oder man benötigt eine vollständige und qualifizierte Signatur. Diese Möglichkeiten gibt es zwar, sie sind aber technisch nicht so einfach zu realisieren, wie in Abschn. 12.2 dargestellt wurde. Zur Herstellung der Rechtsmäßigkeit müssen deshalb teilweise kommunale Satzungen verändert werden und Ausnahmegenehmigungen der aufsichtführenden Behörde eingeholt werden. Da es ein bundeseinheitliches Muster für den Ausweis gibt und der Ausweis fälschungssicher vom Bürger im print@Home-Verfahren ausgedruckt werden soll, muss der Ausdruck verschiedene Merkmale aufweisen, durch die eine hohe Fälschungssicherheit gewährleistet wird. Aber auch das Personal der Verwaltung stellt ein Hindernis dar, weil die Mitarbeiter der Verwaltung sich auf geänderte Abläufe einstellen müssen.

Um eine Digitalisierung umzusetzen, müssen Anforderungen in einem Lastenheft definiert werden. Einige dieser Anforderungen sollen exemplarisch dargestellt werden. So ist für die Entwicklung der Fachanwendung eine Registervalidierung in Hinblick auf die Einwohner der Kommune und die Zulassung der Fahrzeuge zwingend notwendig. In der Regel wird eine E-Payment-Möglichkeit als Zahlungsalternative angestrebt. Da der Prozess von vielen Bürgerinnen und Bürgern digital vorgenommen werden soll, muss der Zugang leicht sein und die Bearbeitung unter Verwendung verschiedener Endgeräte (Handy, Desktop etc.) möglich sein. Natürlich müssen auch herkömmliche papierbasierte Zugänge wie per Post, E-Mail und auch von Anträgen per persönlicher Vorsprache möglich sein. Die Einbindung der Ordnungspolizei, die im Stande sein muss, online zu überprüfen, ob die Absteller der Personenkraftfahrzeuge (Pkw) innerhalb Bewohnerparkzonen über einen solchen Ausweis verfügen oder nicht, ist eine weitere Anforderung. In größeren Kommunen liegt die Anzahl der Bewohnerparkbezirke im mittleren zweistelligen Bereich, d. h. es kann vorkommen, dass man 50 verschiedene Zonen hat, in denen das Parken teilweise nur mit einem gültigen Bewohnerparkausweis gestattet ist.

Leider sind die Fachverfahren zur Erstellung eines Anwohnerparkausweises nicht in allen Kommunen identisch. So müssen die Anwohnerparkausweise in Frankfurt am Main alle zwei Jahre neu beantragt werden, während es in Offenbach die Möglichkeit gibt, ein Abonnement abzuschließen, das eine automatische Verlängerung enthält. Aber auch bei der Überprüfung der Anforderungen gibt es Unterschiede. Der gesamte Prozess zur Erteilung des Anwohnerparkausweises wird in einem Workflow dargestellt. Abb. 10.6 gibt einen Teilausschnitt wieder.

Neben der Erteilung der Erstausstellungen des Ausweises kann auch die Verlängerung und die Änderung des Parkausweises digital durchgeführt werden. Die Reaktionen auf die Einführung des automatisierten Verfahrens waren positiv.

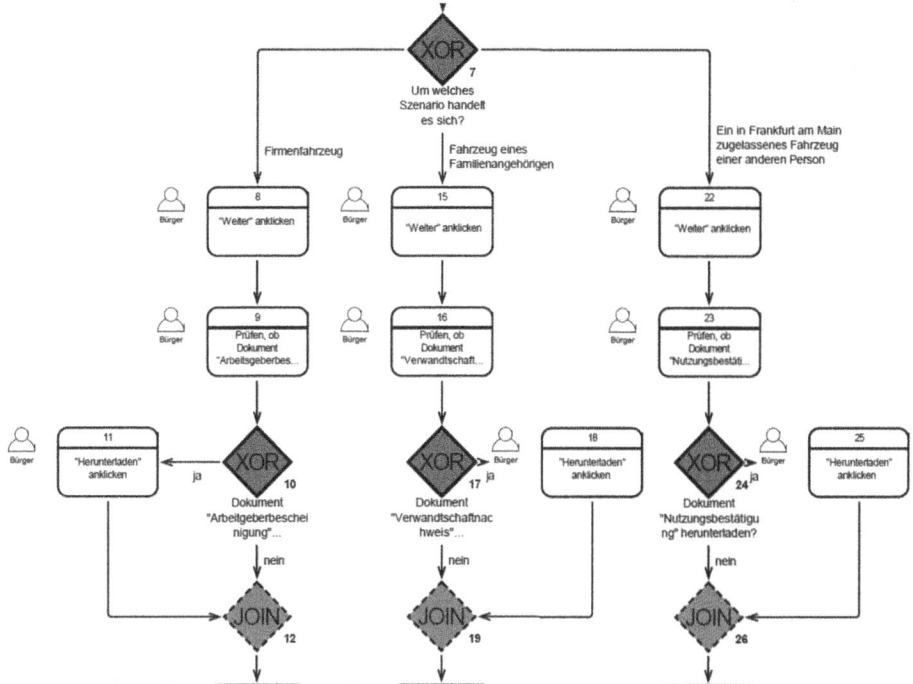

Abb. 10.6 Teilausschnitt Workflow Anwohnerparkausweis

10.9 Fachunabhängige Anwendungen

Den fachunabhängigen bzw. ressortübergreifenden Anwendungen können alle IT-Systeme zugeordnet werden, die nicht für die Bearbeitung einer speziellen fachlichen Leistung einer Verwaltung bestimmt sind, sondern für fach- bzw. ressortübergreifende Leistungen bzw. Aufgaben eingesetzt werden. Dazu gehören Anwendungen z. B. das Dokumenten- und Wissensmanagement, das E-Procurement, die Vergabe, die Finanz- und Personalverwaltung und die GEO-Informationssysteme [FRAU2010, S. 46]. Auch die E-Rechnung könnte dazu zählen.

10.10 Entwicklungsumgebungen

10.10.1   Grundlagen

Wenn man E-Government-Systeme entwickeln, unterhalten oder ergänzen will, ist eine Entwicklerumgebung eine notwenige Voraussetzung. Diese sollten wichtige Komponenten, wie beispielsweise grafische Unterstützungstools zum Aufbau von Webservice-Schnittstellen und SOA-Architekturen beinhalten. Insbesondere im Hinblick auf interkommunale Zusammenarbeit, wie sie u. a. bei der OZG-Umsetzung praktiziert wird, ist auch eine Prozessbibliothek vorteilhaft, mit der auf bereits vorformulierte digitale Prozesse zurückgegriffen werden kann. Die zentralen Elemente sind dabei das Workflow-Management, mit dem man diese Prozesse anpassen bzw. neue Prozesse designen kann, und ein Tool zum Aufbau bzw. zur Anpassung eines Antragsportals. Die Leistungsfähigkeit und Qualität der eingesetzten Entwicklungsumgebungen ist ein wichtiger Faktor für die erfolgreiche Umsetzung von E-Government-Vorhaben [FRAU2010, S. 47].

10.10.2   Exkurs: Civento

Civento ist ein Produkt des Unternehmens saascom GmbH und wird in Hessen und Rheinland-Platz durch die ekom21 vertrieben. Es gibt aber auch andere kommerzielle Produkte, mit denen man die Verwaltungsleistungen digitalisieren kann, ohne dazu eine eigenständige Programmierung auf den unteren Ebenen durchzuführen. Solche Tools erleichtern die Programmierung von Workflows erheblich, da man keine speziellen Kenntnisse in der jeweiligen Programmiersprache haben muss. Das ist nicht nur bei der ursprünglichen Programmierung hilfreich, sondern erleichtert auch das Customizing. Da das Land Hessen in Zusammenarbeit mit der ekom21 primär Civento zur Umsetzung des OZGs einsetzt und es auch allen hessischen Kommunen zur Verfügung stellt, hat es eine besondere Bedeutung. Es ist davon auszugehen, dass es in allen Kommunen in Hessen und in Teilen von Rheinland-Pfalz zur Bewältigung dieser Aufgabe eingesetzt wird. Das Programm wurde aber auch schon in weiteren Bundesländern eingesetzt. Civento beansprucht eine umfassende Software zur Lösung von Digitalisierungsaufgaben zu sein und wird als eine erweiterbare, innovative und modulare Prozessplattform für die Bearbeitung und Digitalisierung diverser Prozesse dargestellt [EKOM2020a]. Außer dem eigentlichen Prozessmanagement umfasst Civento weitere Funktionen, wie beispielsweise die Integration von E-Payment-Funktionen, die Integration von E-Akten, die Bereitstellung von Nutzerkonten und Online-Antragsassistenten sowie Schnittstellen zu anderen Bereichen der Verwaltung [EKOM2020b, S. 3] [SCHU2020, S. 4 f.]. Kern des Tools bleibt aber das Prozessmanagement, das wieder aus einem Prozess-Design, einer Prozess-Maschine und einer Prozessbibliothek besteht [EKOM2020b, S. 11]. Der Aufgabenbereich einer Proess-Design-Komponente wurde schon in Abschn. 8.5 dargestellt.

Da Civento an BPMN angelehnt ist, können die Prozesse auch mithilfe dieses Verfahrens modelliert und visualisiert werden. Mit der Prozess-Design-Komponente werden aber auch Formulare und Dokumente ebenso online generiert, ebenso wie eine Einbettung in den Webauftritt einer Kommune ermöglicht wird. Die Prozess-Maschine-Komponente ermöglicht eine automatische Terminüberwachung, die Wiedervorlage und Zustellung des Workflows zum Sachbearbeiter entsprechend der jeweiligen Organisation, der automatisierten Gebührenermittlung und Gebührenbescheid-Erstellung sowie deren Sollstellung [EKOM2020b, S. 13]. Die Einbindung einer Prozessbibliothek ist in Hinblick auf die Umsetzung des OZGs besonders erwähnenswert, da der Anwender ein Customizing bestehender schon vorprogrammierter Workflows durchführen kann. Dieses Customizing ist trotzdem nicht trivial, da die Kommunen sehr unterschiedliche Basisprogramme, wie beispielsweise ERP-Programme, einsetzen. Deshalb bietet die ekom21 und die saascom GmbH Hilfen bzw. Consulting bei der Umsetzung an. Dabei wird ein runder Tisch aus verschiedenen Experten vorgeschlagen. Auf die Frage der organisatorischen Einbindung externer Personen wurde schon in Kap. 7 hingewiesen. Der vorgeschlagene „runde Tisch" umfasst fünf Bereiche, die von einer oder mehreren Personen wahrgenommen werden können. Eingebunden werden Verwaltungsfachleute, die die rechtliche Betrachtung der Vorhaben in Bezug auf Gesetze, Satzungen und Datenschutz sowie die Betrachtung der Digitalisierung in Bezug auf das „herkömmliche" Verwaltungshandeln und die Identifikation von Transformationshindernissen überwachen. Die Prozessanalysten analysieren die Ist-Prozesse und erstellen die Workflows für die Soll-Prozesse. Ebenso werden von ihnen die Iterationsstufen in den Prozessen identifiziert und bewertet. Es erfolgt ebenso die Integration des jeweiligen Fachteams in den Digitalisierungsprozess. Die IT-Experten integrieren u. a. die Lösung in die bestehende IT-Landschaft, dabei sind auch etwaige Migrationen oder Transformation zu planen bzw. umzusetzen. Da in der Regel unterschiedliche Hersteller und Entwickler von Softwarelösungen innerhalb einer Kommune existieren, sollte die Planung und Umsetzung mit diesen gegebenenfalls koordiniert werden. Da es sich bei der digitalen Transformation um eine Investition handelt, ist es sinnvoll, dass auch Finanzexperten, wie beispielsweise Mitarbeiter der Kämmerei oder der Kasse, am „runden Tisch" mitwirken. Diese können auch die Prozessanalysten hinsichtlich des Teilbereichs Zahlungsströme und E-Payment unterstützen. Letztlich sollte der Verantwortliche für die „digitale Agenda", meistens der CDO, beteiligt werden. Ihm unterliegt häufig die Identifikation und Priorisierung der umzusetzenden Teilvorhaben, sowie die Anpassung der „digitalen Agenda" an aktuelle Ereignisse. Außerdem steht er in Kontakt mit der Verwaltungsspitze und berichtet ihr. [SCHU2020, S. 3].

Als Vorteil wird die Bidirektionalität von Civento dargestellt (Abb. 10.7). Weiterhin unterstützt Civento verschiedene Endgeräte. Da die Transaktionen nicht mehr ausschließlich über den Desktop getätigt werden, müssen auch Smartphones und Tablets zur Bewältigung des täglichen Alltags hinzugezogen werden können. Ein weiteres Kriterium ist die Mehrsprachlichkeit und die Möglichkeit barrierefreie Lösungen zu implementieren.

Abb. 10.7 Civento – runder
Tisch. (Quelle: eigene
Darstellung, angelehnt an
[SCHU2020, S. 3])

10.11 Service-, System- und Netzmanagement

Eine weitere Notwendigkeit ergibt sich aus der Steuerung und Überwachung der eingesetzten Komponenten. Für die Administration einer verteilten E-Government-Infrastruktur sind deshalb integrierte Service-, System- und Netz-Management-Komponenten notwendig. Nach der Fraunhofer Referenzarchitektur sollte das integrierte Service-, System- und Netz-Management eine End-to-End-Überwachung aller Prozesse und Einzelschritte bieten und in Sonderfällen (wie z. B. dem Ausfall einer Komponente) entsprechende Warnungen und Fehlerbehebungen ermöglichen [FRAU2010, S. 47].

10.12 Rechenzentrum-Infrastrukturen

Letztendlich müssen bei der Konzeption und dem Aufbau von E-Government-Systemen geeignete Infrastrukturen vorhanden sein. Ob diese als eigenes Rechenzentrum organisiert werden oder Kapazität durch andere Lösungen realisiert wird, hängt von einigen Faktoren, wie der Größe der Kommune ab.

Es sind natürlich auch Cloud-Lösungen denkbar, da dadurch die Flexibilität erhöht wird. Hinsichtlich der Cloud-Lösungen sind alle Formen denkbar. Software as a Service (SAAS) wäre die Cloud-Lösung, die den geringsten Umfang in die Cloud überträgt. Aber auch Platform as a Service (PAAS) ist denkbar, da dadurch der gesamte Bereich der E-Government-Entwicklung ohne eigenes Rechenzentrum realisiert werden kann. Im weitesten Sinne sind aber auch Infrastructure as a Service (IAAS) denkbar. Wie bei allen Cloud-Lösungen haben die Formen ihre spezifischen Vor- und Nachteile. Die Fragen nach der ausreichenden Datensicherheit und des Datenschutzes dürften aufgrund der sehr

Abb. 10.8 Arten von Cloud-Lösungen

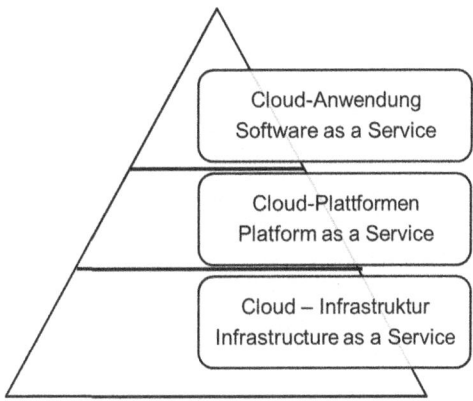

sensiblen Daten einen erheblichen Raum bei der Bewertung solcher Lösungen haben (Abb. 10.8).

Insgesamt stellen sich hier weitgehend die gleichen konkreten betrieblichen Fragestellungen wie auch bei anderen Aufgaben, die eine größere IT-Infrastruktur benötigen. Insbesondere müssen dabei die bestehenden und sich abzeichnenden personellen, technischen und sicherheitstechnischen Rahmenbedingungen für die zu betreibenden Infrastrukturen berücksichtigt werden [FRAU2010, S. 47]. Da es sich bei E-Government-Systemen um prozessorientierte Lösungen handelt, sollten die Rechenzentrumsstrukturen und insbesondere die Datenhaltung den neuen Anforderungen angepasst werden. Auf dieses Problem wurde auch schon in Abschn. 10.5 hingewiesen.

10.13 Netzinfrastruktur

Ein weiterer wichtiger Baustein in der Architektur von E-Government-Systemen ist eine Netz-Infrastruktur mit ausreichenden Bandbreiten. Diese kann meistens nicht von der Kommune bereitgestellt werden, außer sie betreibt eine eigene Breitbandentwicklung. Für große Städte ist dies aufgrund des Telekommunikationsgesetzes nicht möglich, da nach geltendem EU-Recht der Breitbandausbau Aufgabe der Telekommunikationsunternehmen ist. Erst bei Marktversagen dürfen die Kommunen einspringen und eigene Aktivitäten entwickeln. Das Marktversagen und die Marktanalyse ist in den §§ 10 und 11 Telekommunikationsgesetz (TKG) für die Bundesrepublik geregelt. Auch in Ländergesetzen wird seit mehreren Jahren darauf Bezug genommen. So wird in der Hessischen Gemeindeordnung (HGO) § 121 Abs. (2) dargelegt, dass die Breitbandversorgung analog der Abfallentsorgung keine wirtschaftliche Tätigkeit für Kommunen darstellt. Dadurch findet u. a. die einschränkende Schrankentrias keine Bedeutung mehr und es muss auch nicht der öffentliche Zweck nachgewiesen werden. Insbesondere in ländlichen Gebieten, bei denen der Breitbandausbau nicht rentabel erschien, wurden Breitbandgesellschaften

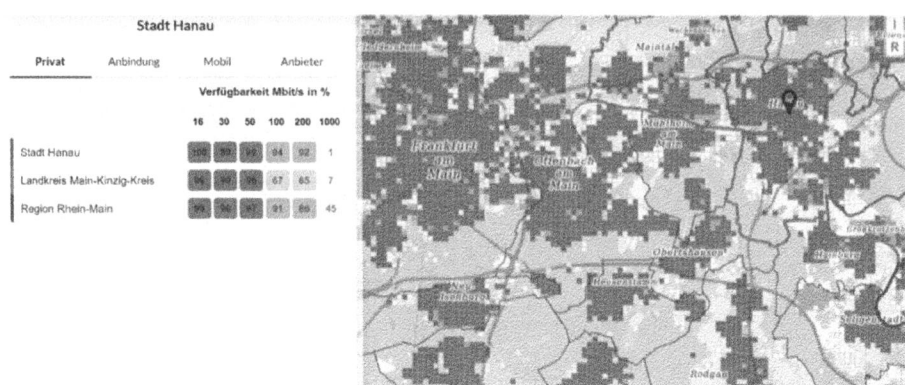

Abb. 10.9   Screenshot Breitbandatlas – Stadt Hanau. (Quelle: [BMWI2020])

in unterschiedlichen Formen, u. a. gGmbH oder Zweckverband gegründet. Kommunen, die keine eigenen Breitbandgesellschaften aufbauen können, bleibt dennoch der Weg mit den großen Telekommunikationsgesellschaften zu kooperieren. Auch wenn die gegenwärtigen digitalen Antragsverfahren, die teilweise auf elektronischen Formularen beruhen oder aus diesen abgeleitet sind, wenig Breitbandkapazitäten benötigen, sind zukünftige E-Government-Systeme auf stärkere Breitbandinfrastrukturen angewiesen. Aktuell können die Kommunen über den Breitbandatlas [BMWI2020] ihre Versorgung überprüfen. Man kann jedoch unterstellen, dass die Bandbreiten in den nächsten Jahren erheblich erweitert werden und eine FTTD (Fibre to the Desk) Standard wird. Außerdem werden auch die Funkverbindung, wie beispielsweise G5 weiter stark ausgebaut, da dies eine Voraussetzung für das weitergehende Internet of Things ist. Abb. 10.9 zeigt einen Screenshot für die Stadt Hanau.

Literatur

[BMI2013]   Bundesministerium des Inneren: Minikommentar zum Gesetz zur Förderung der elektronischen Verwaltung sowie zur Änderung weiterer Vorschriften. https://www.cio.bund.de/SharedDocs/Publikationen/DE/Strategische-Themen/egov_mk.pdf?__blob=publicationFile. Zugegriffen: 20. Sept 2020
[BMVI2020]   Bundesministerium für Verkehr und digitale Infrastruktur: Der Breitbandatlas. https://www.bmvi.de/DE/Themen/Digitales/Breitbandausbau/Breitbandatlas-Karte/start.html. Zugegriffen: 19. Okt. 2020
[BSI2020a]   Bundesamt für Sicherheit in der Informatik: Standards und Kriterien. https://www.bsi.bund.de/DE/Themen/StandardsKriterien/standardskriterien_node.html. Zugegriffen: 21. Sept 2020
[BUDR2020]   Bundesdruckerei: Produktkatalog: Ob Mensch, Objekt oder Maschine: Wir geben allen eine sichere Identität. Bundesdruckerei, Berlin (2020)

[EKOM2020a]   ekom21: KGRZ Hessen. Zukunft der Verwaltung. https://www.ekom21.de/.
                Zugegriffen: 25. Aug. 2020
[EKOM2020b]   ekom21:   Civento.   https://www.ekom21.de/infocenter/mediathek/broschueren/
                ekom21-civento-broschuere-31052019-dig.pdf?cid=1ia. Zugegriffen: 17. Okt. 2020
[FRAU2010]   Fraunhofer FOKUS: Studie zum Open Source Einsatz im Land Berlin.
                Fraunhofer, München (2010)
[HUET2019]   Hüttmann, H.: Das Aktenwesen bei Kommunalverwaltungen. https://www.
                lindauer.org/gut-zu-wissen/aktenplan/das-aktenwesen-bei-kommunalver-
                waltungen. Zugegriffen: 1.Okt. 2020
[IBI2018]   IBI – Universität Regensburg: E-Government im kommunalen Bereich. https://
                www.giropay.de/fileadmin/user_upload/giropay/pdf/e-government-studie_2018.
                pdf. Zugegriffen: 18. Sept. 2020
[KIRC2004]   Kirchhof, A., Gurzki, T., Hinderer, H., Vlachakis, J.: »Was ist ein Portal?«
                Definition und Einsatz von Unternehmensportalen, Whitepaper, Fraunhofer
                Institut Arbeitswirtschaft und Organisation (IOA), Berlin 2004
[KLEI2016a]   Klein, M.: Was ist ePayment? https://www.E-Government-computing.de/was-ist-
                epayment-a-588328/. Zugegriffen: 12. Aug. 2020
[KLEI2016b]   Klein, M.: Was ist eine elektronische Akte (E-Akte)?, in: https://www.
                egovernment-computing.de/was-ist-eine-elektronische-akte-eakte-a-639138/
                (zuletzt aufgerufen 14.8.2020)
[KUNZ2003]   Kunze, C.P.: Digitale Identität und Identitäts-Management. Diplomarbeit,
                Hamburg (2003)
[LAND2017]   Landkreistag, D.: Die Einführung der E-Akte in der Kreisverwaltung. Schriften
                des Landkreistages, Berlin (2017)
[RIED2019]   Riedel, J.: Identitäten als Schlüsselfaktor medienbruchfreie digitale Prozesse. In:
                Schmid, A. (Hrsg.) Verwaltung, eGovernment und Digitalisierung: Grundlagen,
                Konzepte und Anwendungsfälle, S. 23–30. Springer, Berlin (2019)
[ROMB2010]   Rombach, D., Tschichholz, T.: Technologische Grundlagen des E-Government.
                In: Wirth, B. (Hrsg.) E-Government – Grundlagen, Instrumente, Strategien,
                S. 19–47. Gabler, Wiesbaden (2010)
[SCHU2020]   Schultz, C.: Digitalisierung 2025, Whitepaper zur Digitalisierung von
                Kommunen, internes Papier der saascom GmbH, Darmstadt (2020)
[SEID2014]   Seidel, G.: ePayment aus Bürger- und Behördensicht. https://www.egovernment-
                computing.de/was-kommunen-bei-bezahlverfahren-beachten-muessen-a-458422.
                Zugegriffen: 24. Sept 2020
[TIPU2017]   Tibura, I.: Chancen digitaler Verwaltung: die E-Akte. https://www.polyas.
                de/blog/de/digitale-demokratie/chancen-digitaler-verwaltung-die-e-akte.
                Zugegriffen: 16. Sept 2020
[VISM2011]   Vismann, C.: Akten: Medientechnik und Recht, §. Auflage. Fischer, Berlin (2011)
[WEIS2019]   Weiß, J.: Zwischen Alexa und Arbeitsmappe: Was lässt sich aus der Entwicklung
                des E-Governments für die Digitalisierung der öffentlichen Verwaltung lernen?
                In: Schmid, A. (Hrsg.) Verwaltung, eGovernment und Digitalisierung: Grund-
                lagen, Konzepte und Anwendungsfälle, S. 67–88. Springer, Berlin (2019)
[ZIES2014]   Ziesing, J.H., Müller, L.S.: IT-Konsolidierung in der öffentlichen Verwaltung –
                mit Fallstudien von Dataport. Fraunhofer, München (2014)

Spezielle Gebiete des E-Governments

11

11.1 Kryptografische Verfahren

Kryptografische Verfahren sind nicht neu, sondern existieren in verschiedenen Varianten schon seit Jahrhunderten. Trotzdem haben sie für ein E-Government-System eine besondere Bedeutung. Einerseits wird durch die Verschlüsselung ein sicherer Transfer ermöglicht und zum anderen dienen sie als Basiselemente für die Blockchain-Technologie.

Das Wort Kryptografie wird von den griechischen Wörtern kryptós, was so viel wie „verborgen", und gráphein, was „schreiben" bedeutet, abgeleitet. Sie beschäftigt sich primär mit der Verschlüsselung von Informationen, wobei Geheimschriften den höchsten Bekanntheitsgrad haben dürften. Heute fokussiert sich die Kryptografie auf den Schutz von Daten durch eine interne Verschlüsselung oder Transformation. Dabei verfolgt sie vier verschiedene Ziele. Erstens soll eine Vertraulichkeit geschaffen werden, in dem nur berechtigte Personen in der Lage sein sollten, die Daten oder die Nachricht zu lesen oder Informationen über ihren Inhalt zu erlangen. Weiterhin soll eine Integrität der Daten dahin gehend geschaffen werden, in dem der Empfänger feststellen kann, ob die Daten oder die Nachricht nach ihrer Erzeugung absichtlich oder unabsichtlich verändert wurden. Drittens ermöglicht sie eine Authentizität, in dem der Urheber der Daten bzw. der Absender der Nachricht eindeutig identifizierbar ist, und somit seine Urheberschaft nachprüfbar ist. Das letzte Ziel ist die Verbindlichkeit bzw. die Nichtabstreitbarkeit. Der Urheber von Daten oder Absender einer Nachricht sollte nicht in der Lage sein seine Urheberschaft zu bestreiten, vielmehr sollte sie sich auch gegenüber Dritten nachweisen lassen. Ein sehr einfaches Verfahren der Kryptografie ist das Caesar-Verfahren. Ein Beispiel findet man in dem Film „2001 – Odyssee im Weltraum" von Stanley Kubrik, bei dem der Bordcomputer, der über eine umfassende künstliche Intelligenz verfügt, als HAL bezeichnet wird. Die Buchstabenkombination

© Springer-Verlag GmbH Deutschland, ein Teil von Springer Nature 2021
R.-R. Piesold, *Kommunales E-Government,*
https://doi.org/10.1007/978-3-662-63094-5_11

HAL muss man lediglich im Alphabet um eine Stelle nach rechts verschieben und man erhält so IBM. Falls man zur Verschlüsselung jeden Buchstaben eines Wortes durch einen drei Stellen im Alphabet folgenden Buchstaben ersetzt, erhält man statt dem Wort „CAESAR" die eher sinnlos wirkende Kombination „FDHVDU". Also wird aus einem A ein D, aus B ein E und aus C ein F. Das komplette Geheimtextalphabet würde in diesem Falle „DEFGHIJKLMNOPQRSTUVWXYZABC" lauten. Mithilfe eines Schlüsselwortes wird die Reihenfolge der Geheimtextalphabete bestimmt. Ein weiteres einfaches Verfahren ist die Vigenère-Verschlüsselung. Mittels eines Codewortes, wie beispielsweise „WALL", erfolgt die Verschlüsselung. Für die Verschlüsselung verwendet dieses System für den ersten Buchstaben das Geheimtextalphabet, das mit „W" beginnt, also „WXYZABCDEFGHIJKLMNOPQRSTUV", für den zweiten Buchstaben, das, das mit „A" beginnt, also „ABCDEFGHIJKLMNOPQRSTUVWXYZ", usw. Diese Form bezeichnet man auch als polyalphabetische Verschlüsselung. Auch wenn dieses Verfahren schwieriger als das reine Caesar-Verfahren ist, wäre eine solche Verschlüsselung ebenso einfach zu lösen. Deswegen wurden seit den 90er Jahren komplexere Verfahren entwickelt [HOSP2018, S. 51 f.]. Dabei werden die Verfahren, die die Buchstaben-Zahlen-Kombination mit einer vorab festdefinierten Länge, dem Hash, berechnet zunehmend komplexer. Das Problem liegt dabei darin, dass die Verschlüsselung durch ein Programm oder Key leicht vorgenommen werden kann, aber der Rückschluss vom Hash zu der Originalinformation ohne einen entsprechenden Schlüssel unmöglich ist. Zurzeit werden Verfahren der Gattung SHA (Secure Hash Algorithm) verwendet, die als sehr sicher gelten. Der SHA-256 nimmt beispielsweise 512 Bit große Eingabeblöcke entgegen und kombiniert diese kryptografisch um einen Hash von 256 Bit zu erzeugen [FERT2019, S. 75]. Dieses SHA-256-Verfahren ist aufgrund seiner Größe, die 2^{256}–Möglichkeiten bereitstellt, sicher. Deswegen wird es unter anderem auch bei der Währung Bitcoin verwendet. Ein ähnliches Verfahren ist das KECCAK-256, welches bei dem Ethereum Anwendung findet.

Das Verfahren ist aber nur ein Teil bei der Verschlüsselung. Da häufig Informationen übertragen werden, besteht natürlich die Notwendigkeit, dass man diese auch entschlüsseln kann. Bei den sogenannten symmetrischen Verfahren geschieht dies durch einen einheitlichen Schlüssel, den der Empfänger der Nachricht erhalten muss. Hierbei besteht die Gefahr, dass dieser bei der Übertragung abgefangen werden kann und somit die Verschlüsselung für Dritte kein Problem mehr darstellt. Um dieses Problem zu entschärfen, wurden asymmetrische Verfahren entwickelt. Hierbei werden zwei zusammenpassende Schlüssel eingesetzt. Im ersten Schritt erstellt man mittels eines Programms einen privaten Schlüssel (Private Key), den man möglichst geheim hält. Dieser Schlüssel sollte keinesfalls weitergegeben werden. Aus diesem private Key generiert man dann einen Public Key (öffentlichen Schlüssel), den man weitergeben kann. Der Herstellung des Public Key ist einfach, aber es ist unmöglich aus dem Public Key den Private Key abzuleiten. Mit beiden Schlüsseln kann man eine Information verschlüsseln, die wiederum mit dem anderen Schlüssel entschlüsselt werden kann. Informationen, die mit dem Public Key verschlüsselt werden, kann man nur mit dem Private Key entschlüsseln und Informationen, die man mit dem Private Key verschlüsselt hat, kann man nur mit dem Public Key öffnen. Weiterhin hat diese Form der Verschlüsselung noch eine weitere Eigenschaft. Die Verschlüsselung erfolgt in drei Zuständen. Zustand A ist die verschlüsselte Information, Zustand B ist die entschlüsselte Information und Zustand C ist wiederum die verschlüsselte Information. Das Verfahren heißt auch asymmetrisches Verfahren, da der Private Key nur in die Richtung A nach C funktioniert und der Public Key wiederum von C nach A. Eine entschlüsselte Information kann so vom Public Key in den Zustand A verschlüsselt werden und vom Private Key wiederum in den Zustand B entschlüsselt werden. Mit dem Zustand C funktioniert es ebenso (Abb. 11.1). Durch diesen Zusammenhang kann man auch nachweisen, dass eine Information von einem Public Key verschlüsselt wurde, der aus dem Private Key abgeleitet worden ist [HOSP2018, S. 55 f.].

Wie in Abb. 11.2 dargestellt, erfolgt die asymmetrische Verschlüsselung in verschiedenen Schritten. Teilnehmer A generiert einen Private Key und einen Public Key. Danach verschlüsselt er ein Dokument mit dem Private Key. Das Dokument und der Public Key wird dann zum Empfänger gesendet. Dies kann über unterschiedliche

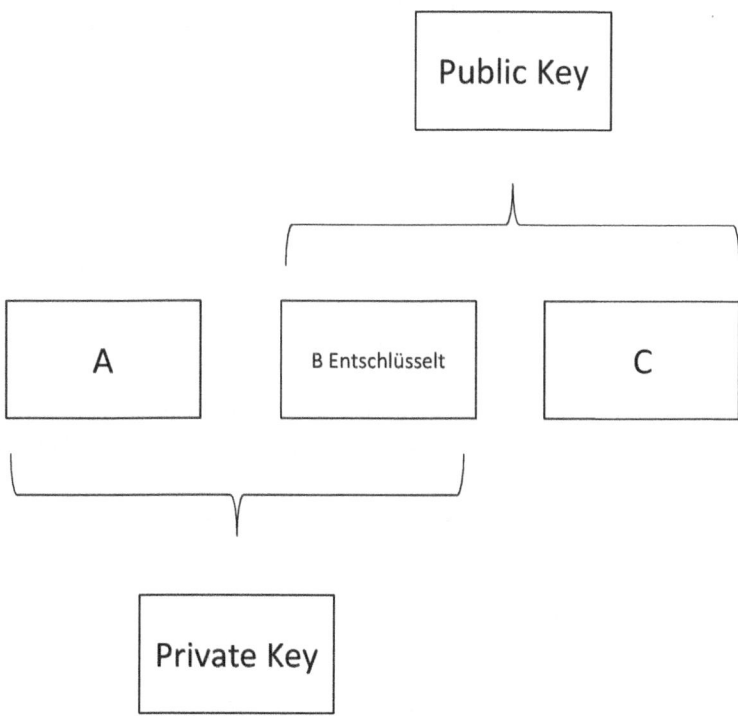

Abb. 11.1 Asymmetrische Verschlüsselung

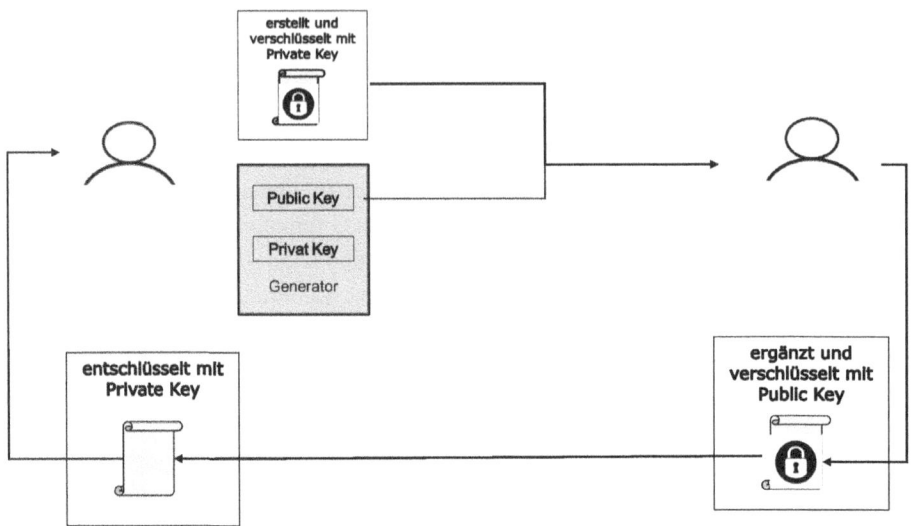

Abb. 11.2 Schrittfolge der asymmetrischen Verschlüsselung

Kommunikationswege erfolgen. Der Empfänger entschlüsselt das Dokument und ergänzt es. Danach verschlüsselt er es mit dem Public Key und sendet es an den ursprünglichen Absender, der es mit dem Private Key entschlüsseln kann.

11.2   Digitale Signatur

Bei einer medienbruchfreien Verarbeitung und dem Transfer von Informationen bzw. Dokumenten stellt sich unweigerlich die Frage der Unterzeichnung der Dokumente. Primitive Verfahren, wie das Einscannen von Unterschriften, sind natürlich nicht akzeptabel, da sie nicht fälschungssicher sind. Die EU hat deswegen der Verordnung (EU) Nr. 910/2014 des Europäischen Parlaments und des Rates vom 23. Juli 2014 über elektronische Identifizierung und Vertrauensdienste für elektronische Transaktionen im Binnenmarkt und zur Aufhebung der Richtlinie 1999/93/EG rechtliche Rahmenbedingungen gesetzt. Diese Verordnung wird auch eIDAS (electronic IDentification, Authentication and trust Services) genannt. Die EU-Verordnung wurde in nationales Recht umgesetzt. In Deutschland ergänzt das Vertrauensdienstegesetz (VDG) die eIDAS–Verordnung. In Artikel 3 Absatz 10 legt das eIDAS fest, das eine „elektronische Signatur" Daten in elektronischer Form sind, die anderen elektronischen Daten beigefügt oder logisch mit ihnen verbunden werden und die der Unterzeichner zum Unterzeichnen verwendet. Die Verordnung kennt noch die fortgeschrittene elektronische Signatur und die qualifizierte elektronische Signatur, auf die hier aber nicht weiter eingegangen werden soll. Der Begriff elektronische Signatur ist ein juristischer Begriff und

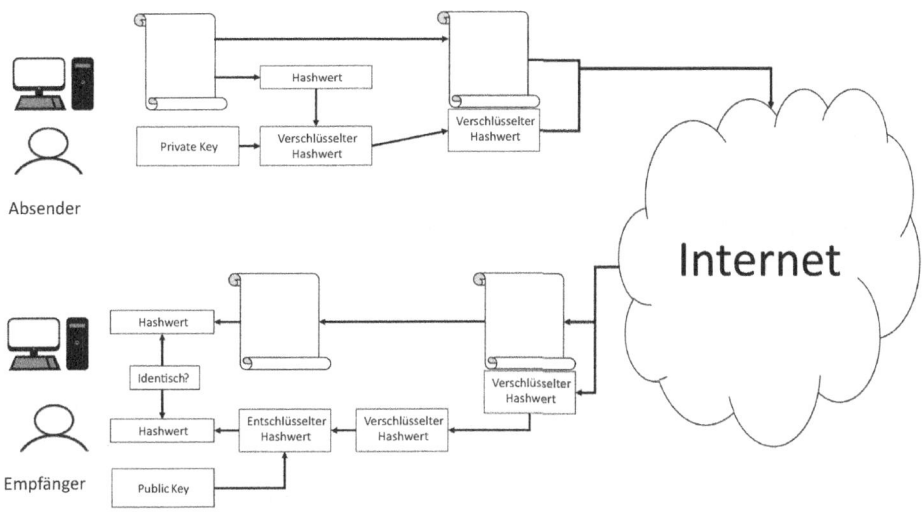

Abb. 11.3 Digitale Signatur

nicht identisch mit dem technischen Begriff der digitalen Signatur. Digitale Signaturen genügen aber den Anforderungen, die an eine elektronische Signatur gestellt werden, dabei basieren sie auf dem asymmetrischen Verschlüsselungsverfahren. Die Signatur wird mit dem Privat Key verschlüsselt. Der Empfänger erhält wiederrum die Signatur, das Dokument und den Public Key. Da er damit die Signatur und das Dokument öffnen kann, hat er die Gewissheit, dass beides vom Absender kommt. Er kann nun wiederum seine Signatur hinzufügen und mit dem Public Key verschlüsseln. Da der ursprüngliche Absender mit seinem Privat Key den Nachweis des Ursprungs der ergänzen Signatur überprüfen kann, besteht bei diesem Verfahren eine ausreichende Sicherheit (Abb. 11.3).

11.3   Das relationale Datenbank-Modell

Die Entwicklung von Datenbanken ist ein relativ altes Gebiet der Informatik und auch recht gut beschrieben. Anwendungen finden Datenbanksysteme, also Programme mit denen man eine Datenbank generieren und benutzen kann, in zahlreichen Gebieten, so natürlich auch im E-Government. Auf potenzielle Einsatzgebiete wird in Abschn. 11.5. (Big Data) und in Abschn. 10.7.2. (E-Akte) eingegangen. Hier sollen lediglich einige Grundbegriffe zum besseren Verständnis kurz erläutert werden. Dies dient auch zur Abgrenzung gegenüber der Blockchain-Technologie.

Theoretische Grundlage der relationalen Datenbanken ist die relationale Algebra, die schon in den 40er Jahren des letzten Jahrhunderts entwickelt wurde. Grundsätzlich bestehen Datenbanken aus Datensätzen, die wiederum aus Feldern bestehen. Datenfelder bestehen aus einzelnen Zeichen, die wiederum als Bytes intern gespeichert werden.

Diese bestehen aus Bits, sodass man auf der untersten Ebene die ursprüngliche digitale Struktur von O oder 1 wiederfindet. Das ist auf relativ stark abstrahierter Ebene die Struktur eines Datensatzes (Abb. 11.4).

Relationale Datenbanken bestehen aus Tabellen oder Relationen. Die Datensätze der Tabelle haben wiederum die gleiche Länge. Jeder Datensatz ist eindeutig und enthält einen Primärschlüssel, der nicht mehrfach vorkommen darf. Er stellt deswegen eine Entität dar. Die Tabellen (Relationen) stehen wiederum untereinander in Beziehungen (Relationships). Aus diesem Zusammenhang entwickelt sich ein sogenanntes Entity-Relationship-Modell, das die logische Struktur der Datenbank wiedergibt. Diese logische Struktur oder Organisation wird auch als konzeptionelle Schicht bezeichnet. Die Relationen können in 1:1-, 1:N-, M:1- oder M:N-Beziehungen untereinander stehen. Diese Beziehungsarten bestimmen auch, wie man die Tabellen bzw. Relationen untereinander verknüpft, wobei die Einbindung des Primärschlüssels in eine andere Relation eine relativ häufige Art der Verknüpfung darstellt.

Es gibt zahlreiche Anbieter kommerzieller oder Open-Source-Entwicklungsprogramme für die Erstellung von relationalen Datenbanken. Mittels einer Data Definition Language (DDL) kann man die logische Datenbankorganisation übertragen und programmiert werden. Die physische Speicherung, die in der internen Schicht vorgenommen wird, wird mit einer Data Storage Definition Language (DSDL) vollzogen. Für den Endanwender wesentlich wichtiger ist jedoch die Möglichkeit, die die Data Manipulation Language (DML) oder Structure Query Language (SQL) bereitstellt. Mit dieser greifen verschiedene Anwendungsprogramme auf die Datenbestände zu (Abb. 11.5).

Auch wenn die verschiedenen Tabellen oder Relationen verteilt abgespeichert und verknüpft werden, handelt es sich um Datenbanken, die zentral gespeichert sind. Relationale Datenbanken vermeiden redundante Speicherungen weitgehend. Sie akzeptieren diese lediglich aus Gründen der Verknüpfung oder der Spiegelung der Datenbank, wenn das zur Erhöhung der Datensicherheit gewünscht wird. In diesem Fall spricht man von gewollter Redundanz. Ungewollte Redundanz, also doppelte Datenhaltung ohne Grund, führt zu Problemen der Datenintegrität und der Speicherplatzvergeudung und ist deshalb zu vermeiden.

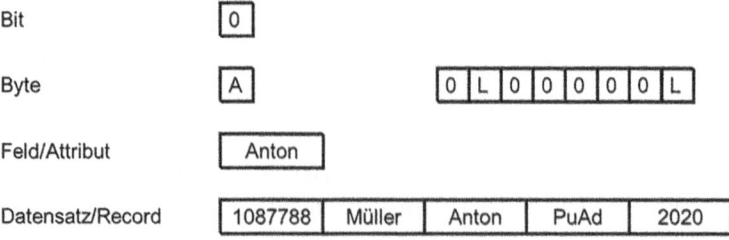

Abb. 11.4 Aufbau eines Datensatzes

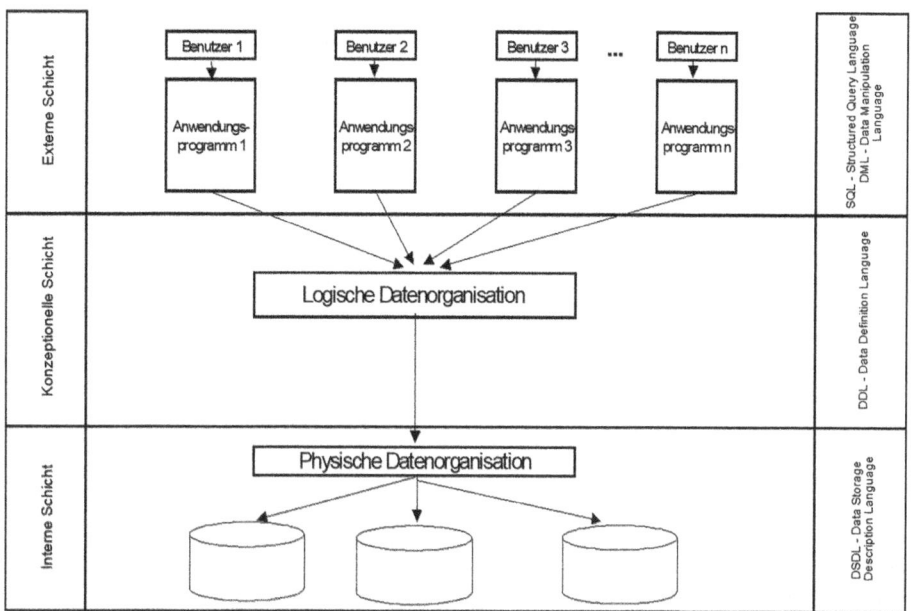

Abb. 11.5 Drei Sichten des relationalen Datenbankmodells. (Quelle: eigene Darstellung, stark angelehnt an [STAH2002, S. 191])

11.4 Blockchain-Technologie

Obwohl der Einsatz der Blockchain-Technologie in den öffentlichen Verwaltungen erst am Anfang steht, wird ihr erhebliches Potenzial zugeschrieben [DAPP2017, S. 6ff]. Da unterstellt wird, dass durch diese Technologien einige Verwaltungsabläufe vollkommen neu gestaltet werden können, ist sie ein Angriff und eine Chance für den öffentlichen Sektor zugleich [WELZ2017, S. 5]. Die bekannteste Anwendung einer Blockchain dürfte der Bitcoin sein. Aber es gibt auch Beispiele und Vorschläge für die öffentliche Verwaltung, wie für die bessere Verwaltung von Asylanträgen in heterogenen Systemen [GUGGE2019, S. 174 ff.].

Der kurze Exkurs in die Theorie der relationalen Datenbanken diente zu Abgrenzung und zum besseren Verständnis der Blockchain-Technologie, da sie einen vollkommen anderen Ansatz verfolgt als die bisherigen Datenbanken. So ist sie eine dezentrale und meist öffentliche Datenbank. In ihr werden Vorgänge durch kryptografische Hashes als Merkle Tree (Hash-Baum) über viele Computer hinweg aufgezeichnet. Die einzelnen Computer, die identische Kopien der Blockchain speichern, werden als Knoten bezeichnet. Es ergibt sich somit ein Netzwerk von Teilnehmern, bei dem alle Teilnehmer gleichberechtigt sind. Jede Änderung der Blockchain muss von den Teilnehmern genehmigt werden (Abb. 11.6). Skwarek gibt einen kurzen Überblick über die Entwicklung der Blockchain-Technologie [SKWA2019, S. 161 ff.].

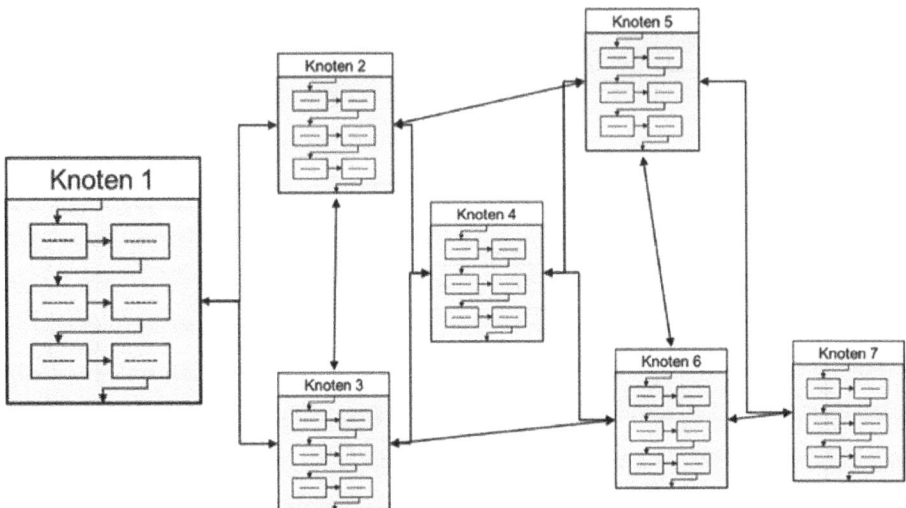

Abb. 11.6 Verteilung einer Blockchain. (Quelle: eigene Darstellung, stark angelehnt an [FERT2019, S. 26])

Die Frage, ob man überhaupt eine Blockchain anwenden sollte, kann anhand verschiedener Kriterien nach dem Modell von Wüst & Gervais, einem mehrstufigen Entscheidungsmodell, herausgefunden werden. [FERT2019, S. 44]. Selbstverständlich muss zuerst einmal die Frage geklärt werden, ob überhaupt eine Datenspeicherung vorgenommen werden muss. Das zweite Kriterium beschäftigt sich mit der Frage, ob mehrere oder alle Teilnehmer schreibberechtigt sind oder ob es eine zentrale Instanz gibt. Falls alle Teilnehmer schreibberechtigt sind, müssen sie sich misstrauen. Das letzte Kriterium ist, ob es eine dritte vertrauenswürdige Person (third trustable person) gibt (Abb. 11.7).

Generell kann noch unterschieden werden, ob es eine öffentliche oder private Blockchain ist. Der ursprüngliche Gedanke der Blockchain ist ein offenes und für jedermann einsehbareres Konzept. Wobei jeder Teilnehmer die Blockchain einsehen und Transaktionen vornehmen kann. In diesem Fall wird eine vollkommene Dezentralität unterstützt und eine hohe Transparenz hergestellt. Die sogenannte Form der Public Blockchain hat den Vorteil, dass von den Entwicklern keine Veränderungen des Quellcodes ohne Zustimmung der Teilnehmer vorgenommen werden kann. Dadurch wird eine hohe Stabilität und Vertrauenswürdigkeit erzeugt. Die vollkommene Offenheit beinhaltet aber auch Nachteile. So ist u. a. der Datenschutz nicht leicht zu gewährleisten und die Transaktionen können zu erheblichem Rechneraufwand führen. Die zweite Form ist die private Blockchain. In diesem Fall gibt es einen Eigentümer der Blockchain, das könnte z. B. der Staat oder eine Kommune sein. Diese hätte dann die Möglichkeit, die in der Blockchain enthaltenen Daten besser zu schützen. Ebenso sind Transaktionen schneller und kostengünstiger zu bewerkstelligen [FERT2019, S. 46]. Der Eigentümer

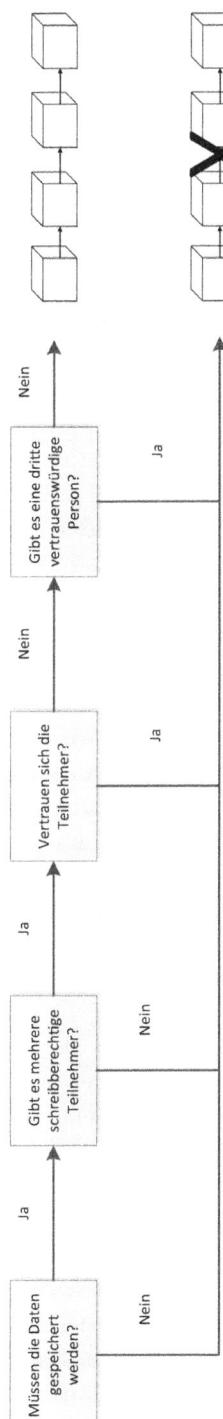

Abb. 11.7 Entscheidungsbaum zur Notwendigkeit einer Blockchain. Quelle: [FERT2019, S. 44])

der Blockchain kann sich aber auch entschließen, die Inhalte der Blockchain öffentlich zugänglich zu machen.

Neben dieser grundsätzlichen Unterscheidung zwischen einer öffentlichen und privaten Blockchain gibt es noch ein weiteres Einschränkungskriterium. Während in der ursprünglichen Konzeption alle Teilnehmer der Verwaltung teilnehmen können, gibt es auch Formen, bei denen die Rechte zur Verwaltung der Einträge limitiert und einem Konsortium vorbehalten sind. Dies verstößt zwar gegen die Grundidee hat aber den Vorteil, dass der Rechenaufwand wesentlich verringert wird. Zur Konsensbildung innerhalb der Kette werden Algorithmen eingesetzt. Im ersten Fall spricht man von einer „permissionless" Blockchain und bei der zweiten Variante von einer „permissioned". Beide Varianten können sowohl als public als auch privat Blockchain konzipiert sein. Die private, permissioned Blockchain hat zweifelsfrei für die Anwendung im E-Government Vorteile, da sie leichter zu organisieren ist. Dadurch ist sie praktikabler und kann auch den Datenschutzaspekten besser gerecht werden, da sie auch leichter den Vorschriften der EU-DSGVO gerecht wird. Es wurden aber auch schon Verfahren entwickelt, die das EU-DSGVO-konforme Löschen und Ändern von Daten in einer öffentlichen Blockchain ermöglichen [HENS2019].

Das folgende Beispiel gibt einen recht guten Einblick, wie eine Blockchain auch für kommerzielle Anwendungen eingesetzt werden kann. Das Startup slock.it, wobei die Abkürzung smartLock steht, dient u. a. zur Verwaltung von Mietobjekten, die über eine Blockchain verwaltet werden [SLOC2020]. Im folgenden Beispiel soll das Vorgehen anhand der Vermietung eines Hauses dokumentiert werden. Zwischen dem Anbieter und der Vermieterin wird ein smartContract gebildet, in dem vereinbart wird, dass die Tür sich öffnet, wenn ein Guthaben vorhanden ist. Die gesamte Vereinbarung wird durch eine Blockchain verwaltet, die das Vorhandensein des Guthabens überprüft. Wenn ein Guthaben vorhanden ist, funktioniert der Schlüsselcode, den die potenzielle Vermieterin über ihr Smartphone zur Verfügung gestellt bekommt. Wenn das Guthaben aufgebraucht ist, funktioniert der Schlüsselcode nicht mehr. Insgesamt ist das Geschäftsmodell auf IoT-Technologie aufgebaut und funktioniert vollkommen medienbruchfrei (Abb. 11.8).

Blockchain-Technologie hat aber weit mehr Einsatzgebiete als das Vertragsrecht. Deswegen gehen auch die Vorschläge weit über das hier dargestellte Beispiel hinaus. So wird neben dem Abschluss von Verträgen auch die notarielle Beurkundung häufig erwähnt. Neben den fehlenden Standards wird der benötigte Speicherplatz als ungelöstes Problem erwähnt [HOSP2018, S. 103]. Da in der Blockchain aber die Veränderungen vollständig und fast unwiderruflich dokumentiert werden, ist das Grundbuch ein weiteres potenzielles Einsatzgebiet für diese Technologie. Die Frage, ob das Grundbuch zentral in einer vom Staat kontrollierten Datenbank gespeichert werden soll oder in einer dezentralen Blockchain, hängt letztlich auch vom Vertrauen in die staatlichen Institutionen ab. Insofern kann eine Blockchain in Ländern, in denen das Vertrauen in die Verwaltung nicht so hoch ist, wie in den entwickelten europäischen Staaten, eine Alternative sein [HOSP2018, S. 104 f.]. Aber auch das E-Voting wird sehr häufig als weitere potenzielle Anwendung angeführt [TAPS2018, S.277ff]. Mittels der Blockchain

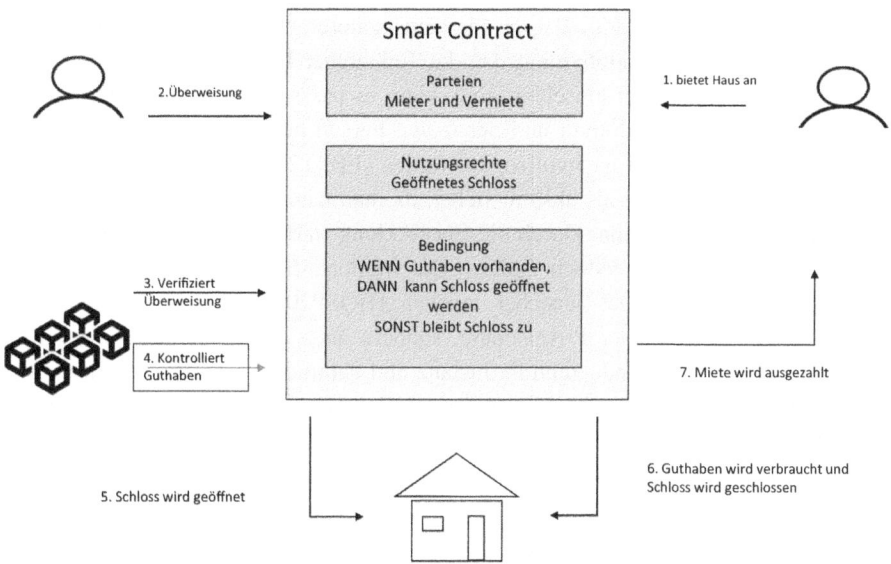

Abb. 11.8 Ablauf eines smartContracts mit slock.it. (Quelle: eigene Darstellung, angelehnt an [FERT2019, S. 64])

wird so eine digitale Urne erzeugt, die wiederum als fälschungssicher gilt. Dieses Verfahren hätte einige Vorteile gegenüber der bisherigen Stimmangabe. Zum einen kann man die Stimme von einem beliebigen Ort abgeben und durch das Hash-Coding ist gewährleistet, dass jede Person nur eine Stimme hat. Die Täuschungsmöglichkeiten dürften ähnlich wie bei der Briefwahl sein, da man natürlich nicht sicherstellen kann, dass die betroffene Person die Stimme nicht weitergegeben hat. Eventuell könnte man dies durch ein effizientes Identitätsmanagement verbessern. Mit dem Hinweis auf Estland wird auch ein integriertes Gesamtsystem vorgeschlagen. Dazu wird vorgeschlagen, dass die in verschiedenen Datenbanken gespeicherten Informationen, wie Pass, Geburtsurkunde, Grundbesitznachweis usw., in einer Blockchain verteilt werden und somit ein Blockchain-basiertes Netz integrierter Dienste ohne zentrale Verwaltung aufgebaut wird [TAPS2018, S. 263].

Ob dies je möglich sein wird, kann an dieser Stelle nicht beantwortet werden, aber man sollte berücksichtigen, dass Blockchains auch Nachteile und Restriktionen haben können. Ein erheblicher Nachteil besteht im hohen Rechenaufwand. Der Blockchain-Technologie wird insgesamt Ressourcenverschwendung vorgeworfen [HOSP2018, S. 79 f.]. Aufgrund der hohen Redundanz kommt es nicht nur zu Speicherplatzverschwendung, sondern führt auch zu einem Skalierungsproblem. Je größer die Blöcke der Blockchain werden, desto aufwendiger wird deren Verwaltung. Die mangelnde Geschwindigkeit aufgrund des hohen Rechenaufwandes ist ein weiterer Nachteil dieser Technologie. Während man bei herkömmlichen Zahlungssystemen, wie Kreditkartenbuchungen auf 24.000 Transaktionen pro Sekunde kommen kann, beträgt diese bei Bitcoin lediglich 7 [FERT2019, S. 44]. Ein weiterer Nachteil ist die mangelhafte Privatsphäre durch die Pseudonymität. Da die Teilnehmer Pseudonyme verwenden, die Transaktionen aber jederzeit einsehbar sind, kann es passieren, dass im Falle das eine Verbindung zwischen Pseudonym und der realen Person hergestellt wird, deren Transaktionen dann vollkommen nachvollzogen werden [FERT2019, S. 44 f.]. Bisher gelten die SHA-Verschlüsselungen als absolut sicher, da man kaum aus einem Public Key auf den Privat Key schließen kann. Durch die Entwicklung stärkerer Rechner, wie Quantencomputer, könnte sich das jedoch ändern. Die millionenfach stärkere Rechenleistung könnte auch die SHA-Codes unsicher machen [HOSP2018, S. 215]. Dadurch gebe es nicht nur ein Problem der Privatsphäre, sondern auch ein Problem der Sicherheit. Vielleicht ist auch die fehlende zentrale Instanz und damit die „fehlende" Sicherheit ein weiterer Hinderungsgrund für die Akzeptanz von Blockchains. Dadurch würde eine vermeintliche Stärke der Technologie zu ihrer zentralen Schwäche. Für einige Autoren birgt die Blockchain-Technologie aber auch sehr große gesellschaftliche, ökonomische und ethische Risiken, die es zu bedenken gilt und die wir heute noch nicht annähernd überblicken können [CAP2019, S. 196].

11.5 Augmented Reality, Augmented Virtuality und Virtuelle Realität

Zwischen Realität und Virtualität besteht ein weites Feld, das auch im Bereich der kommunalen Aufgaben durchaus eine Rolle spielt. Zur Aufnahme der Realität benötigt der Mensch lediglich seine Sinnesorgane, die er aber auch schon immer durch Hilfsmittel verstärkt hat. Bestes Beispiel sind Brillen, Teleskope und Hör- und Horchgeräte. Schon bei der bisherigen Präsentation von realen Exponaten hat man auf unterschiedliche Medien zugegriffen und damit die Erklärungen verbessert. Durch virtuelle Realitäten lassen sich jedoch vollkommen neue Bereiche erschließen. So ist die Betrachtung einer virtuell rekonstruierten Akropolis schon eine erhebliche Erweiterung der bestehenden Realität. Noch weiter kann man jedoch gehen, wenn man eine vollkommene Virtualität, wie beispielsweise von nicht mehr existierenden Bauwerken usw. schafft. Die Computeranimation schafft somit eine virtuelle „Realität". Die Zwischenstufen werden als augmented (erweitere) Realität bzw. augmented (erweitere) Virtualität bezeichnet, der Übergang ist fließend. Neben dem dargelegten Anwendungsbereich der Museen sind natürlich Anwendungen in Pinakotheken und Bibliotheken naheliegend. Aber auch in realen Räumen wie Stadtführungen kann man mit Hilfe von Smartphones, wearable Devices usw. die Realität erweitern.

Neben diesen bereits häufig realisierten Anwendungsbereichen findet man aber auch bei der Bauleitplanung und in der Stadtentwicklung Anwendungsbereiche. Die Stadt Hamburg hat mit dem Projekt „Virtual und Augmented Reality im Hamburger Hafen" 2018 den E-Government-Wettbewerb im Bereich Digitale Infrastruktur gewonnen [EGOV2020]. Diesem Projekt liegt die Vision zugrunde, den kompletten Hamburger

Hafen mit all seinen Infrastrukturen in einem digitalen 3D-Hafenmodell abzubilden. Mittels Virtualität und Augmented Reality sollen dann Besichtigungen durchgeführt, Planungen einzelner Bauprojekte verbessert, Bürgerbeteiligungen bei neuen Bauwerken ermöglichet, die Unterstützung bei operativen Prozessen erleichtert oder die Vermittlung von Zukunftsvisionen durchgeführt werden [SAXE2018]. Dieses Projekt ist beispielhaft für hoch komplexe Anwendungsmöglichkeiten, aber es ist auch die Anwendung von Augmented Reality, Augmented Virtuality und virtueller Realität zur Unterstützung einfacher Verwaltungsverfahren denkbar.

11.6 Big-Data- und Data-Science-Anwendungen

Zwar waren Daten immer ein zentraler Bestandteil der Datenverarbeitung, wie man unschwer schon aus dem Namen ableiten kann, aber ihre Funktion hat sich zunehmend verändert. Sie waren in der Vergangenheit primär ein technischer Bestandteil einer IT-Lösung und wurden verarbeitet und gespeichert. In den letzten Jahren sind sie zu einem zentralen Treiber für Veränderungen, Prozessverbesserungen sowie neuen Geschäftsprozessen geworden [KAYS2019, S. 147]. Die Analyse der Daten gewinnt immer stärker an Bedeutung. Der Übergang von einer reinen einfachen Datenbereitstellung in Flatfiles durch Cobol-Programme in den 60er Jahren des letzten Jahrhunderts bis hin zu den komplexen Lösungsansätzen des heutigen Data Sciences verlief weitgehend fließend [OETT2017, S. 13 ff.]. Jedoch kann man einige Meilensteine erkennen. Am Anfang waren hauptsächlich Insellösungen zu finden, die aber durch die Einführung von ERP-Modelle stärker vernetzt wurden. Zur Verbesserung der neuen IT-Landschaft und zur Verbesserung des Reportings wurden Data-Warehouse-Konzepte und OLAP-Systeme (Online Analytical Processing) geschaffen [HANE2019b, S. 15 f.]. Ebenso wurde durch das Data Mining eine neue Form der Datenanalyse entwickelt. Aufgrund der starken Verbreitung von Computersystemen und deren Vernetzung entstandenen immensen Datenmengen, die zu groß, zu komplex, zu schnelllebig oder zu schwach strukturiert sind, um sie mit manuellen und herkömmlichen Methoden der Datenverarbeitung auszuwerten zu können. In diesem Zusammenhang wurde der Begriff Big Data geprägt, der in Öffentlichkeit und Fachwelt einerseits die großen digitalen Datenmengen selbst, manchmal aber auch deren Analyse und Auswertung bezeichnet [WOLF2014, S. 12]. Ursprünglich basierte der Begriff Big Data auf drei Dimensionen. Erstens auf dem Umfang bzw. der Datenmenge (volume), zweitens auf der Geschwindigkeit, mit denen die Daten generiert werden (velocity) und drittens auf der Bandbreite der Datentypen (variety) [WOLF2014, S. 12]. Alle Dimensionen werden bei der Big Data als hoch bzw. schnell eingestuft. Da der Begriff Big Data nicht eindeutig definiert ist, werden teilweise weitere Dimensionen angeführt. Dabei handelt es sich um die Dimensionen der Wahrheit der Daten (veracity), des Wertes (value) [BUCH2019, S. 128] und der Validität oder Gültigkeit der Daten (validity) [BACH2014, S. 24 ff.]. Anhand der Einbeziehung der Dimension eines Wertes der Daten kann man erkennen, dass man Big Data einen hohen ökonomischen Nutzen zuspricht. Zur Datenanalyse werden Verfahren des Data Science herangezogen, wobei häufig in diesem Zusammenhang Methoden der künstlichen Intelligenz, wie im nächsten Abschnitt beschrieben, genannt werden. Da Big-Data-Verfahren die Datenstrukturen auf Basis von statistischen Verfahren analysieren, können diese aber auch von qualifizierten Personen vorgenommen werden. [BUCH2019, S. 129].

Da beim Aufbau von Smart Cities oder Smart County erhebliche Daten von den Kommunen erhoben werden, steigt die Datenmenge, die den Kommunen zur Verfügung steht exponentiell an. Das gilt auch für den Teilbereich des E-Governments. Buchmann und Brixner sehen verschiedene Möglichkeiten für den Einsatz von Big Data. In Form von Post-hoc-Analysen sind u. a. die Überprüfung von Leistungsbescheiden, Kassenanordnungen und Vergabeverfahren möglich. Es sind aber auch andere Einsatzfelder, wie Energiemanagement bei der Bewirtschaftung von Liegenschaften (Effizienz) oder Erfolgsfaktoren bei der Beratung und Betreuung von Arbeitslosen oder Hilfeempfängern (Effektivität) denkbar [BUCH2019, S. 129]. Ebenso können Daten für die Wirtschaftsförderung erhoben werden [FRAU2014, S. 16]. Im Hinblick auf Ad-hoc-Analysen sind die Entscheidungsunterstützung und/oder Qualitätssicherung in der Leistungsgewährung, die automatisierte Auftragsbearbeitung im Produktbereich wie beispielsweise Kfz-Angelegenheiten, Handelsregister, Grundbuchangelegenheiten, Antragsbescheidung denkbar [BUCH2019, S. 129]. Big Data kann aber auch bei den Haushaltsprognosen, Risikowarnsystemen, Prognose von Verkehrsflüssen, Ressourcenbedarfe eingesetzt werden [BUCH2019, S. 129]. Big Data wird bei zukünftigen E-Government-Systemen eine erhebliche Rolle spielen, da die Kommunen über einen Schatz an Daten verfügen, deren Verwertung vielfältige Vorteile bietet. Die Einhaltung von Datenschutzbestimmungen wird dabei jedoch vorausgesetzt.

11.7   Künstliche Intelligenz

Künstliche Intelligenz (KI) wird mit Sicherheit ganz neue Aufgabengebiete für den Computereinsatz in der öffentlichen Verwaltung erschließen. Aber das kann nur dann eintreffen, wenn die digitale Transformation vollzogen wird, denn die Digitalisierung ist eine Grundvoraussetzung für den Einsatz der KI in der öffentlichen Verwaltung [WANG2019, S. 126].

Den Begriff künstliche Intelligenz eindeutig zu definieren ist nicht möglich, da es zu viele Richtungen innerhalb dieses Bereiches der Informatik gibt. Seit über 50 Jahren werden verschiedene Anwendungen entwickelt und dem Fachgebiet der künstlichen Intelligenz zugeordnet. Gemeinsamer Nenner dieser Anwendungen ist, dass sie sich als Vorbild die Funktionsweise des Gehirns und Erkenntnisse über das Denken von Menschen genommen haben [TEIC2020, S. 276]. Geboren wurde der Begriff auf einer Konferenz, die der KI-Pionier McCarthy 1956 organisierte. Die Vision von künstlichem Leben findet man schon in der Antike. Im 17. Jahrhundert beschäftigte sich Leibnitz mit der Frage, wie man Wahrheiten über ein Kalkül betrachten könne [TEIC2020, S. 276]. In den 40er und 50er Jahren des letzten Jahrhunderts hatte man sich in der Mathematik und Informatik mit theoretischen Maschinen beschäftigt. Alan Turings Arbeiten seien hier nur exemplarisch genannt. Praktische Anwendungen erfolgten in den späten 50er und frühen 60er Jahren. So wurde schon frühzeitig an „General Problem Solver"-Programmen gearbeitet oder theoretische Konzepte zum maschinellen Lernen entwickelt. Zur Programmierung von neuronalen Netzen sei auf die Arbeiten von Minsky und Papert verwiesen [MINS2017, MINS1990]. Insbesondere Marvin Minsky hat die Entwicklung der KI jahrzehntelang geprägt. Ein weiterer interessanter Meilenstein ist das Programm Eliza von Joseph Weizenbaum aus dem Jahr 1966. Das Programm ermöglicht eine einfache Mensch-Maschine-Kommunikation, in dem es eine relativ triviale Simulation eines Gesprächs mit einem Psychiater simuliert. Dadurch wurden die ersten Unterhaltungen mit einem Computer ermöglicht, die wiederum eine starke öffentliche Resonanz hervorriefen [WEIZ1978]. In den 80er Jahren haben insbesondere die Arbeiten von Feigenbaum dazu beigetragen, dass man in Expertensystemen oder regelbasierten Systemen große Erwartungen setzte. Die KI-Forschung und -Praxis verläuft in Wellen [TEIC2020, S. 276], da sie teilweise von der Leistungsstärke der Computer verursacht wurden. Dies zeigt sich auch in den neuen Entwicklungen um das maschinelle Lernen. Neuronale Netze können erstaunliche Leistungen erbringen, die insbesondere in der Analyse großer Datenbestände, wie im vorherigen Abschnitt über Big Data beschrieben wurde, Anwendung finden. Ihre theoretischen Konzepte wurden bereits in den Anfängen der KI beschrieben, die praktische Umsetzung bei komplexen Problemen war aber erst mithilfe der heutigen leistungsstarken Computer möglich. Die jüngsten Erfolge der KI-Forschung wurden u. a. durch den Sieg eines KI-Programms über den zurzeit besten Spieler im GO-Spiel in die öffentliche Debatte gerückt. Der derzeitige KI-Hype ist stärker als die Diskussion über die Computer der fünften Generation, die in Japan in der 80er Jahren des letzten Jahrhunderts stattfand. In den letzten siebzig Jahren haben sich schon zahlreiche Fantasien in Hinblick auf die Möglichkeiten der KI entwickelt. Insbesondere in Science-Fiction-Filmen wurde die KI als Bedrohung immer wieder dargestellt. Zu nennen wären hier u. a. der Film Odyssee 2001 von Stanley Kubrik, in dem der Computer HAL die gesamte Mannschaft eines Raumfahrzeugs tötet. Dieses Szenario wurde in verschiedenen Filmen, wie u. a. Matrix oder Exmachinica, erneut aufgegriffen. In diesem Zusammenhang spricht man auch von starker KI, die alle Eigenschaften der menschlichen Intelligenz umfasst und übertrifft. Teilweise wird in diesem Zusammenhang auch der Begriff Superintelligenz verwendet [BOST2014]. Der KI-Pionier R. Kurzweil prognostizierte den Eintritt für die erste Hälfte des 21. Jahrhunderts [KURZ2001]. Mit dem Jahr 2062 ist auch ein weiterer Zeitpunkt fixiert, an dem diese Form realisiert sein soll [WALS2019]. Die Wahrscheinlichkeit, dass in absehbarer Zeit solche superintelligenten Systeme realisiert werden, ist gering [PREC2020, S. 113]. Aber es wird neue Formen von Werkzeugen geben und deshalb hat die KI trotzdem ein riesiges Potenzial für Innovationen [LENZ2019, S. 123] und natürlich auch für neue Verwaltungstools.

Natürlich ist die Vorstellung, dass Maschinen intelligenter handeln als Menschen äußerst interessant, da es unser Verständnis vom Menschen direkt betrifft. Für die digitale Transformation der Verwaltung sind aber eher Anwendungen aus dem Bereich der schwachen KI interessant. Hierbei handelt es sich um Teilbereiche, in denen die Methoden und Verfahren der KI erhebliches leisten können. Das können die Beurteilung von Risiken sein oder auch Mustererkennungen. Im Folgenden sollen einige Möglichkeiten exemplarisch beschrieben werden. KI-Methoden und -Techniken werden rasant weiterentwickelt, aber auch bereits innerhalb der kommunalen Verwaltungen eingesetzt [DEJF2010, S. 5], deshalb ist deren Behandlung zur Beurteilung des Potenzials zukünftiger kommunaler E-Government-Systeme interessant. Die Bundesregierung sieht offensichtlich ein hohes Potenzial für den Einsatz von KI-Programmen, in dem sie betont, dass deren Einsatz im Bereich der öffentlichen Verwaltung die Chance bietet, Informationen und Leistungen zielgerichteter, passgenauer und niedrigschwelliger für Bürgerinnen und Bürger und Unternehmen bereitzustellen. Im Sinne einer gesamtstaatlichen Sicherheitsvorsorge sind auch sicherheitspolitische Aspekte der KI von Bedeutung [BUND2018].

11.7.1 Exkurs: Expertensysteme

Expertensysteme beruhen auf der Überlegung, dass Experten eine Vielzahl von Fakten und deren Eintrittswahrscheinlichkeit zur Lösung eines Problems heranziehen. Der Pionier von Expertensystemen Edward Feigenbaum sieht sogar umfassende Lösungen für diese Technologie, in dem er von Wissensserver spricht [FEIG1993, S. 324 ff.]. Wissen ist nach ihm nicht mit Informationen gleichzusetzen, denn diese müssen aufgeteilt, umgeformt, interpretiert und umgewandelt werden [FEIG1983, S. 3]. Insofern handelt es sich bei Expertensystemen um nichts geringeres als die Bereitstellung von Expertenwissen zur Interpretation von Informationen.

Da diese Systeme auf dem Schließen unter Unsicherheiten basieren, müssen Wahrscheinlichkeiten herangezogen werden. Ein einfaches Beispiel wäre die Bestimmung, ob es sich bei einem Objekt um einen Vogel handelt. Das System würde u. a. fragen, ob das Objekt fliegen kann, da 99 % der Vögel fliegen können. Da auch Flugzeuge fliegen, würde die Beantwortung, ob das Objekt Eier legt, die Auswahl weiter eingrenzen. Natürlich gibt es Pinguine, die zwar Eier legen, nicht fliegen können, aber trotzdem Vögel sind. Insofern ist die Bestimmung der richtigen Antwort ein komplexes Problem. Trotzdem lässt sich zeigen, dass man das Problem mit Hilfe von Wahrscheinlichkeiten gut lösen kann. [ERTE2016, S. 137 ff.].

Ein sehr häufig herangezogenes Gebiet aus der Praxis ist die medizinische Diagnostik, die mit einem doppelten Ziel erforscht wird. Einerseits will man die ärztlichen Diagnoseverfahren besser verstehen und andererseits Computer-Diagnosesysteme konstruieren, die die Diagnose unterstützen [SIMO1994, S. 77]. Dazu wurden Ärzte aufgefordert laut zu denken, damit ihr Vorgehen aufgeschrieben werden konnte. Neben dieser Methode findet man weitere Verfahren zur Wissensakquisition [KARB1990, S. 21 ff.]. Eines der ersten Expertensysteme zur medizinischen Diagnostik war das Programm MYCIN [KARB1990, S. 5]. Moderne Systeme wie LEXMED werden heute in der medizinischen Diagnose eingesetzt [ERTE2016, S. 157]. Expertensysteme beruhen auf einer hohen Fallzahl, so wurden bisher bei LEXMED fast 15.000 Fälle anonym gespeichert, und Regeln wie Symptome bewertet. So kann man natürlich aufgrund verschiedener Symptome auf die Ursache schließen. Die Validität der Schlussfolgerung sagt etwas über die Güte des Programms aus. Expertensysteme finden heute auch außerhalb des medizinischen Sektors vielfältige Anwendungen. So gibt es auch Expertensysteme für juristische Einsatzgebiete oder aus dem Finanzsektor. Als Nachteil wird immer wieder herangezogen, dass fachfremde Personen den Lösungsvorschlägen des Expertensystems zu sehr vertrauen und deshalb Fehlentwicklungen nicht erkennen würden.

Für den Bereich E-Government gibt es natürlich zahlreiche Einsatzgebiete, in denen Expertensysteme eingesetzt werden können. Da die Systeme den Anspruch erheben, auch in Bereichen einsetzbar zu sein, wo keine eindeutig kausalen Zusammenhänge vorliegen, könnte dies auch im Bereich der Bearbeitung von Sozialanträgen, Asylverfahren oder auch der Finanzplanung sein. Insbesondere in Verbindung mit der Augmented KI könnte hier die Effizienz der Verwaltung erhöht werden.

11.7.2 Exkurs: Neuronale Netze und maschinelles Lernen

Schon 1943 wurden die Möglichkeiten von neuronalen Netzen durch Warren McCulloch und Walter Pitts untersucht. Es wurden aber auch schon erste künstliche neuronale Netze 1950 durch Marvin Minsky und Dean Edmonds programmiert [TEIC2020, S. 276]. Die Idee basiert auf einer frühe Form der Bioinformatik und versuchte Erkenntnisse über natürliche neuronale Netze, wie sie in unserem Gehirn vorhanden sind, auf ein Computerprogramm zu übertragen. Bei menschlichen Gehirnen geht man davon aus, dass etwa 100 Mrd. Neuronen vorhanden sind, die wiederum mit bis zu 10.000 anderen Neuronen verbunden sind. Dadurch entsteht ein Neuronennetz vom Faktor 10^{14}. Diese große Zahl konnte mit den damaligen Netzen nicht annähernd erreicht werden. 1949 beschrieb Donald Hebbs eine Regel für neuronale Netze. Er sprach ihnen die Eigenschaft zu, dass durch Veränderung eine effizientere Verbindung entsteht und begründet damit die Hebbsche Lernregel [ALPA2019, S. 332]. Es ist ein Grundprinzip für maschinelles Lernen. Künstliche neuronale Netze sind mathematische Modelle, die die Möglichkeit zur Optimierung bergen. Sie werden auf bestimmte Aufgaben trainiert. Dabei werden Vektoren so in Beziehung gesetzt, dass sie einem bestimmten Input einen bestimmten Output zuordnen können. Durch Training werden die Funktionen optimiert. [DELJ2018, S. 8]. Künstliche neuronale Netze verbessern ihre Ergebnisse, in dem sie trainiert werden, d. h. sie verbessern sich kontinuierlich in dem sie angewendet werden. Es findet ein Feedback vom Ergebnis zum Algorithmus statt und verändert diesen [KRIS2019a, S. 25]. Deswegen ist der Weg, wie das Ergebnis zustande kommt, nicht mehr eindeutig nachweisbar. Auf diese Problematik wird im folgenden Abschnitt noch einmal eingegangen. Künstliche neuronale Netze werden insbesondere zur Muster-erkennung eingesetzt, das kann beispielsweise die Gesichtserkennung sein. Sie sind aber sehr gut zur Analyse von großen Datenbeständen, wie man sie bei Big-Data-Systemen vorfindet, geeignet. Innerhalb einer Smart-City-Konzeption können künstliche neuronale Netze zur Optimierung des Verkehrsflusses eingesetzt werden.

11.7.3 Augmente KI

1962 hatte Douglas Engelbart die Erweiterung der menschlichen Intelligenz durch den Einsatz von Computern beschrieben [ENGB1963]. Diese Form der Erweiterung von menschlichen Fähigkeiten wird auch als Augmented Intelligence bezeichnet. Man könnte es auch als eine Symbiose zwischen Mensch und Maschine bezeichnen [PIE2019b, S. 32 f.]. Dieser Ansatz resultiert aus der Ansicht, dass die vollständige Automation nicht der Zweck von KI sein sollte. Dieser ist in der Augmentation die Erweiterung menschlicher Fähigkeiten durch technische Systeme. Konsequent rückt hier die Mensch-Maschine-Interaktion in den Vordergrund. Die Frage, wie man die Benutzer-oberfläche oder Schnittstelle der Interaktion organisiert, ist dabei zwar interessant, aber nicht entscheidend. Neben futurologisch anmutenden Konzepten, wie etwa Neurolinks [KUEH2020], dürften die heute üblichen Benutzeroberflächen vollkommen ausreichend sein. Vielmehr ist wichtig, wie der Mensch die Entscheidungsfindung des Computers bewertet, prüft und anwendet. Dazu ist es notwendig, dass der Benutzer mittels einer Benutzerschnittstelle in der Lage ist, die kritischen Stellen zu identifizieren [KRIS2019b, S. 60]. Dieses Problem ist nicht trivial, denn bei KI-Programmen lassen sich die Lösungswege nicht einfach nachvollziehen. Ein Lösungsvorschlag ist das interaktive maschinelle Lernen, d. h. Menschen sollen stärker in das jeweilige Lernverfahren des überwachten, unüberwachten oder verstärkten Lernens eingebunden werden [KRI2019b, S. 60]. Man spricht in diesem Zusammenhang auch von verständlicher KI, da der Benutzer den Lösungsweg nachvollziehen kann [KRIS2019b, S. 68]. Da KI-Programme insbesondere durch die Auswertung großer Datenbestände ihre Ergebnisse verbessern, könnte die Darlegung des Lösungsweges durchaus auch das Entscheidungsverhalten des Mitarbeiters verbessern und beschleunigen. Die Frage, wie dieses Verfahren praktisch im Bereich E-Government umgesetzt wird, ist noch nicht beantwortet.

KI-Systeme werden aber fast alle Einsatzgebiete des Computers erweitern, so natür-lich auch im Bereich der öffentlichen Verwaltung. Neben der vollkommenen Ver-netzung, wie sie in Abschn. 5.4. beschrieben wurde, sind sie wichtige Bestandteile, um E-Government-Systeme grundlegend zu verändern. Hierzu werden aber noch verstärkt Forschungsanstrengungen notwendig sein. Die Frage, ob die Kommunen geeignetes Personal akquirieren können, ist dabei noch vollkommen offen.

Literatur

[ALPA2019]   [ALPA2019]Alpaydin, E.: Maschinelles Lernen, 2. Aufl. DeGruyter Oldenbourg, Berlin (2019)

[BACH2014]   Bachmann, R.: Big Data – Fluch oder Segen? Unternehmen im Spiegel gesellschaftlichen Wandels Unternehmen im Spiegel gesellschaftlichen Wandels. MITP, Bonn (2014)

[BUCH2019]   Buchmann, T., Brixner, H.C.: Der Einsatz von Big Data in der öffentlichen Verwaltung am Beispiel einer automatisierten Kassenprüfung. In: Schmid, A. (Hrsg.) Verwaltung, eGovernment und Digitalisierung: Grundlagen, Konzepte und Anwendungsfälle, S. 127–139. Springer, Berlin (2019)

[CAP2019]   Cap, C.H.: Grenzen der Blockchain. Informatik Spektrum **42**(3), 191–196 (2019)

[DAPP2017]   Dapp, M., Balta, D.; Krcmar, H.: Blockchain – Disruption der öffentlichen Verwaltung?, Konrad-Adenauer-Stiftung, Sankt Augustin - Berlin 2017

[EGOV2020]   eGovernment-Wettbewerb.de: 17. eGovernment-Wettbewerb 2018. https://www.egovernment-wettbewerb.de/gewinner/gewinner-2018.html. Zugegriffen: 29. Sep. 2020

[ENGB1963]   Engelbart, B.D.: A conceptual framework for the augmentation of man's intellect, (ursprünglich veröffentlicht in [HOWE1963], S. 1–29). https://www.dougengelbart.org/content/view/382/. Zugegriffen: 25. Okt. 2020

[ERTE2016]   Ertel, W.: Grundkurs Künstliche Intelligenz - eine praxisorientierte Einführung, 4. Auflage, Springer Vieweg, Wiesbaden 2016

[FEIG1993]   Feigenbaum, E.: Wissensverarbeitung: Vom Datei-Server zum Wissen-Server. In: Kurzweil, R. (Hrsg.) Künstliche Intelligenz, S. 324–329. Hanser Verlag, München (1993)

[FERT2019]   Fertig, T., Schütz, A.: Blockchain für Entwickler. Rheinwerk, Bonn (2019)

[FRAU2014]   Fraunhofer FOKUS; Kompetenzzentrum Öffentliche IT (ÖFIT): Big Data – Ungehobene Schätze oder digitaler Albtraum? Fraunhofer Institut für Offene Kommunikationssysteme FOKUS, Berlin (2014)

[GUGGE2019]   Guggenmos, F., Lockl, J., Rieger, A., Fridgen, G.: Blockchain in der öffentlichen Verwaltung. Informatik Spektrum **42**(3), 174–181 (2019)

[HANE2019b]   Haneke, U.: (Advanced) analytics is he new BI? In: Haneke, U., Trabash, S., Zimmer, M., Felden, C. (Hrsg.) Data Science, Grundlagen, Architekturen und Anwendungen, S. 15–27. Dpunkt, Heidelberg (2019)

[HENS2019]   Hensel, M., Schmitz, P.: Daten auf Blockchains jederzeit löschen und ändern. https://www.blockchain-insider.de/daten-auf-blockchains-jederzeit-loeschen-und-aendern-a-846690/. Zugegriffen: 18. Aug. 2020

[HOSP2018]   Hosp, J.: Blockchain 2.0. FinanzBuchverlag, München (2018)

[KARB1990]   Karbach, W., Linster, M.: Wissensakquisition für Expertensysteme. Hanser, München (1990)

[KAYS2019]   Kayser, V., Zubovic, D.: Data privacy. In: Haneke, U., Trabash, S., Zimmer, M., Felden, C. (Hrsg.) Data Science, Grundlagen, Architekturen und Anwendungen, S. 147–159. Dpunkt, Heidelberg (2019)

[KRIS2019a]   Kriste, M., Schürholz, M.: Entwicklungswege zur KI. [WETP2019], S. 21–35

[KRIS2019b]   Kriste, M.: Augmented Intelligence, Wie Menschen mit KI zusammenarbeiten, in: [WITT2019], S. 58–71

[KURZ2001]   Kurzweil, R.: Homo S@piens, 4. Aufl. Econ, München (2001)

[MINS1990]   Minsky, M.: Mentopolis. Klett-Cotta, Stuttgart (1990)

[MINS2017]   Minsky, M., Papert, S.: Perceptrons: An Introduction to Computational
               Geometry. MIT-Press, Boston (2017)
[OETT2017]   Oettinger, M.: Data Science – Eine Praxisorientierte Einführung im Umfeld
               von Machine Learning, künstlicher Intelligenz und Big Data. Verlag tredition,
               Hamburg (2017)
[PIE2019b]   Piesold, R.R.: Symbiose mit Maschinen? Kommune **21**(10), 32–33 (2019)
[PREC2020]   Precht, R.D.: Künstliche Intelligenz und der Sinn des Lebens. Goldmann,
               München (2020)
[SAXE2018]   Saxe, S.; Baldauf, U.: Projekt „Virtual und AugmentedReality im Hamburger
               Hafen und VR-Bus" Hamburg Port Authory. https://www.egovernment-
               wettbewerb.de/praesentationen/2018/Hamburg_Kat_Infrastruktur_Virtual_
               Reality.pdf. Zugegriffen: 30. Sep. 2020
[SIMO1994]   Simon, H.: Die Wissenschaften vom Künstlichen. Springer, Wien (1994)
[SKWA2019]   Skwarek, V.: Eine kurze Geschichte der Blockchain – Ursprünge, Begriffe und
               aktuelle Entwicklungen. Informatik Spektrum **42**(3), 161–165 (2019)
[SLOC2020]   BLOCKCHAINS: Digital Asset Management, in: https://www.blockchains.com/
               products/asset-management/ (zuletzt zugegriffen 12.12.2020)
[STAH2002]   Stahlknecht, P., Hasenkamp, U.: Einführung in die Wirtschaftsinformatik, 10.
               Aufl. Springer, Berlin (2002)
[TAPS2018]   Tapscott, D., Tapscott, A.: Die Blockchain Revolution, Plassen-Verlag, Kulmbach
               2018
[TEIC2020]   Teich, I.: Meilensteine der Entwicklung Künstlicher Intelligenz. Informatik
               Spektrum **43**(4), 276–284 (2020)
[WALS2019]   Walsh, T.: 2062: Das Jahr, in dem die künstliche Intelligenz uns ebenbürtig sein.
               Riva, München (2019)
[WEIZ1978]   Weizenbaum, J.: Die Macht der Computer und die Ohnmacht der Vernunft, 1.
               Aufl. Suhrkamp, Frankfurt (1978)
[WELZ2017]   Welzel, C., Eckert, K., Kirstein, F., Jacumeit, V.: Mythos Blockchain: Heraus-
               forderung für den öffentlichen Sektor, Kompetenzzentrum Öffentliche IT,
               Fraunhofer-Institut für Offene Kommunikationssysteme FOKUS, Berlin 2017
[WOLF2014]   Wolfie, C.: Kommerzielle digitale Überwachung im Alltag, Studie im Auftrag
               der Bundesarbeitskammer, Wien. https://crackedlabs.org/dl/Studie_Digitale_
               Ueberwachung.pdf (2014). Zugegriffen: 1. Okt. 2020

Cyber-Sicherheit und datenschutzrechtliche Anforderungen

12

12.1 Cyber- und IT-Sicherheit

12.1.1 Grundlegende Begriffe

Cyber- und IT-Sicherheit sind sehr umfangreiche Anwendungsbereiche der Informatik, deren Bedeutung sich ständig erhöht. Schon zu Beginn der IT-Anwendungen standen die Sicherungssysteme im Fokus des Interesses, zumal viele IT-Entwicklungen für militärische Aufgaben entwickelt worden sind. Bestes Beispiel dafür sind kryptografische Verschlüsselungssysteme, die schon im Zweiten Weltkrieg eine hohe Bedeutung hatten. Hier seien nur die britischen Bemühungen um den Informatiker Alan Turing zur Entschlüsselung der Enigma-Maschine der deutschen Marine zu nennen. Aber auch die Entwicklung des ARPA-Netz, das ein Vorgänger des Internets ist, hat einen militärischen Ursprung. Aufgrund des Sputnik-Schocks von 1957 konstruierten die USA ein sehr ausfallsicheres dezentrales System. Schon an der Zielsetzung erkennt man den Sicherheitsaspekt. In der Konzeption der Protokollebenen des TCP/IP stößt man immer wieder auf Sicherheitsaspekte. Insgesamt wird die Sicherheit von IT-Strukturen durch die Sicherheitsinfrastruktur oder Sicherheitsarchitektur gewährleistet. Unter diesen Begriffen versteht man den Bestandteil des IT-Systems, der die festgelegten Sicherheitseigenschaften durchsetzt und die für die Verwaltung der sicherheitsrelevanten Informationen und Konzepte erforderlichen Realisierungsmaßnahmen zur Verfügung stellt [ECKE2018, S. 35]. Heute sind fast alle IT-Systeme über das Internet stark vernetzt, deshalb wurde mit dem Begriff Cybersicherheit bzw. Cybersecurity die Aufgaben der klassischen IT- Sicherheit auf die vernetzten, sicherheitskritischen Infrastrukturen oder den ganzen Cyberraum übertragen [ECKE2018, S. 41]. Bei einem E-Government-System handelt es sich logischerweise um ein vernetztes System, sodass die

© Springer-Verlag GmbH Deutschland, ein Teil von Springer Nature 2021
R.-R. Piesold, *Kommunales E-Government,*
https://doi.org/10.1007/978-3-662-63094-5_12

sicherheitsrelevanten Aspekte der Cybersicherheit auch für diesen Bereich angewendet werden müssen.

Für eine Sicherheitsarchitektur sind die Zugangskontrolle und die Kommunikations-sicherheit zwischen den verschiedenen Rechnern von besonderer Bedeutung [ECKE2018, S. 35 f.]. Der kontrollierte Zugang einer Person oder eines Programms erfolgt über eine Zugangskontrolle, in der eine Identifikation, Authentifizierung und eine Autorisierung erfolgt. Hierauf wurde schon in den Abschnitten 10.2. und 10.3. eingegangen. Da es verstärkt auch autonome Systeme geben wird, die den Zugang zu IT-Systemen suchen, wurde auch die Möglichkeit, dass sich ein Programm über eine Zugangskontrolle autonom einwählt, aufgenommen. Innerhalb vernetzter Systeme, wie wir sie aus der Konzeption der Industrie 4.0 kennen, erfolgt die Kommunikation über die Nutzung von Kommunikationsprotokollen, wobei den TCP/IP-Protokollebenen eine besondere Bedeutung zukommt.

Zu beantworten bleibt die Frage, welche Ziele die Sicherheitsarchitektur erreichen soll. Da bei einem E-Government-System diese mit den allgemeinen Zielen identisch sind, soll nur kurz auf diese eingegangen werden. Eckert nennt acht Ziele, die es zu erreichen gilt [ECKE2018, S. 7 ff.]. Als erstes Ziel ist eine exakte Authentizität zu gewährleisten. Darunter wird die Echtheit und Glaubwürdigkeit der Person oder des Programms verstanden, die anhand einer eindeutigen Identität und charakteristischen Eigenschaften überprüfbar ist. Das sind klassische Aufgaben eines Identitäts-managements. In der Regel wird auf ein Benutzerkonto zurückgegriffen, dass pass-wortgeschützt ist, wobei hier starke Unterschiede der Passwortgenerierung vorhanden sein können. Bei Programmen oder Objekten erfolgt die Authentifizierung so nicht. Hier werden zur Überprüfung der Echtheit der Daten u. a. kryptografische Verfahren angewendet, die die Richtigkeit bzw. den Urhebernachweis garantieren. Eine wesent-liche Komponente ist die Sicherstellung der Datenintegrität. Dies ist ein allgemeines Datenbankproblem, da durch redundante Datenbestände die Integrität verletzt werden kann. Im Bereich der Cybersecurity kommt jedoch noch ein weiterer Aspekt hinzu. Es ist sicherzustellen, dass keine Personen oder Programme unautorisiert und unbemerkt die zu schützenden Daten manipulieren oder verändern können. Die Instrumente zur Sicher-stellung dieses Zieles liegen primär im Bereich der Zugriffskontrolle. Bei komplexen und sensiblen Datenbanken wird dieser Aspekt schon seit Jahrzehnten behandelt. Durch die Öffnung der IT-Systeme erhöht sich das Problem jedoch nicht unerheblich, zumal auch externe Programme zum Teil auf die Datenbestände zugreifen sollen. Gerade die öffentliche Verwaltung speichert Tausende von vertraulichen und hoch sensiblen Daten der Bürgerinnen und Bürger. Deswegen ist die Sicherstellung der Vertraulichkeit ein weiteres wichtiges Ziel der Cybersecurity. Ein IT-System gewährt Vertraulichkeit, wenn keine unautorisierte Informationsgewinnung möglich ist. Im Grunde verbirgt sich hier das Problem des „Datenklaus", das ja hinreichend bekannt ist. Der unberechtigte Zugriff und das Herunterladen von Daten findet immer wieder statt und hat meistens neben dem Verlust der Vertraulichkeit auch noch eine erhebliche Imagesenkung zur Folge. Das hier vorhandene Problem ist die Unterbindung unzulässiger Informationsflüsse. Da die

Gewährleistung von Vertraulichkeitsanforderungen nicht durch eine reine Zugriffs-kontrolle gewährleistet werden kann, sind weitere spezielle Maßnahmen zweckmäßig. Neben kryptografischen Verfahren werden insbesondere Labeling-Techniken verwendet, wodurch die Daten eine spezielle Sicherheitseinstufung erhalten [ECKE2018, S. 11]. Eine weitere Zielsetzung ist die Sicherstellung der Verfügbarkeit, d. h. authentifizierte und autorisierte Personen und Programme dürfen nicht durch unautorisierte beein-trächtigt werden. Die Verfügbarkeit kann durch verschiedene Formen gestört werden. Der schwerwiegendste Fall ist die vollkommene Sperrung der Datenbestände durch ein Programm. Solche Vorfälle sind spektakulär und basieren zumeist auf kriminellen Taten, da sie häufig mit erpresserischen Handlungen einhergehen. Aber es kann auch dazu führen, dass es aufgrund eines starken Datenaufkommens zu Beeinträchtigungen des Systems kommt. Da diese Form der Beeinträchtigung auch durch nicht erkannte, unautorisierte Prozesse herbeigeführt werden kann, ist der Übergang von normalen Beeinträchtigungen zu beabsichtigen Überlastungen nicht eindeutig erkennbar. Eine weitere Zielsetzung besteht in der Frage der Verbindlichkeit bzw. der Zuordnung einer Menge von Aktionen. Hierbei ist sicherzustellen, dass eine Person eine solche Aktion nicht abstreiten kann. Eckert weist insbesondere im Bereich E-Commerce auf diese Ziel-setzung hin [ECKE2018, S. 12], sie gilt aber auch für den Bereich des E-Governments. Hier wurde bereits auf die Möglichkeit von digitalen Signaturen in Abschn. 11.2. hin-gewiesen sowie auch der Bereich Anonymisierung und Pseudomisierung behandelt. Als letztes Ziel wird die Vertrauenswürdigkeit des IT-Systems benannt. Gerade wenn es um sensible Daten in der öffentlichen Verwaltung geht, ist die Vertrauenswürdigkeit des Systems von hoher Bedeutung.

IT-Systeme von größeren Organisationen unterliegen immer wieder Angriffen, d. h. nicht autorisierte Zugriffe auf das System. Dieses gilt es abzuwehren und dafür ist es notwendig die Art der Bedrohung zu erkennen, um das Risiko des Eintretens auch abschätzen zu können. Wahrscheinlich die wichtigste Frage ist aber das Erkennen von Schwachstellen. Diese sind ebenfalls vielfältig.

12.1.2 Potenzielle Schwachstellen beim Zugriff

Die größte Schwachstelle im IT-System ist der Mensch, der auch immer wieder Ziel von Angriffen ist. Auch die jüngsten Angriffe im Jahr 2019 auf öffentliche Verwaltungen, wie die auf die Universität Gießen, die Stadt Bad Homburg oder auch die Stadt Frankfurt, zielten auf Mitarbeiter ab und schleusten durch einen E-Mail-Anhang die Schadsoftware Emotet ein. Die Stadtverwaltung Frankfurt hatte danach ihr IT-System vorsichtshalber vollständig vom Netz genommen und alle städtischen Ämter blieben für die Öffentlich-keit für einen ganzen Tag geschlossen. An der Universität Gießen kam es zu ähnlichen Ausfällen [HESSE2019]. Die Schadsoftware Emotet war ursprünglich ein Banking-Trojaner, der zu einem Dropper weiterentwickelt wurde, d. h. dass der Trojaner Schadprogramme nachlädt, die dann wiederum verantwortlich für den eigentlichen

Schaden im System sind. Eine Möglichkeit besteht in Form eines Ryuks. Dabei handelt es sich um einen Verschlüsselungstrojaner, auch Kryptotrojaner oder Ransomware genannt, der die Daten verschlüsselt und damit dem Nutzer des Computers den Zugang zu diesen Daten oder zum ganzen System sperrt [KARS2020].

Falls eine vollständige Automatisierung erfolgt, wird durch E-Government-Systeme die Schwachstelle Mensch eliminiert. Auf die verstärkte Bedrohung durch Portale wird im nächsten Abschnitt eingegangen. Es ist aber davon auszugehen, dass nicht alle Prozesse vollständig digitalisiert und automatisiert werden. Deswegen soll auf einige Schwachstellen im Bereich Zugriff eingegangen werden. Der E-Mail-Verkehr mit Mitarbeitern bleibt weiterhin eine der größten Schwachstellen. Hier erfolgen die klassischen Bedrohungen durch Viren, Würmer und Trojanische Pferde, die auch als Schadsoftware bezeichnet werden [ECKE2018, S. 43]. In den 90er Jahren bezeichnete Bill Gates Buffer Overflows als die Bedrohung des Jahrzehnts. Sie bedrohen insbesondere die Betriebssysteme. Buffer Overflows resultieren aus den Implementierungsfehlern als Folge einer nachlässigen Programmierung. Dabei kopiert die Schadsoftware oder der Blaster (Wurm) Daten in einem Bereich einer Variablen fester Länge. Derartige Variable sind u. a. Pufferbereiche (Buffer). Falls zu große Datenmengen kopiert werden, erfolgt ein Überlauf (Overflow). Es bleibt die Hoffnung, dass durch eine Verbesserung der Programmierung das Gefahrenpotenzial der Buffer Overflow eingeengt oder eliminiert wird [ECKE2018, 45 ff.]. Computerviren sind Befehlsfolgen, die Wirtsprogramme zur Ausführung benötigen. Wie natürliche Viren reproduzieren sich Computerviren ebenso, wobei der Virus sich als Kopie oder modifizierten Version in ein anderes Programm einfügt. Neben dieser Fähigkeit zur Vervielfältigung enthält das Virus einen Schadteil, der sehr stark variieren kann. Von einfachen Jokes, wie das Zeichnen von Tannenbäumen, bis zu Hardwareschäden, kann der Virus leichte bis stark zerstörerische Schäden verursachen. Es gibt verschiedenen Arten von Viren, so u. a. Bootviren, Programm-Viren, Makroviren und Datenviren. Neben den Computerviren findet man sehr häufig auch Würmer, die Schadsoftware beinhalten. Ein Wurm ist im Gegensatz zum Virus ein ablauffähiges Programm, dass sich ebenfalls selbst reproduzieren kann. Würmer verbreiten sich speziell in Netzwerken und sind somit auch potenzielle Bedrohungen für ein E-Government-System. Würmer haben teilweise spezielle Aufgaben, die nicht nur das Zerstören oder Sperren der IT-Systeme bzw. ihrer Datenbestände, also die Einschränkung der Verfügbarkeit, zum Ziel hat. Vielmehr bedrohen sie auch die Vertraulichkeit und Integrität, indem sie Daten versenden oder Zugriffsrechte erschleichen bzw. verändern. Außerdem verbrauchen Sie häufig viele Ressourcen. Ebenfalls einen Angriff auf die Vertraulichkeit und die Integrität verursachen Trojanische Pferde oder kurz Trojaner. In diesem Fall handelt es sich um Programme, deren implementierte Ist-Funktionalität nicht mit der angegebenen Soll-Funktionalität übereinstimmt [ECKE2018, S. 71]. Meistens erfüllt das Programm zwar seine Soll-Funktionalität, führt aber noch weitere Funktionen aus. Trojaner sind also Programme, die schon von Anfang an einen zusätzlichen verborgenen Programmteil haben. Ein einfaches Beispiel wäre ein Spiel, das gleichzeitig Datenbestände durchsucht und unbemerkt versendet. Insofern kann der

Trojaner im Hintergrund beliebige Aufgaben abarbeiten, ohne dass der Benutzer dies merkt. Ein weiteres Problem sind Phishing-E-Mails, die sich einfach auf die Dummheit bzw. Gutmütigkeit der Benutzer verlassen. In diesem Fall werden sensible Daten durch eine betrügerische E-Mail abgefragt, die aufgrund ihrer äußeren Gestaltung vorgibt, seriös zu sein. Manchmal wird auch auf eine potenzielle Bedrohung hingewiesen, sodass der Benutzer die Daten freiwillig zufügt. Joke mails sind eine besondere Art der Bedrohung, die u. a. verlangen, dass der Benutzer Maßnahmen ergreift, die den tatsächlichen Bedrohungen entsprechen. So kann der Benutzer zur Löschung bestimmter Dateien aufgefordert werden, die als Viren oder Würmer bezeichnet werden, aber betriebsnotwendige Dateien darstellen. Durch die restriktive Vergabe von Schreib- und Löschrechten in speziellen Bereichen kann dieses Problem jedoch verkleinert bzw. vollkommen eliminiert werden. Spams insgesamt stellen schon deswegen ein Problem dar, weil deren Beseitigung zeitaufwendig ist. Auch der Einsatz von Spamfiltern birgt Gefahren, da auch eine reguläre Mail als Spam gefiltert werden kann. Unachtsamkeit führt in diesem Fall leicht zum Verlust der Mail. Einer besonderen Gefährdung sind mobile Endgeräte ausgesetzt. Sie dienen dem Bürger als mobile Empfangsstation und werden von ihm selbst administriert. Da beim Endbenutzer häufig ein geringes Sicherheitsdenken vorhanden ist, kann es dazu führen, dass diese Endgeräte eine potenzielle Bedrohung darstellen. Schon allein die Vielfältigkeit der angebotenen Apps dürfte ein Problem für ein Sicherungskonzept sein. Daraus resultiert, dass beim Aufbau des E-Government-Systems im Hinblick auf den Zugriff von mobilen Endgeräten der Sicherheit eine besondere Aufmerksamkeit geschenkt werden muss.

Die Verbreitung der meisten Schadsoftware erfolgt über E-Mail, Java-Programme, eigenständige Programme (Spiele), Bilddateien, aber auch Anwendungsdateien. Da bei der Bearbeitung von vielen Fachverfahren auch Dateianhänge notwendig sind, werden alle oben behandelten Schadprogramme potenzielle Bedrohungen des IT-Systems sein. Der beste Schutz vor jeglichen Angriffen ist die vollkommene Abschottung des IT-Systems. Diese Form des Schutzes ist jedoch vollkommen realitätsfremd und widerspricht dem Grundgedanken offener und vernetzter Systeme. Open Data geht sogar noch weiter und fordert die Offenheit der Systeme. Insofern sind Sicherheitskonzepte für offene, vernetzte Systeme auch für E-Government erforderlich. In Hinblick auf den Zugriff kann man das Verbot, Programme und Dateien aus dem Internet herunterzuladen als Compliance-Regel festlegen. Falls Dateien heruntergeladen werden, sollten diese überprüft werden. Hierfür können Antivirenprogramme eingesetzt werden, die die etwaigen Bedrohungen erkennen. Da innerhalb der Entwicklung von Industrie 4.0, E-Commerce und Online-Banking hinreichend Erfahrungen über Sicherungskonzepte gemacht wurden, ist deren Übertragung auf den öffentlichen Sektor möglich. Für die Mitarbeiter sollte gelten, dass man nur so viel Rechte vergibt, wie ein Mitarbeiter benötigt. Es ist schon heute üblich, dass man die kommunalen Netzwerke schützt, indem die direkten Anschlüsse der Clients, wie etwa USB-Anschlüsse, gesperrt und die Verwendung von externen Speichern generell verboten werden. Eine weitere zweckmäßige Gegenmaßnahme ist die restriktive Vergabe von Zugriffsberechtigungen auf Datenbestände. Sensible Daten, wie Passwörter, Pin's oder Tan's sollten möglichst auf sicheren externen Medien gespeichert werden [ECKE2018, S. 73]. Aber besonders wichtig ist die Sensibilisierung und Schulung der Mitarbeiter. Hierbei sind auch simulierte Angriffe mit „Schadsoftware" möglich und hilfreich. Die hier behandelte Schadsoftware ist nur ein kleiner Teil der Cyberkriminalität. Je stärker vernetzte Systeme aufgebaut werden, umso größer wird auch das Bedrohungspotenzial.

12.1.3 Internetsicherheit und Firewall

Das Internet ist der Schlüssel für E-Government-Systeme und gleichzeitig deren größtes Problem. Einerseits kann es schon dazu kommen, dass die Internetpräsenz einer Kommune „verunreinigt" werden kann. Schon in mittelgroßen Kommunen kann die Anzahl der Internetseiten 30.000 und mehr betragen. Diese Seiten werden häufig gehostet, sodass für die Sicherheit der Seiten externe Dienstleister zuständig sind. Die Einbringung von Schadsoftware in die Internetpräsens kann nun durch verschiedene Kanäle erfolgen. Neben den oben genannten Problemen des Zugriffs durch Mitarbeiter, wobei die Kommune selbst das Einfallstor ist, besteht aber auch die Möglichkeit, dass das Sicherheitskonzept des Providers umgangen wird. Im Falle einer Verletzung kann dies nur durch eine forensische Untersuchung der Internetpräsenz geklärt und die Schwachstelle aufgedeckt werden.

Das Internet insgesamt stellt jedoch bereits ein Problem dar. Die Kommunikation erfolgt durch sogenannte TCP/IP-Protokolle, die in sieben Schichten aufgebaut sind (Abb. 12.1).

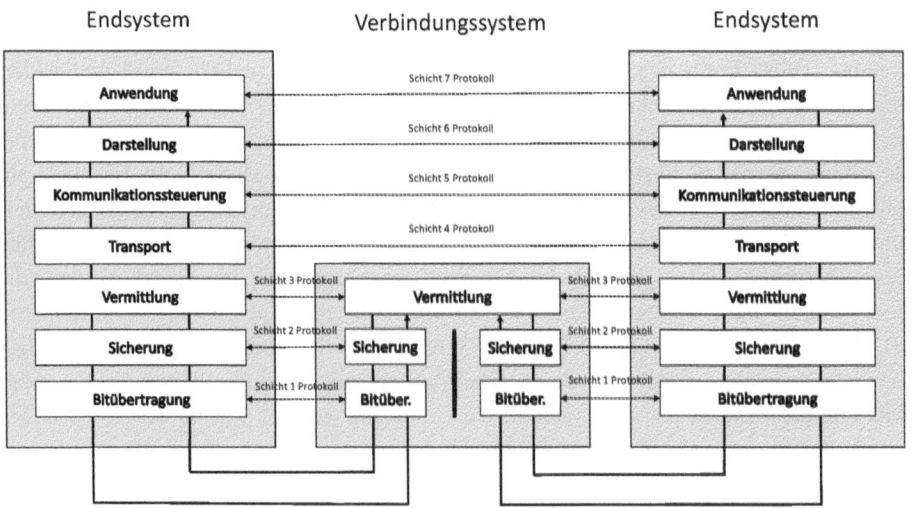

Abb. 12.1 Die Schichten des ISO/OSI-Referenzmodells. (Quelle: [LUNT2020, S. 52])

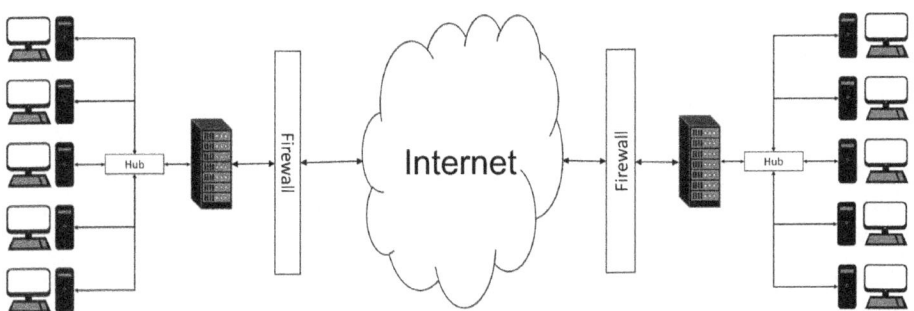

Abb. 12.2 Grundidee einer Firewall

Die Konzeption ist nicht neu und Grundlage des Internets, das ja dezentral ausgelegt ist. Aus dieser Konzeption entspringen zahlreiche Probleme. Einer der häufigsten Angriffe ist das Address Spoofing. Dabei verdeckt sich der Angreifer und baut unter einer gefälschten Identität eine Kommunikation auf. Durch die Täuschung der IP-Protokolle ist der Angreifer in der Lage, seine eigenen IP-Pakete unter einer fremden Absenderidentität einzuschleusen. Daraus resultieren mehrere Möglichkeiten für einen potenziellen Angriff. Aber auch im Hinblick auf Vertraulichkeit, Integrität und Verbindlichkeit gibt es zahlreiche Probleme aufgrund der Internetprotokolle. Eine umfassende Darstellung der Problembereiche würde den Umfang hier sprengen, es sei deshalb auf [ECKE2018, Kap. 3] verwiesen. Da das Internet Sicherheitslücken aufweist, wurden Firewalls entwickelt, um diese zu eliminieren. Der Name entspringt aus dem Brandschutz, wo der Übergang einer Bedrohung durch eine Brandmauer verhindert werden soll. Jedoch unterscheidet sich die Firewall von einer Brandmauer dahin gehend, dass die Übergänge zwischen zwei Netzwerken, die durch das Internet verbunden sind, gesichert zugelassen werden (Abb. 12.2).

Eine Firewall besteht meistens aus mehreren Komponenten, die zwei Netzwerke koppeln und sicherstellen, dass jegliche Kommunikation zwischen diesen durch die Firewall geleitet wird. Sie realisiert eine Sicherheitsstrategie, die Zugriffsrestriktionen sowie Protokollierungs- und Authentifikationsanforderungen umfasst. Sie leitet nur die zulässigen Datenpakete, die der Anforderung einer Sicherheitsstrategie genügen, weiter und führt die Authentifikation sowie ein Auditing gemäß der festgelegten Firewall-Policy durch [ECKE2018, S. 717]. Eine Firewall wird durch eine Architektur realisiert, die verschiedene Klassen, wie Paketfilter, Proxies oder Applikationsfilter, beinhaltet. Firewalls haben je nach ihrer Architektur und Komplexität eine unterschiedliche Qualität. Sie haben aber häufig auch noch Schwachstellen. So können sie nur bedingt Viren, Würmer oder Trojaner erkennen.

12.1.4 Sichere Kommunikation und Virtual Private Networks

Daten können nur dann sicher übertragen werden, wenn sie verschlüsselt sind, wie dies im Abschn. 11.1. dargestellt wurde. Verbindungsverschlüsselungen spielen bei der Datensicherheit eine besondere Rolle. Dabei werden die Daten unmittelbar vor ihrer Übertragung verschlüsselt. Eine weit verbreitete Verschlüsselungsart sind die End-to-End-Verschlüsselungen (E2E), wobei die Nutzdaten vom Absender verschlüsselt und vom Empfänger entschlüsselt werden. Die Verkehrsdaten bleiben dabei weitgehend offen. Eine E2E-Verschlüsselung kann jedoch auch auf Netzwerk- oder Transportebene erfolgen. Zur Realisierung einer sicheren Kommunikation gibt es Standardverfahren, die man mit kommerziellen und Open-Source-Software anwenden kann. Auch für Teilbereiche des E-Governments sind solche Verfahren sinnvoll.

Ein Virtual Privat Network (VPN) baut auf einer Verbindungsverschlüsselung auf. Hierbei wird eine partielle Netzinfrastruktur aufgebaut, bei der man mit einem privaten Netz über ein öffentliches Netz wie dem Internet kommuniziert, wobei man glaubt, dass das Netz nur zur alleinigen Verfügung steht [ECKE2018, S. 747]. Das private Netz kann natürlich eine kommunale IT-Struktur sein, da sich der Terminus privat vom frei zugänglichen öffentlichen abgrenzt. Ziel der Verwendung dieser „Tunneltechnik" ist es, die Sicherheitseigenschaften, die im privaten Netz vorhanden sind, auch im öffentlichen Netz zu ermöglichen. Beim VPN entsteht die Illusion, dass man eine End-to-End-Verbindung hat, ohne das Internet nutzen zu müssen. Es entsteht somit auch die Möglichkeit Mitarbeiter, die sich beispielsweise im Home-Office befinden, in das kommunale Intranet ganz oder teilweise einzubinden. VPN werden durch eine spezielle Software aufgebaut, die als kommerzielles Angebot oder als Open-Source-Programm zur Verfügung steht.

12.2 Datenschutz

12.2.1 Grundlagen

Datenschutz hat in Deutschland eine lange Tradition. So wurde in Hessen schon vor 50 Jahren das weltweit erste Datenschutzgesetz erlassen. 1977 verabschiedete der Deutsche Bundestag das erste nationale Datenschutzgesetz der Bundesrepublik. Kernpunkte des Datenschutzgesetzes waren die Einrichtung eines Datenschutzbeauftragten und der Schutz personenbezogener Daten. Bis 1981 hatten die übrigen Bundesländer ihre eigenen Landesdatenschutzgesetze beschlossen. Die Europäische Kommission verabschiedete 1995 ihre erste Datenschutzrichtlinie (Richtlinie 95/46/EG), die eine Vereinheitlichung des Datenschutzes in der Europäischen Union zum Ziel hatte. Aufgrund dieser Richtlinie wurde das Bundesdatenschutzgesetz (BDSG) durch mehrere Novellierungen geändert und an die Vorgaben der Richtlinie angepasst. Die EU-Richtlinie 95/46/EG trat 2018 außer Kraft und wurde durch die Datenschutz-Grundverordnung

(DSGVO) oder Verordnung (EU) 2016/679 ersetzt. Da es sich bei der DSGVO um eine europäische Verordnung handelt, gilt das Gesetzeswerk unmittelbar in allen EU-Mitgliedsstaaten. Deswegen ist die EU-DSGOV auch grundlegend auf E-Government-Systeme anzuwenden. Darüber hinaus findet man noch internationale bi- bzw. multilaterale Vereinbarungen zwischen Staaten zum Datenschutz. Diese Datenschutzbestimmungen können u. a. dann relevant werden, wenn Daten im Ausland gespeichert werden.

12.3 Grundsätzlicher Aufbau des Datenschutzes nach der EU-DSGVO

Da die EU-DSGVO auf der vorherigen EU-Richtlinie aufbaut, sind bereits viele Teile in die nationalen Datenschutzgesetze überführt worden. Trotzdem enthält die EU-DSGVO auch Bereiche, die über die bestehenden Gesetze hinausgehen. Insbesondere sind auch die Strafen für Verstöße erheblich erhöht worden, wobei für Behörden auch weiterhin keine relevanten Strafen bestehen [HOFE2017b, S. 15]. Das gilt jedoch nicht für kommunale Beteiligungen, die im Wettbewerb stehen [EUPA2016, Artikel 22]. Insgesamt gilt sie ab Mai 2018 unterschiedslos für fast jede öffentliche und nicht-öffentliche Stelle [HOFE2017a, S. 13]. Vom Anwendungsbereich der DSGVO sind nach Artikel 2 DSGVO lediglich Behörden ausgenommen, die zum Zwecke der Verhütung, Ermittlung, Aufdeckung oder Verfolgung von Straftaten oder der Strafvollstreckung, einschließlich des Schutzes vor und der Abwehr von Gefahren für die öffentliche Sicherheit personenbezogene Daten verarbeiten [EUPA2016, Artikel2]. Es werden aber auch weitere bereichsspezifische Regelungen ermöglicht [EUPA2016, Artikel 6]. So können neben den Datenschutzgesetzen der Länder und des Bundes auch das Sozialgesetzbuch oder das Bundesmeldegesetz sowie die bereits vorhandenen und entstehenden Gesetze zum E-Government, bereichsspezifische Datenschutzvorgaben beinhalten, die es zu berücksichtigen gilt. Insofern sind bei der Ausgestaltung der E-Government-Systeme auch diese bereichsspezifischen Vorschriften zu beachten. Da die DSGVO aufgrund ihrer unmittelbaren Geltung einen Anwendungsvorrang gegenüber dem nationalen Recht besitzt, werden jedoch widersprüchliche Bereiche, die eventuell noch vorhanden sein könnten, aufgelöst.

Da nach Art. 2 Abs. 1 DSGVO die ganz oder teilweise automatisierte Verarbeitung personenbezogener Daten sowie die nichtautomatisierte Verarbeitung personenbezogener Daten, die in einem Dateisystem gespeichert sind oder gespeichert werden sollen, umfasst, gilt sie auch für Kommunen. So handelt es sich bei der E-Akte beispielsweise um eine strukturierte Behördenakte, die unter die Regelungen der DSGVO fällt [HOFE2017c]. In Art. 5 der Verordnung wird die Rechtmäßigkeit der Datenverarbeitung nach Treu und Glaube hervorgehoben. Sie dürfen u. a. nur für festgelegte, eindeutige und legitime Zwecke erhoben werden und dürfen nicht in einer mit diesen Zwecken nicht zu vereinbarenden Weise weiterverarbeitet werden. In Art. 6 der

Verordnung wird weiterhin ausgeführt, dass die betroffene Person ihre Einwilligung zu der Verarbeitung der sie betreffenden personenbezogenen Daten für einen oder mehrere bestimmte Zwecke geben muss. Daraus folgt u. a., dass die E-Government-Systeme solche Gesichtspunkte der Verordnung bei der Gestaltung des Prozesses berücksichtigen müssen. Die Einwilligung kann abgefragt werden. Einschränkungen und Ausnahmen werden in Art. 89 der DSGVO gemacht. Danach unterliegt die Verarbeitung zu im öffentlichen Interesse liegenden Archivzwecken, zu wissenschaftlichen oder historischen Forschungszwecken oder zu statistischen Zwecken geeigneten Garantien für die Rechte und Freiheiten der betroffenen Person gemäß dieser Verordnung. Mit diesen Garantien wird sichergestellt, dass technische und organisatorische Maßnahmen bestehen, mit denen insbesondere die Achtung des Grundsatzes der Datenminimierung gewährleistet wird. Zu diesen Maßnahmen kann die Pseudonymisierung gehören, sofern es möglich ist, die Zwecke auf diese Weise zu erfüllen [DSGV2018, Artikel 6, Satz 1]. Da Art. 30 Satz 1 vorgibt, dass jeder Verantwortliche ein Verzeichnis aller Verarbeitungstätigkeiten, die ihrer Zuständigkeit unterliegen, zu führen hat, ergibt sich aus einem umfassenden E-Government-System der Vorteil, dass die Verarbeitungstätigkeiten bzw. Prozesse schon dokumentiert sind. Dies gilt jedoch nur für echtes E-Government und voll automatisierter Prozesse. In Art. 5 Satz 2 DSGVO ist eine Rechenschaftspflicht festgelegt, dadurch erhält die aktive und umfangreiche Dokumentation eine erhebliche Bedeutung in der Grundverordnung. Für E-Government-Systeme ist weiterhin Art. 25 von erheblicher Bedeutung, da hier der Datenschutz durch Technikgestaltung und durch datenschutzfreundliche Voreinstellungen geregelt ist. Schon bei der Konzeption der E-Government-Systeme sind datenschutzrelevante Positionen zu berücksichtigen. In Art 42 wird entsprechend auf etwaige Zertifizierungen und Prüfsiegel usw. Bezug genommen. In Hinblick auf E-Government-Systeme werden auch Fragen, die allgemein für Behörden relevant sind, zu berücksichtigen sein. So stellt sich u. a. die Frage, ob es eine vollständige und aktuelle Dokumentation der Datenverarbeitungsprozesse in der Kommune gibt. Auch muss eindeutig geklärt sein, in welchem Kontext und auf welcher Grundlage die Daten erhoben werden. Da die DSGVO eine aktive Rechenschaftspflicht vorsieht, ist auch zu klären, ob es klare Verantwortlichkeiten für die Berechtigungen für Zugriff, Korrektur und Löschung von Daten und klare Speicherstrukturen gibt. Dabei muss geklärt werden, ob berechtigte Löschungsverlangen einzelner Daten nachhaltig umgesetzt werden können. Dies betrifft auch alle Archivsysteme, Datenbanken Backups usw. Ebenso entsteht aufgrund der geforderten Transparenz die Forderung nach einer Datenschutz-Folgenabschätzung oder eines Risk and Privacy Impact Assessments. Hier sollte die Kommune sicherstellen, dass die Identifizierung, Verwaltung und Dokumentation der Datenschutzrisiken gegeben ist. In diesem Kontext fallen nicht nur externe Ereignisse, sondern es könnten auch interne Datenpannen entstehen, deren Eintrittswahrscheinlichkeiten erfasst werden müssen. Insgesamt entsteht aus den genannten neuen Anforderungen die Notwendigkeit zum Aufbau eines Datenschutzmanagementsystems. Dessen Einbindung in ein E-Government-System macht schon allein deshalb

Sinn, da durch die genaue Prozessdefinition viele Fragen hinsichtlich des Datenschutzes behandelt wurden.

Aus der bisherigen Entwicklung des Datenschutzes lässt sich deutlich erkennen, dass dessen Bedeutung in Europa immer stärker wird. Es ist deshalb nicht zu erwarten, dass wir uns zu einer Post-Privacy-Gesellschaft entwickeln, in der Fragen des Datenschutzes unerheblich werden. Vielmehr kann man davon ausgehen, dass sich die Anforderungen des Datenschutzes noch erhöhen werden. Deshalb sollten sich Kommunen schon unabhängig von der Frage einer etwaigen Digitalisierung intensiv mit dem Datenschutz beschäftigen. Die digitale Transformation, wie sie durch die heutigen E-Government-Systeme ermöglicht wird, begünstigt einen präventiven und effektiven Datenschutz, da die Prozesse transparenter werden. Auch werden „Nebenakten" und eine unkontrollierte Speicherung von Daten unterbunden. Inwieweit Programme, beispielsweise der künstlichen Intelligenz, diese Problematik dadurch verschärfen, da ihre Algorithmen nicht nachvollziehbar sind, kann nicht abschließend beantwortet werden.

Literatur

[ECKE2018]   Eckert, C.: IT-Sicherheit – Konzepte – Verfahren – Protokolle, 10. Aufl. De Gruyter-Oldenbourg, Berlin (2018)

[EUPA2016]   Europäisches Parlament und Rat: Verordnung 2016/679 zum Schutz natürlicher Personen bei der Verarbeitung personenbezogener Daten, zum freien Datenverkehr und zur Aufhebung der Richtlinie 95/46/EG (Datenschutz-Grundverordnung), Amtsblatt der Europäischen Union L 119/1. https://eur-lex.europa.eu/legal-content/DE/TXT/HTML/?uri=CELEX:32016R0679#d1e1403-1-1 (2016). Zugegriffen: 2. Dez. 2020

[HOFE2017a]   Hofer, T.: Die EU Datenschutz Grundverordnung aus Behördensicht. https://www.mittelstandswiki.de/wp-content/uploads/2017/12/08_Hofer_EU-DSGVO.pdf. Zugegriffen: 2. Dez. 2020

[HOFE2017b]   Hofer, T.: Die EU-Datenschutz-Grundverordnung aus Hochschulsicht. https://www.rz.uni-wuerzburg.de/fileadmin/42010000/it-recht/Hofer_EU-DSGVO_aus_Hochschulsicht_Wuerzburg_30.11.2017_Druckversion.pdf. Zugegriffen: 2. Dez. 2020

[HOFE2017c]   Hofer; T.: Was ändert sich für Behörden durch die DSGVO? https://www.mittelstandswiki.de/wissen/E-Government:EU-DSGVO_f%C3%BCr_Kommunen. Zugegriffen: 2. Dez. 2020

[KARS2020]   Kaspersky daily: Emotet: So schützen Sie sich bestmöglich vor dem Trojaner. https://www.kaspersky.de/blog/tag/emotet/. Zugegriffen: 1. Okt. 2020

[LUNT2020]   Luntovskyy, A., Gütter, D.: Moderne Rechnernetze – Protokolle, Standards und Apps in kombinierten drahtgebundenen, mobilen und drahtlosen Netzwerken. Springer, Wiesbaden (2020)

Erfolgsfaktoren eines E-Government-Systems

13.1 Akzeptanz und Nutzen von E-Government-Prozessen

Ein wesentlicher Faktor, mit dem sich ein strategischer Vorteil erzielen lässt, ist das „leidenschaftliche Dranbleiben am Kunden" [PETE1993m, S. 67]. Ein weiterer dürfte die Qualität des Produktes bzw. der Dienstleistung sein. Im Hinblick auf E-Government-Systeme ist der „Kunde" der Bürger, der die Qualität des E-Services positiv wahrnehmen muss. Damit dies geschieht, muss die Verwaltung aber auch Qualität anbieten und das funktioniert nur, wenn Mitarbeiter der Verwaltung die neuen Möglichkeiten positiv sehen.

Außer der Orientierung an den Bürgern und den Mitarbeitern gibt es noch weitere Rahmenbedingungen, die es zu berücksichtigen gilt [PIE2017a, S. 8 f.] [PIE2017b, S. 34 f.]. Auf das Vorhandensein einer klaren Strategie wurde bereits in Kap. 9 hingewiesen. Neben Rahmenbedingungen, wie eine ausreichende politische Unterstützung, einem ausreichenden Budget und ausreichend vorhandenen personellen Ressourcen ist natürlich eine ausreichende Breitbandinfrastruktur notwendig. Wenn diese Rahmenbedingungen erfüllt sind, müssen jedoch noch weitere Faktoren bei der Gestaltung der E-Government-Systeme berücksichtigt werden.

In Abb. 13.1 werden vier Faktoren aufgelistet, die sich speziell auf die Gestaltung des Systems beziehen und die für dessen Erfolg maßgeblich verantwortlich sind. Der erste Faktor betrifft den Zugang des Systems. Der Zugang muss nicht nur einfach, sondern auch bekannt und auffindbar sein. Insofern ist ein Portal notwendig, das leicht von verschiedenen Internetpräsenzen erreichbar ist und einen hohen Bekanntheitsgrad hat. Ebenso sollte die Ausfallzeiten und damit die Verfügbarkeit optimiert werden. In diesem Zusammenhang werden auch Hochleistungsportale vorgeschlagen, die in Spitzenzeiten hohe Nutzerzahlen und Transaktionsvolumina simultan und bei äußerst geringen Ausfallzeiten bewältigen können [LUCK2008, S. 284]. Dies kann u. a. dadurch erreicht werden,

Abb. 13.1 Vier
Erfolgsfaktoren von
kommunalen E-Government-
Portalen

dass einheitliche Bezeichnungen (etwa bei der Behördennummer 115) verwendet werden. Ein weiterer Faktor ist die Frage nach der Benutzerfreundlichkeit und die daraus resultierende Zufriedenheit, die der Bürger bei der Verwendung der Online-Dienste erfährt. Als ein Hauptargument, warum die Nutzung von digitalen Verwaltungsangeboten in Deutschland hinter den Angeboten anderer EU-Länder liegt, wird in der geringen Benutzerfreundlichkeit und mangelnden Durchgängigkeit der Dienste angesehen [KAZM2019, S. 54]. Wenn beispielsweise Zusatzgeräte zum Lesen eines modifizierten Personalausweises angeschafft werden müssen oder umständlich Autorisierungsverfahren, wie bei Elster, notwendig werden, führt das zu einer Form der Frustration. Der Bürger wird diese Dienste nicht mehr annehmen und seinen gewohnten „Behördengang" durchführen. Insofern ist eine einfache und übersichtliche Bedienbarkeit der Portale zwingend notwendig. Insbesondere aus dem Bereich des Online-Handels oder des Online-Banking liegen zahlreiche Erkenntnisse vor, wie ein Online-Portal gestaltet werden sollte, damit es erfolgreich ist. Neben den beiden zuvor genannten Faktoren ist die Verbindlichkeit wichtig. Der Faktor Verbindlichkeit bezieht sich darauf, dass der Benutzer sich „ernst" genommen fühlt. Entweder ist die Bearbeitungszeit extrem kurz und es wird sofort ein Feedback mit Erledigungsvermerk gegeben oder der Benutzer erhält regelmäßig Bestätigungsvermerke. Eine weitere wichtige Komponente für die Darstellung der Verbindlichkeit kann die Zuweisung eines Ansprechpartners sein. Dieser kann sogar virtuell über ein Chatbot realisiert werden. Der Bürger muss insgesamt einen Nutzen in einer Umstellung für sich persönlich erkennen können. Dies geschieht einerseits dadurch, dass der Bürger technikaffiner wird. Andererseits sollte er ein Portal auch öfter benutzen und erkennen, dass er u. a. aufgrund einer Kosten- bzw. Zeitersparnis Vorteile hat. Da sich die Anzahl der verfügbaren Online-Dienste in den nächsten Jahren erheblich erhöhen wird, erhält der Bürger immer mehr die Möglichkeit, das kommunale

Portal zu nutzen. Dadurch werden die Bekanntheit und der Umgang mit dem Portal verbessert, was sich in einer Lernkurve gut nachweisen lässt. In Abb. 13.1 sind die vier Erfolgsfaktoren noch einmal dargestellt.

13.2 Interkommunale Zusammenarbeit

Schon im vorherigen Abschnitt wurde auf die Bedeutung der Anzahl von verfügbaren Online-Diensten hingewiesen. Die Bürger haben in der Regel lediglich 1,3 bis 1,7 Kontakte mit der öffentlichen Verwaltung pro Jahr [WEIS2019, S. 68], sodass der zeitliche Aufwand, den der Bürger durch Verwaltungstätigkeiten aufbringt, überschaubar ist. Für die Verwaltung ist das nicht so. Viele Verwaltungsverfahren sind umständlich und verbrauchen viel Zeit. Da es jedoch aufwendig ist, diese zu vereinfachen oder zu automatisieren, entsteht ein Dilemma. Einerseits bestehen eine Vielzahl unterschiedlicher Fachverfahren und andererseits sind die Fallzahlen pro Fachverfahren niedrig. Es ist oft auch kaum möglich, das Angebot zu erhöhen, damit Skaleneffekte, die eine Rationalisierung begünstigen, entstehen. Deswegen haben Verwaltungen auch häufig kaum Interesse dies zu verändern. In kleineren Kommunen fehlen ohnedies sehr häufig die Kompetenzen bzw. Ressourcen. Bei der Analyse von Rankings stellt man deswegen immer häufiger fest, dass große Städte wie Hamburg im Bereich der Digitalisierung führend sind, da sie die Anzahl je Fachverfahren erreichen, damit sich eine digitale Transformation lohnt. Den Nachteil, den kleinere Kommunen haben, könnte durch eine Zusammenarbeit mit anderen Kommunen, u. a. durch eine interkommunale Zusammenarbeit, verbessert werden. Auch eine Bündelung mit anderen Verwaltungsebenen könnte diese Frequenz und den Nutzen von Online-Diensten erhöhen. E-Government-Systeme profitieren deswegen von einer Verbreiterung des kommunalen Angebots durch Bündelung und verlieren an Qualität durch eine Zersplitterung. Diese wird meistens mit dem Subsidiaritätsprinzip begründet, was leider meistens falsch ist. Das Vorgehen zur Umsetzung des OZGs zeigt aber, wie wichtig eine überregionale Koordination zur digitalen Transformation ist. Im Übrigen lässt sich durch interkommunale Zusammenarbeit das finanzielle Risiko verkleinern. Deshalb sind strategische Alleingänge insbesondere für kleinere Kommunen keine Option [KREL2020, S. 3].

Literatur

[KREL2020]   Krellmann, A., Opiela, N., Groß, M., Weber, M.: Digitale Kommune: eine Typfrage, FOKUS und Kompetenzzentrum Öffentliche IT (BMIBH), Berlin – Köln (2020)

[KAZM2019]   Kazmerski, U.: Wie lässt sich die Digitalisierung als Innovationsschub in der öffentlichen Verwaltung erfolgreich verhindern? In: Schmid, A. (Hrsg.) Verwaltung, eGovernment und Digitalisierung: Grundlagen, Konzepte und Anwendungsfälle, S. 53–66. Springer, Berlin (2019)

[LUCK2008]	von Lucke, J.: Hochleistungsportale für die öffentliche Verwaltung. Josef Eul Verlag, Lohmar (2008)
[PETE1993m]	Peters, T., Austin, N.: Leistung aus Leidenschaft. Hoffmann und Campe, Hamburg (1993)
[PIE2017a]	Piesold, R.R.: E-Government mit Erfolg. Kommune **21**(11), 8–9 (2017a)
[PIE2017b]	Piesold, R.R: 5 Praxistipps zu eGovernment. K1 Magazin **8,** 34–35 (2017b)
[WEIS2019]	Weiß, J.: Zwischen Alexa und Arbeitsmappe: Was lässt sich aus der Entwicklung des E-Governments für die Digitalisierung der öffentlichen Verwaltung lernen? In: Schmid, A. (Hrsg.) Verwaltung, eGovernment und Digitalisierung: Grundlagen, Konzepte und Anwendungsfälle, 67–88. Springer, Berlin (2019)

Ausblick und Schlussbetrachtung

14

Wie bereits im Vorwort erwähnt, ist E-Government eine von den Möglichkeiten der Internettechnologie getriebene Reformbewegung, die vor die Ausweitung des Angebots elektronischer Verwaltungsdienstleistungen für eine Stadtgesellschaft zum Ziel hat. Sie umfasst so viele Facetten, dass deren Umsetzung natürlich Jahrzehnte benötigt. Von den Anfängen bis heute kann man aber festhalten, dass die Umsetzung schleppend verlief und häufig durch Ankündigungen geprägt war, die nicht umgesetzt wurden. Kritik entstand insbesondere daran, dass, wenn über eine Umsetzung erfolgte, bei dieser primär großer Wert auf die reine Außenwirkung gelegt wurde. Wahrscheinlich waren auch deswegen die bisherigen Erfolge eher bescheiden, wie der internationale Vergleich bis dato zeigte. Durch das OZG hat sich die Position deutlich verbessert, wobei jedoch in die erfolgreiche Umsetzung hohe Erwartungen gesetzt werden, die es zu erfüllen gilt, um einen weiteren Rückschlag zu vermeiden. Aber selbst mit der Umsetzung des OZGs wird die digitale Transformation der Verwaltung nicht beendet sein. Vielmehr werden Fragen nach der Erweiterung von E-Government-Systemen auch weiterhin virulent bleiben. Diese vollziehen sich in Stufen, wobei man bisher sechs verschiedene, aufeinander aufbauende Stufen identifizieren kann. Alle Stufen entwickeln sich aber in ihren Bereichen weiter (Abb. 14.1).

Die erste Stufe ist weitgehend realisiert, wobei sie aber auch relativ einfach ist. Informationen werden von fast allen Kommunen über das Internet präsentiert. Teilweise haben aber viele Kommunen ein Überangebot an Seiten, das zu einer Unübersichtlichkeit führt. So stellen mittlere und größere Städte mehrere zehntausend oder gar hunderttausend Seiten ins Netz. Hier muss eine bessere Benutzerfreundlichkeit erreicht werden. Eine Möglichkeit besteht darin, das Angebot zu reduzieren, zu konzentrieren und besser aufzubereiten. Dieses Angebot kann durch interaktive Elemente, aber auch durch neue Möglichkeiten, wie Chatbots, erweitert werden. Die zweite Stufe, die die Kommunikation über das Internet ermöglicht, ist auch bereits weitgehend

R.-R. Piesold, *Kommunales E-Government*,
https://doi.org/10.1007/978-3-662-63094-5_14

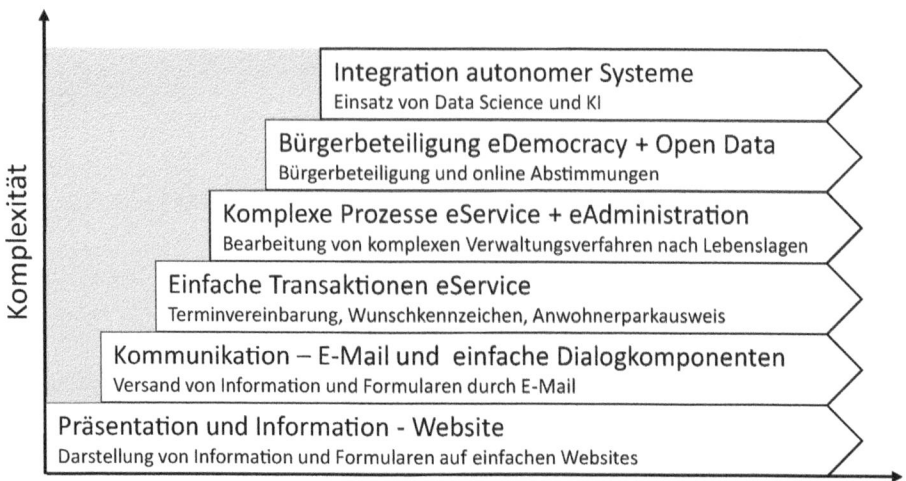

Abb. 14.1 Entwicklungsstufen im E-Government

umgesetzt. Hier müssen allerdings noch Fragen der Datensicherheit und des Daten-schutzes geklärt werden. Einfache E-Mail-Techniken erweisen sich oft als anfällig für Angriffe, Störungen bzw. Fehlfunktionen. Teilweise haben sich auch einige Bereiche, wie Formularserver, die PDF-Formulare zur Verfügung stellen, schon wieder überholt, da sie durch Leistungen der nächsten Stufen ersetzt werden. In der dritten Stufe wurden interaktive Elemente und einfache Transaktionen entwickelt. Eine Online-Terminverein-barung ist heute ebenso eine Selbstverständlichkeit wie die Vergabe von Wunschkenn-zeichen. Die vierte Stufe umfasst Bereiche des E-Services und der E-Administration. Hier setzt das OZG an und wird hoffentlich zur Entwicklung dieser Stufe erheblich bei-tragen. Neben der weitgehenden Voll- oder Teilautomatisierung von Verwaltungsver-fahren werden auch Fragen des Identitätsmanagements gelöst. Bei der Transformation von analogen in digitale Prozesse wird auch die Frage des Prozessdesigns und der Prozessoptimierung immens wichtig werden. Dabei ist die Prozessoptimierung ein fort-laufender Prozess, da er auch die Benutzerfreundlichkeit der Bürger zum Ziel haben muss. Deren Präferenzen verändern sich aber mit der Zeit, da die Einstellungen zu neuen Technologien keine Konstanten sind. Auch ist das Potenzial der KI-Systeme noch nicht einschätzbar.

Spannend wird die Frage, wie sich die nächsten beiden Stufen entwickeln lassen. Die Frage nach der Realisierung einer Bürgerkommune, die E-Democracy-Verfahren, wie E-Participation und E-Voting, ihre Stakeholder einbezieht, bleibt offen, da es auch ein Umdenken in der Bevölkerung voraussetzt. Auch werden hier Fragen nach dem Nutzen von Open-Data-Konzepten gestellt. Alle bisherigen Stufen sind aber lösbar, da ihre technischen Voraussetzungen bereits vorhanden sind. In diesem Sinne besteht bei diesen

Stufen ein Umsetzungs- und kein Entwicklungsproblem. Interessanter und innovativer wird die Entwicklung der sechsten Stufe sein. Hier liegen die Verfahren und Methoden teilweise vor, aber es ist auch noch viel Entwicklungsarbeit zu leisten. sDer Weg zu einer Smart City, einem Smart County oder einer Smart Region ist noch ein weiter Weg, den man durchaus auch noch als einen Weg zur eine E-Topia bezeichnen kann, der sich aber lohnen wird.

The manufacturer's authorised representative in the EU is Springer
Nature Customer Service Centre GmbH, Europaplatz 3, 69115 Heidelberg,
Germany. If you have any concerns regarding our products, please
contact ProductSafety@springernature.com

Printed and bound by CPI Group (UK) Ltd, Croydon, CR0 4YY

28/04/2026

02098491-0014